教員採用試験 *Hyper* 実戦シリーズ❹

手取り足取り，特訓道場

合格する論作文

JN093831

時事通信出版局／編

手取り足取り，特訓道場

合格する論作文

合格答案例 必出テーマ 35		
1	「確かな学力」の向上 66	「確かな学力」の向上に向けて，あなたはどのように取り組みますか。
2	「特別の教科　道徳」 70	2015年３月に学習指導要領が一部改正され，道徳が「特別の教科道徳」となりました。あなたは，どのように「考え，議論する道徳」を実践しますか。
3	「小学校英語の教科化」 74	2020年度から，小学校で英語が教科化されるなど，英語教育の改革が進められています。あなたは，どのように英語教育を実践しますか。
4	「個別最適な学び」の実践 78	「令和の日本型学校教育」が目指す学びの姿である「個別最適な学び」を，あなたはどのように実践しますか。
5	「主体的・対話的で深い学び」の実践 82	平成29～31年版学習指導要領の改訂のキーワードとなる「主体的・対話的で深い学び」を，あなたはどのように実践しますか。
6	「学校における働き方改革」の実践 86	「学校における働き方改革」が喫緊の課題として進められています。あなたは，この働き方改革をどう捉え，どのように実践しますか。
7	「第４期教育振興基本計画」を踏まえた教育 90	「第４期教育振興基本計画」で示された今後の教育の方向性を踏まえ，あなたはどのような教育を実践しますか。
8	「チーム学校」としての教育実践 94	2015年12月に発表された中央教育審議会答申では，「チーム学校」という考え方が示されました。あなたは「チーム学校」として，どのような教育活動を展開しますか。
9	「学校評価」の意義 98	学校には，「学校評価」の実施が義務付けられています。あなたは，「学校評価」についてどのように考え，実施しますか。
10	「安全教育」への取り組み 102	「安全教育」の重要性が叫ばれる中，あなたはどのように「安全教育」に取り組みますか。
11	「キャリア教育」の実践 106	学校においては，子どもたちの社会的・職業的自立に向けた「キャリア教育」の充実が課題とされています。あなたは，どのように「キャリア教育」を実践しますか。
12	「インクルーシブ教育」の実践 110	「インクルーシブ教育」の考え方に基づき，2013年９月から就学先を決定する仕組みが変わりました。あなたは，どのように「インクルーシブ教育」を実践しますか。
13	「発達障害」のある子どもたちへの対応 114 118	通常の学級に在籍する発達障害のある子どもたちに，あなたはどのように対応しますか。
14	「いじめ」が起きたときの対応	あなたの学級でいじめが起きたとき，どのように対応しますか。
15	「ネット上のいじめ」への対応 122	子どもたちの携帯電話やスマートフォンの所有率がますます高まる中，あなたはどのように「ネット上のいじめ」に対応しますか。
16	「不登校」への対応 126	不登校の現状を踏まえ，あなたは「不登校」にどのように対応しますか。
17	「保健室登校」への対応 130	教室には入れなくても保健室に登校する，いわゆる「保健室登校」の子どもたちに，あなたはどのように対応しますか。

注：●白抜き数字は掲載ページです。

合格答案例 必出テーマ 35		
18	「心の居場所」となる学級運営 134	子どもたちの「心の居場所」となる学級運営について，あなたはどのように取り組みますか。
19	「規範意識」の醸成 138	児童生徒の「規範意識」の低下が危惧される中，あなたはどのように子どもたちの「規範意識」を醸成しますか。
20	「児童虐待」への対応 142	「児童虐待」の現状を踏まえ,あなたはどのように児童虐待に対応しますか。
21	「生きる力」の育成 146	これからの子どもたちに求められる「生きる力」を，あなたはどのように育成しますか。
22	「思考力・判断力・表現力」の育成 150	子どもたちに「思考力・判断力・表現力」を身に付けさせるために，あなたはどのように取り組みますか。
23	「言語能力」の確実な育成 154	「言語能力」の確実な育成のために,あなたはどのように取り組みますか。
24	「理数教育」の充実 158	「理数教育」の充実のために，あなたはどのように取り組みますか。
25	「体験活動」の充実 162	「体験活動」の充実のために，あなたはどのように取り組みますか。
26	「GIGA スクール構想」を踏まえた ICT の活用 166	「GIGAスクール構想」を踏まえて，あなたは ICT の活用にどのように取り組みますか。
27	「特別活動」の実践 170	学習指導要領で示された「特別活動」の目標を踏まえて，あなたはどのように「特別活動」を実践しますか。
28	「これからの時代の教師に求められる資質能力」の活用 174	「これからの時代の教師に求められる資質能力」を挙げ，あなたはその能力を具体的にどのように活用しますか。
29	「授業力」の向上 178	「授業力」を向上させるために，あなたはどのように取り組みますか。
30	「指導と評価の一体化」への取り組み 182	「指導と評価の一体化」について，あなたはどのように取り組みますか。
31	「教師のモラル」の向上 186	「教師のモラル」の低下が危惧されています。あなたは，「教師のモラル」の向上に向けて，どのような努力をしますか。
32	新たな感染症への対応 190	「新型コロナウイルス感染症」の拡大により，学校や学校を取り巻く環境は大きく様変わりしました。新たな感染症に備え，あなたは子どもたちにどのような力を身に付けさせ，具体的にどう対応しますか。
33	〔事例対応型〕「習熟度別指導」のクラス分けに納得できない保護者への対応 194	A子の保護者から，「うちのA子が算数の『習熟度別指導』のクラス分けで，学習進度の遅い『こつこつコース』になったのが納得できません。どうして学習進度の速い『ぐんぐんコース』ではないのでしょうか」と連絡がありました。あなたはどのように対応しますか。
34	〔読解型〕「不易」と「流行」の資質 198	次の文章を読み，子どもたちに育てたい「不易」と「流行」の資質について自由に論じなさい。
35	〔データ分析型〕「いじめ」の防止への取り組み 202	次のグラフは，文部科学省の「令和４年度 児童生徒の問題行動・不登校等生徒指導上の諸課題に関する調査」より，学年別いじめの認知件数を示したものです。このグラフを見て，あなたは「いじめ」の防止に向けて，どのように取り組みますか。

注：● 白抜き数字は掲載ページです。

本書の特長

本書は，以下の４つの章で構成されています。

各章の中でも，とりわけ次の項目に注目してください。

Step 1　◆第１章◆ 論作文試験の基礎知識

まずは，志望する自治体の論作文の実施状況と，評価の観点をつかみましょう。

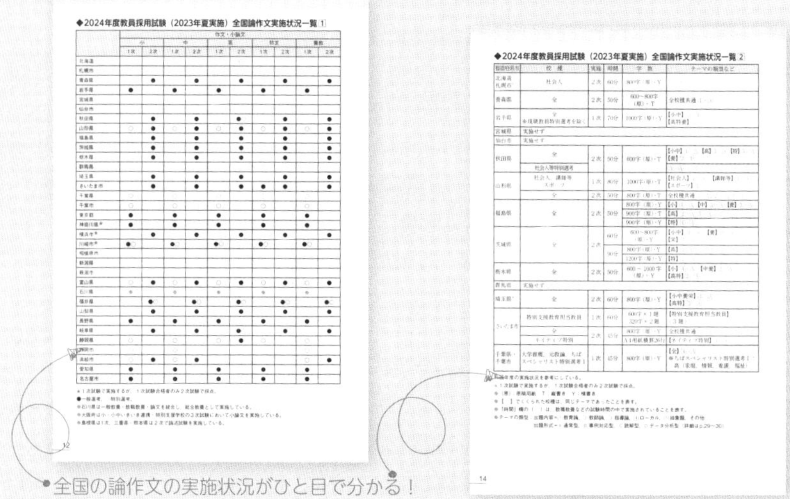

◆2024年度教員採用試験（2023年夏実施）全国論作文実施状況一覧 1

◆2024年度教員採用試験（2023年夏実施）全国論作文実施状況一覧 2

Step 2　◆第２章◆ 合格論作文の最強準備

執筆の基本を「表記」と「表現」の２つの観点から押さえましょう。

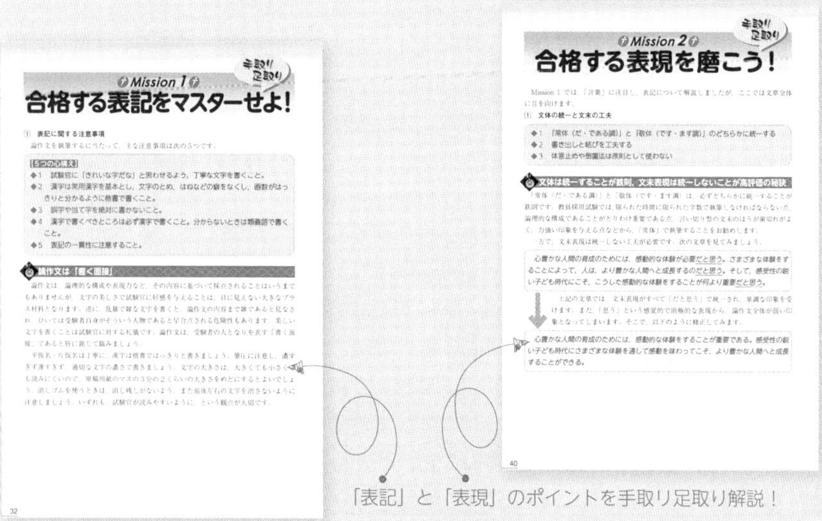

Mission 1

合格する表記をマスターせよ！

1 表記に関する注意事項

論作文を執筆するに当たって，主な注意事項は次の５つです。

【５つの心構え】

◆1　試験官に「きれいな字だな」と思わせるよう，丁寧な文字を書くこと。

◆2　漢字は常用漢字を基本とし，文字のとめ，はねなどの癖をなくし，画数がはっきりと分かるように楷書で書くこと。

◆3　誤字や当て字を絶対に書かないこと。

◆4　漢字で書くべきところは必ず漢字で書くこと。分からないときは類義語で書くこと。

◆5　表記の一貫性に注意すること。

論作文は「書く面接」

論作文は，論理的な構成や表現力など，その内容に基づいて採点されることはいうまでもありませんが，文字の美しさで試験官に好感を与えることは，目に見えない大きなプラス材料となります。逆に，乱暴で雑な文字を書くと，論作文の内容まで雑であると見なされ，ひいては受験者自身がそういう人物であると早合点される危険性もあります。美しい文字を書くことは試験官に対する礼儀です。論作文は，受験者の人となりを表す「書く面接」であると肝に銘じて臨みましょう。

平仮名・片仮名は丁寧に，漢字は楷書ではっきりと書きましょう。筆圧に注意し，濃すぎず薄すぎず，適切な文字の濃さで書きましょう。文字の大きさは，大きくても小さくても読みにくいので，原稿用紙のマスの３分の２くらいの大きさをめどにするとよいでしょう。消しゴムを使うときは，消し残しがないよう，また前後左右の文字を消さないように注意しましょう。いずれも，試験官が読みやすいように，という観点が大切です。

Mission 2

合格する表現を磨こう！

Mission 1では，「言葉」に注目し，表記について解説しましたが，ここでは文章全体に目を向けます。

1 文体の統一と文末の工夫

◆1　「常体（だ・である調）」と「敬体（です・ます調）」のどちらかに統一する

◆2　書き出しと結びを工夫する

◆3　体言止めや倒置法は原則として使わない

文体は統一することが鉄則，文末表現は統一しないことが高評価の秘訣

「常体（だ・である調）」と「敬体（です・ます調）」は，必ずどちらかに統一することが鉄則です。教員採用試験では，限られた時間に限られた字数で執筆しなければならない点，論理的な構成であることがとりわけ重要である点，言い切り型の文末のほうが歯切れがよく，力強い印象を与える点などから，「常体」で執筆することをお勧めします。

一方で，文末表現は統一しない工夫が必要です。次の文章を見てみましょう。

心豊かな人間の育成のためには，感動的な体験が必要だと思う。さまざまな体験をすることによって，人は，より豊かな人間へと成長するのだと思う。そして，感受性の鋭い子ども時代にこそ，こうした感動的な体験をすることが何より重要だと思う。

上記の文章では，文末表現がすべて「だと思う」で統一され，単調な印象を受けます。また，「思う」という感覚的で消極的な表現から，論作文全体が弱い印象となってしまいます。そこで，以下のように修正してみます。

心豊かな人間の育成のためには，感動的な体験をすることが重要である。感受性の鋭い子ども時代にさまざまな体験を通して感動を味わってこそ，より豊かな人間へと成長することができる。

Step 3　◆第３章◆ 合格論作文の組み立て方

いよいよ論作文の構成に。本書では，「序論」「本論」「結論」の三段構成法で解説しています。

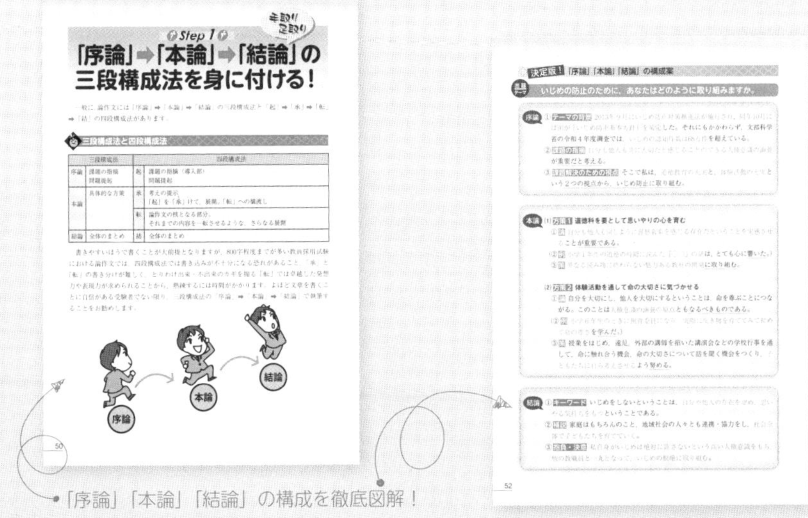

Step 1

手取り足取り

「序論」➡「本論」➡「結論」の三段構成法を身に付ける！

一般に，論作文には「序論」➡「本論」➡「結論」の三段構成法と「起」➡「承」➡「転」➡「結」の四段構成法があります。

三段構成法と四段構成法

三段構成法		四段構成法	
序論	課題の指摘 問題提起	起	課題の指摘（導入部） 問題提起
本論	具体的な方策	承	考えの提示 「起」を「承」けて，展開。「転」への橋渡し
		転	論作文の核となる部分。 それまでの内容を一転させるような，さらなる展開
結論	全体のまとめ	結	全体のまとめ

書きやすいほうで書くことが大前提となりますが，800字程度までが多い教員採用試験における論作文では，四段構成法では書き込みが不十分になる恐れがあること，「承」と「転」の書き分けが難しく，とりわけ出来・不出来のカギを握る「転」では卓越した発想力や表現力が求められることから，熟練するには時間がかかります。よほど文章を書くことに自信がある受験者でない限り，三段構成法の「序論」➡「本論」➡「結論」で執筆することをお勧めします。

50

決定版！「序論」「本論」「結論」の構成案

重要テーマ　いじめの防止のために，あなたはどのように取り組みますか。

序論　①テーマの背景 ……それにもかかわらず，文部科学省の令和４年度調査では，……を超えている。
②課題の指摘 ……が重要だと考える。
③課題解決のための視点 そこで私は，……という２つの視点から，いじめ防止に取り組む。

本論　(1) 方策１ 道徳科を要として思いやりの心を育む
①論 ……ことが重要である。
(②例 ……は，とても心に響いた。)
③論 ……に取り組む。

(2) 方策２ 体験活動を通して命の大切さに気づかせる
①論 自分を大切にし，他人を大切にするということは，命を尊ぶことにつながる。このことは……ともなるべきものである。
(②例 ……を学んだ。)
③論 授業をはじめ，遠足，外部の講師を招いた講演会などの学校行事を通して，命に触れ合う機会，命の大切さについて話を聞く機会をつくり，……よう努める。

結論　①キーワード いじめをしないということは，……ということである。
②補説 家庭はもちろんのこと，地域社会の人々とも連携・協力をし，……
③抱負・決意 ……

52

「序論」「本論」「結論」の構成を徹底図解！

Step 4　◆第４章◆ 合格答案例 必出テーマ35

教員採用試験で問われる必出テーマを35抽出し，すべてに合格答案例を付けました。

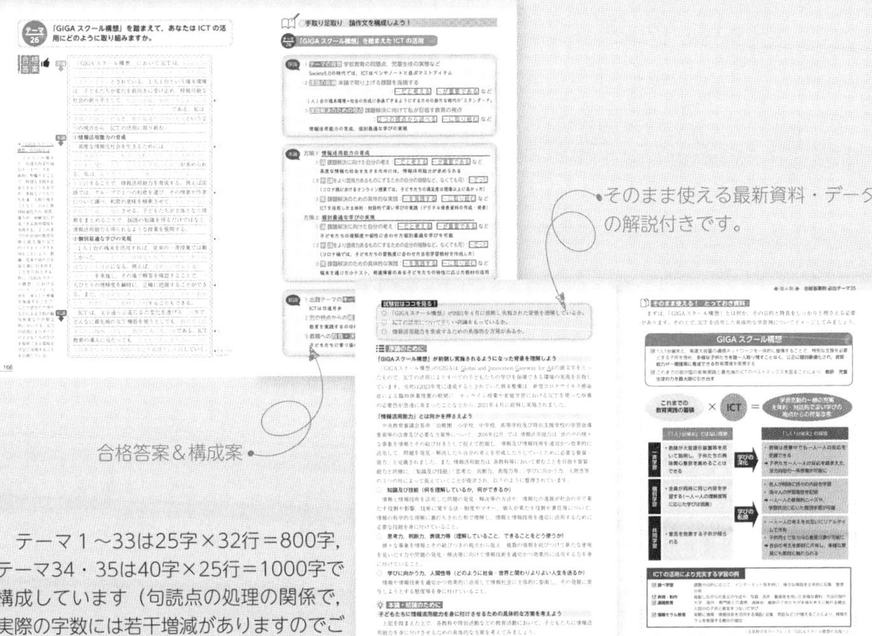

テーマ26　「GIGAスクール構想」を踏まえて，あなたはICTの活用にどのように取り組みますか。

合格答案

手取り足取り　論作文を構成しよう！

テーマ26　「GIGAスクール構想」を踏まえたICTの活用

試験官はココを見る！

序論のために

本論・結論のために

そのまま使える！　とっておき資料

GIGAスクール構想

ICTの活用により充実する学習の例

168

169

そのまま使える最新資料・データの解説付きです。

合格答案＆構成案

テーマ１～33は25字×32行＝800字，テーマ34・35は40字×25行＝1000字で構成しています（句読点の処理の関係で，実際の字数には若干増減がありますのでご了承ください）。

第１章

Part 1
論作文試験はこう行われる！

近年の教員採用試験は「人物重視」の傾向がますます強まり，論作文や面接試験の比重が高まっていることはご存じでしょう。ところが，演習を積み重ねれば確実に点数が上がっていくことを実感できる教職教養や一般教養，専門教養などの筆記試験とは異なり，論作文はどのように対策をすればよいのか，どうすれば合格論作文を書けるようになるのかについて，悩みを抱えている受験者は少なくありません。

まずは，教員採用試験で実施される論作文の実施方法や評価の観点など，その概要を押さえましょう。

論作文とは何か

各自治体の募集要項を見ると，教員採用試験で実施する論作文は「論文」「小論文」「作文」などと表記されています。

一般には，テーマについて理論的な筋道を立てて意見を述べた文章を「論文」あるいは「小論文」といい，文章を作ることそのものを「作文」といいます。作文においても，理論的な筋道を立てることが求められていないわけではありませんが，ある事柄について意見や感想を述べることに重点が置かれていることが多いようです。そこで，本書では上記の3つの表記例を踏まえて「論作文」と表記します。

教員採用試験で実施される論作文は，いずれも「論文（小論文）」と「作文」の特徴を兼ね備えていなければなりません。すなわち，テーマについて理論的な筋道を立てて説き，自分の意見や感想を述べるという２つの要素が含まれている必要があります。

論作文の目的とは

論作文で評価されるのは表記・表現，文章構成など「国語力」だけであり，教職教養や一般教養，専門教養と同じ筆記試験の一部にすぎないと思っている受験者はいないでしょうか。論作文は，これらの筆記試験では測れない教職に対する熱意や使命感，実践的な指導力など，いわゆる「人物・適性」に関する評価項目が重要な要素の一つとなっています。書かれた文章から，受験者がどのような人物かを見極め，かつ，教師にふさわしい資質能力をもった人物かどうかという「適格性」を多面的に判断することが論作文の目的です。これが論作文は紙上の面接試験，すなわち「書く面接」であるといわれる理由です。

論作文の実施方法は自治体によって異なる

教職教養や一般教養，専門教養などの筆記試験，面接試験と同じように，論作文も自治体によって実施内容が異なります。文部科学省の調査によると，2023年夏に実施された2024年度教員採用試験では，論作文は35の自治体で実施されており，うち13の自治体で１次試験から実施されています（一般選考）。

その実施方法は，制限時間，制限字数，テーマともに，自治体によってさまざまです。制限時間は30～90分と，非常に幅があります。また，石川県のように「総合教養」として教職教養や一般教養と同じ時間内に執筆させるところもあります。同様に，制限字数も300～1200字と幅があり，京都府や名古屋市などのように罫線が引かれたＡ４用紙やＢ４用紙が配布され，字数は示されていないところもあります（p.14～17を参照）。

受験者が最も気になるテーマについては，全校種で共通の場合，校種ごとに異なる場合などがあります。また，多くの場合，一般選考と特別選考（社会人，教職経験者など）ではテーマが異なります。テーマについては，p.29～30で詳しく見ていきます。

◆2024年度教員採用試験（2023年夏実施）全国論作文実施状況一覧 1

	作文・小論文									
	小		中		高		特支		養教	
	1次	2次	1次	2次	1次	2次	1次	2次	1次	2次
北海道						○				
札幌市										
青森県		●		●		●		●		●
岩手県	●		●		●		●		●	
宮城県										
仙台市										
秋田県		●		●		●○		●		●
山形県	○	●	○	●	○	●	○	●	○	●
福島県		●		●		●		●		●
茨城県		●		●		●		●		●
栃木県		●		●		●		●		●
群馬県										
埼玉県		●		●		●		●		●
さいたま市		●		●		●	●	●		●
千葉県	○		○		○		○		○	
千葉市	○		○		○		○		○	
東京都	●		●		●		●		●	
神奈川県★	●		●		●		●		●	
横浜市★		●		●		●		●		●
川崎市★	●○		●○		●○		●○		●○	
相模原市										
新潟県										
新潟市										
富山県	○	●	○	●	○	●	○	●	○	●
石川県	※		※		※		※		※	
福井県		●○		●○		●○		●○		●○
山梨県		●		●		●		●		●
長野県	●		●		●		●		●	
岐阜県		●		●		●○		●		●
静岡県	○		○		○	●	○		○	
静岡市	○		○						○	
浜松市	○	●	○	●					○	●
愛知県	●		●		●		●		●	
名古屋市	●		●		●		●		●	

★１次試験で実施するが，１次試験合格者のみ２次試験で採点。
●一般選考，○特別選考。
※石川県は一般教養・教職教養・論文を統合し，総合教養として実施している。
※大阪府は小・小中いきいき連携・特別支援学校の３次試験において小論文を実施している。
※島根県は1次，三重県・熊本県は２次で論述試験を実施している。

時事通信出版局調べ（過年度情報を含む）

	作文・小論文									
	小		中		高		特支		養教	
	1次	2次	1次	2次	1次	2次	1次	2次	1次	2次
三重県	○	※	○	※	○	※	○	※	○	※
滋賀県	●○		●○		●○		●○		●○	
京都府	●		●		●		●		●	
京都市	○	●	○	●	○	●	○	●	○	●
大阪府		3次						3次		
大阪府・豊能地区										
大阪市			○							
堺市		●						●		
兵庫県										
神戸市										
奈良県										
和歌山県	○	●	○	●	○	●	○	●	○	●
鳥取県										
島根県	●		●		●		●		●	
岡山県										
岡山市										
広島県										
広島市										
山口県	○	●	○	●	○	●		●		●
徳島県	●		●		●		●		●	
香川県										
愛媛県		●		●		●		●		●
高知県										
福岡県										
福岡市	○		○		○		○		○	
北九州市										
佐賀県		●		●		●		●		●
長崎県										
熊本県		※		※		※		※		※
熊本市		●		●		●				●
大分県	○		○		○					
宮崎県										
鹿児島県										
沖縄県										
合計	⓫／⑮	㉑／①／[1]	⓫／⑯	⓴／①	⓫／⑬	⓴／④	⓬／⑪	⓳／①／[1]	⓫／⑬	⓴／①

注１：合計については，実施した自治体の実数（神奈川県，川崎市，石川県は１次に含む）。

注２：中学校・高等学校教諭の募集を同一の採用枠内で行っている場合は中学校に含む。特別支援学校教諭の募集を他の校種と同一の採用枠内で行っている場合は他の校種に含む。

◆2024年度教員採用試験（2023年夏実施）全国論作文実施状況一覧 2

都道府県市	校　種	実施	時間	字　数	テーマの類型など
北海道・札幌市*	社会人	2次	60分	800字（原）・Y	1-A
青森県	全	2次	50分	600～800字（原）・T	全校種共通 1-A
岩手県	全 ※現職教員特別選考を除く	1次	70分	1000字（原）・Y	【小中】3-D 【高特養】2-A
宮城県	実施せず				
仙台市	実施せず				
秋田県	全	2次	50分	600字（原）・T	【小中】4-A 【高】3-A 【特】3-A 【養】3-D
	社会人等特別選考				3-A
山形県	社会人，講師等，スポーツ	1次	80分	1000字(原)・T	【社会人】1-A 【講師等】3-A 【スポーツ】1-A
	全	2次	50分	800字（原）・T	全校種共通 1-A，2-A，3-A
福島県	全	2次	50分	800字（原）・Y	【小】4-A 【中】3-A 【養】3-A
				900字（原）・T	【高】2-A 3-A
				900字（原）・Y	【特】4-A
茨城県	全	2次	60分	600～800字（原）・Y	【小中】3-A 【養】3-A 【栄】3-A
			90分	800字（原）・Y	【高】3-C
				1200字（原）・Y	【特】1-A
栃木県	全	2次	50分	600～1000字（原）・Y	【小】4-A 【中養】1-A 【高特】2-A
群馬県	実施せず				
埼玉県*	全	2次	60分	800字（原）・Y	【小中養栄】4-A 【高特】3-A
さいたま市	特別支援教育担当教員	1次	60分	600字×1題，320字×2題	【特別支援教育担当教員】3-A（3題）
	全	2次	45分	800字（原）・Y	全校種共通 4-A
	ネイティブ特別			A4用紙横罫26行	【ネイティブ特別】4-A
千葉県・千葉市	大学推薦，元教諭，ちばスペシャリスト特別選考Ⅰ	1次	45分	800字（原）・Y	【全】4-A ※ちばスペシャリスト特別選考Ⅰ：高（家庭，情報，看護，福祉）

＊過年度の実施状況を参考にしている。
★1次試験で実施するが，1次試験合格者のみ2次試験で採点。
※（原）：原稿用紙　T：縦書き　Y：横書き
※【　】でくくられた校種は，同じテーマであったことを表す。
※「時間」欄の（　）は，教職教養などの試験時間の中で実施されていることを表す。
※テーマの類型：出題内容＝1教育論，2教師論，3指導論，4ローカル，5抽象題，その他
出題形式＝A通常型，B事例対応型，C読解型，Dデータ分析型（詳細はp.29～30）

時事通信出版局調べ（過年度情報を含む）

都道府県市	校 種	実施	時間	字 数	テーマの類型など
東京都	全	1次	70分	910～1050字 （原）・Y	3-A
神奈川県*	全★	1次	60分	600～825字 （原）・Y	【小】4-A【中】4-A【高】4-A 【特】4-A【特（自立活動）】4-A 【養】4-A
横浜市	全★	2次	45分	800字 （原）・Y	【小】3-A 【中高】3-A 【特】3-A 【養】3-A
川崎市	全★	1次	60分	600字（原）・Y	【小中高特】4-A 【養】4-A
	正規教員経験者，臨時的任用職員・非常勤講師・一般任期付職員等経験者，社会人・青年海外協力隊員等経験者・資格取得者，英語資格所有者				【小中高特】3-A 【中（英）】3-A 【養】3-A
相模原市	実施せず				
新潟県	実施せず				
新潟市	実施せず				
富山県	社会人，特定資格，国際貢献，スポーツ実績，障害者	1次	50分	800字（原）・T	5-A
	全	2次		800字（原）・Y	教養Ⅱとして実施【小】3-B 【中高】3-B 【特】3-A 【養】3-B 【栄】3-B
石川県	全	区別なし	（90分）	300字（原）・Y	全校種共通，総合教養（90分）の中で実施 3-C
福井県*	全	2次	60分	810字（原）・T	【小中高特】3-C 【養】3-C 【栄】3-C
	教育エキスパート特別選考		50分	621字（原）・T	【スポーツ】【芸術】1-A
山梨県*	全	2次	50分	800字（原）・T	全校種共通 3-A または 4-A
長野県	全	1次	60分	700～800字 （原）・T	【小中特／小中養／栄】1-A
			45分	600字（原）・T	【高／高養】5-A
岐阜県*	スペシャリスト特別選考	1次	60分	不明	不明
	小中養栄	2次		640字以上 （原）・T	【小中】3-A 【養】3-A 【栄】3-A
	高特			720字以上 （原）・T	【高特】1-A

都道府県市	校　種	実施	時間	字　数	テーマの類型など
静岡県	教職経験者	1次	60分	601～800字（原）・Y	【小中】3-A【特】4-A 【養】3-A【栄】3-A
				600~800字(原)・Y	【高】3-A
	国際貢献活動経験者			601~800字(原)・Y	【小中特養栄】1-A
				600~800字(原)・Y	【高】3-A
	障害者特別選考			601~800字(原)・Y	【小中特養栄】3-A
				600~800字(原)・Y	【高】3-A
	看護師経験を有する者			601~800字(原)・Y	【特（自立活動）】4-A
	高等学校 スペシャリスト選考			600~800字(原)・Y ※ネイティブ英語教員は33～44行以内の英語でも可	【博士号取得者】1-A 【民間企業等勤務経験者】1-A 【医療機関等勤務経験者】1-A 【商船等勤務経験者】1-A 【ネイティブ英語教員】2-A
	高	2次		800字（原）・Y	1-A
静岡市*	教職経験者	1次	60分	601～800字（原）・Y	【小中】3-A【養】3-A【栄】3-A
	障害者特別選考				【小中特養栄】3-A
浜松市	元教諭・臨時的任用教員等，国際貢献活動経験者，障害者	1次	60分	601～800字（原）・Y	希望に応じて教職・一般教養に代えて実施 【元教諭・臨任等（小中）】3-A 【元教諭・臨任等（養）】3-A 【国際貢献】1-A　【障害者】3-A
	小中養 発達支援推進	2次	50分	A4用紙 横罫34行	【小中養，発達支援推進】4-A 学校教育に関するレポート作成
愛知県	全	1次	60分	900字（原）・T	全校種共通 3-D ➡p.62~63
名古屋市*	全	1次	50分	A4用紙横罫20行	全校種共通 5-A
三重県	社会人	1次	40分	600～800字（原）・Y	【社会人】2-Aまたは4-A
	一般選考は実施せず（ただし，2次に論述試験として，300字×1問，250字×2問の問題あり・60分）				3-A，4-A
滋賀県*	全	1次	30分	600字（原）・Y	【小中高特】3-A【養】3-A【栄】3-A
	特別選考				【スポーツ】3-A【障害者】3-A
京都府*	全	1次	40分	B4用紙横罫31行	全校種共通 4-A
京都市*	国際貢献活動，社会人経験者チャレンジ，理数工チャレンジ，フロンティア	1次	30分	800字（原）・Y	【国際貢献活動】3-A 【社会人経験者チャレンジ】4-A 【理数工チャレンジ】4-A 【フロンティア・理数工】3-A 【フロンティア・保健体育】3-A
	全	2次	40分 （Ⅰ・Ⅱ）	論文Ⅰ：600字（原）・Y	【小】4-A【中】4-A【高】3-A 【特】3-A または 4-A 【養】3-A【栄】3-A【幼】2-A
				論文Ⅱ：A４用紙横罫６行	3-B
大阪府	小・小中いきいき連携 特（幼小共通，小）	3次	(120分)	450～550字（原）・Y	専門(120分)の中で実施 【小・小中いきいき連携】4-A 【特（幼小共通，小）】3-A

都道府県市	校　種	実施	時間	字　数	テーマの類型など
大阪府豊能地区	実施せず				
大阪市	スペシャリスト特別選考	１次	90分	不明	
堺市	小・特小，小幼共通	２次	(120分)	500字（原）・Y	専門（120分）の中で実施 【小・特小，小幼共通】3-A
兵庫県	実施せず				
神戸市	実施せず				
奈良県	実施せず				
和歌山県	特別選考（芸術・スポーツ分野，博士号取得者，現職教諭等）	１次	40分	800字	4-A
	全	２次	60分	800字以内（原）・T	【小中高】3-D　【特】3-D 【養】3-D　【栄】3-D
鳥取県	実施せず				
島根県	全	１次	60分	350～400字（原）・T	全校種共通 1-A
岡山県	実施せず				
岡山市	実施せず				
広島県・広島市	実施せず				
山口県	全	２次	50分	800字（原）・Y	3-A
	教職チャレンジ特別選考				3-A
徳島県	全	１次	80分	800字（原）・T	全校種共通 2-A
香川県	実施せず				
愛媛県*	全	２次	60分	1000～1200字（原）・T	〈2022年度〉【小】1-A 【中養栄】1-A 【高】3-A 【特】3-A
高知県	実施せず				
福岡県	実施せず				
福岡市	教職大学院修了者，社会人等，スポーツ・芸術	１次	50分	800字（原）・Y	不明
北九州市	実施せず				
佐賀県*	全	２次	60分	800字（原）・T	【小中】3-A 【高】3-A 【特】3-A 【養】3-A 【栄】3-A
長崎県	実施せず				
熊本県	実施せず（ただし，２次にて専門の論述試験あり）				
熊本市*	全	２次	60分	800字（原）・Y	【幼】3-A　【小中高】3-A 【養】3-A　【栄】3-A
大分県	社会人	１次	80分	1200字（原）	3-A
宮崎県	実施せず				
鹿児島県	実施せず				
沖縄県	実施せず				

※「時間」欄の（　）は，教職教養などの試験時間の中で実施されていることを表す。

※テーマの類型：出題内容＝1 教育論，2 教師論，3 指導論，4 ローカル，5 抽象題，その他

出題形式＝A 通常型，B 事例対応型，C 読解型，D データ分析型（詳細はp.29～30）

◆◇Column◇◆

～論作文テーマでも“ローカル問題”が出題される！～

筆記試験における教職教養と同様に，論作文でも各自治体の教育施策などに関する，いわゆるローカル問題がテーマとして出題されています。各自治体の学校教育の指針，教育振興基本計画，いじめ防止基本方針などは，最新年度のものをチェックしておきましょう。

秋田県〔小学校・中学校〕50分・600字

文部科学省の令和３年度調査によると，全国の小・中学校の不登校児童生徒数は24万4940人で，９年連続で増加しており，本県においても令和３年度は，1343人と過去最高を記録している。不登校児童生徒増加の背景や要因について触れつつ，自分が担任する学級に不登校児童生徒が在籍している場合どのように対応していくか，具体的な手立てについて述べよ。

福島県〔特別支援学校〕50分・900字

本県では，第７次福島県総合教育計画において，福島のよさを大切にした「福島ならでは」の教育を進めるとともに，個別最適化された学び，協働的な学び，探究的な学びへと変革していく「学びの変革」を掲げています。このことを踏まえ，あなたはどのように考え，特別支援学校での授業を実践していくのか，記述しなさい。

さいたま市〔全校種共通〕45分・800字

さいたま市では，デジタル化された教育環境を最大限に活用した「探究的な学び」を推進し，変化する時代の中で求められる資質・能力を確実に育成していくことを目指しています。あなたは，このことを踏まえ，教師としてどのように取り組んでいきますか。具体的に述べなさい。

川崎市〔全校種共通〕60分・800字

川崎市の求める教師像に「子どもの話にきちんと耳を傾けることができる」があります。このことについて，あなたはどのようなことが大切だと考えますか。また，そのためにどのような取組をしますか。具体的に600字以内で述べてください。

Part 2 試験官はココを見る！

では，実際には，試験官は論作文のどこを評価しているのでしょうか。

論作文は，多くの自治体では各教育委員会の指導主事（あるいはそれと同等クラス）と，現職校長・元校長など複数の試験官によって採点されます。例えば，福島県では３人の試験官が評価基準に基づいて各50点満点で採点し，その平均点を受験者の得点としています。

評価の観点は，自治体によって異なりますが，表現力，文章の構成力などの「国語力」と，教職に対する使命感，熱意など，「人物・適性」に関する項目に大別することができます。以下の評価の観点の成り立ちを見てみましょう。

「人物・適性」をアウトプットする「国語力」

■論作文の評価の観点の成り立ち

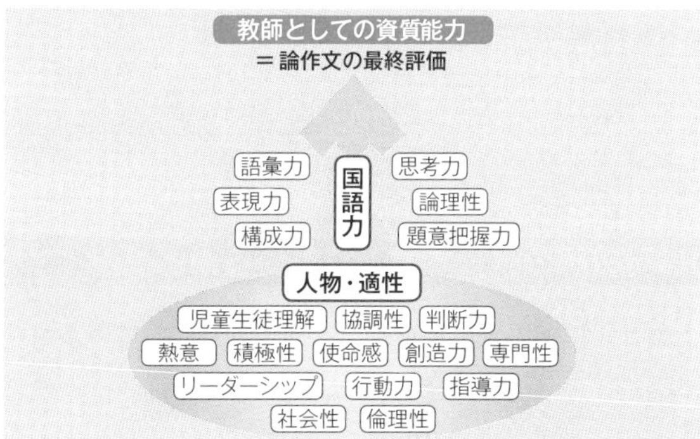

上図から，論作文試験では「国語力」と「人物・適性」が合わさって「教師としての資質能力」となり，この２つが総合的に判断されて論作文の最終評価となる，ということが分かります。さらには，まずは「人物・適性」という土台があり，それをアウトプットするのが「国語力」であることも分かります。いくら，表現力や構成力に富んだ「国語力」を示す優れた文章であったとしても，児童生徒理解や指導力といった「人物・適性」に裏打ちされたものでなければ合格論作文にはなりません。逆に，「人物・適性」を兼ね備えた魅力ある人物であったとしても，それを表現できる国語力がなければ試験官には響かないのです。

「国語力」と「人物・適性」を構成する観点の要素

以下は，全国の自治体の評価の観点の具体的な項目を集約したものです。実際に論作文を執筆するときには，以下のような観点で評価されていることを意識して執筆することが大切です。

■論作文の評価の観点例

		具体的な項目
国語力	題意の把握	□テーマが求めているものに正対しているか。 □テーマの背景や課題を理解しているか。
	文章の内容・構成	□論述の筋道が通っており，主張に一貫性があるか。 □論述の構成は適切か。 □一般論ではなく，自分自身の体験などが生かされているか。 □客観的に述べられているか。 □論理と方策が結び付いているか。 □発想の豊かさや卓抜さが感じられるか。
	表記・表現	□文字は丁寧に書かれているか。 □誤字，脱字，当て字，送り仮名の誤りはないか。 □句読点の用法や接続語の用法など，文法的な誤りはないか。 □適切な用語・表現を用いているか。 □適切な段落分けなど，読みやすい文章か。 □原稿用紙の使い方は適切か。
人物・適性	□一般的な社会常識に加え，教師としての専門的知識をもっているか。 □児童生徒に対する愛情と理解が感じられるか。 □教師としての使命感や熱意に裏付けられた実践や抱負が述べられているか。 □実行可能な具体策が述べられているか。 □的確な判断力，積極性，行動力が感じられるか。	

決め手となるのは「教師の眼」で書かれているかどうか

学校で行われる教育活動は，以下の８項目を基本として成り立っています。

1 誰が（＝教師）
2 何のために（＝目的）
3 何を目指して（＝目標）
4 どういう仕組みの下で（＝制度上）
5 誰に（＝児童生徒）
6 どこで（＝学校や学級など）
7 何を（＝内容）
8 どのように指導するか（＝方策）

したがって，1〔＝教師〕である私は，ある2〔＝目的〕または3〔＝目標〕を目指して，4〔＝制度上〕の仕組みの下，5〔＝児童生徒〕のために，6〔＝学校や学級など〕で，ある7〔＝内容〕を具体的に8〔＝指導する〕——これが，合格論作文の骨格となります。

分かりやすくするために，「いじめの防止」というテーマで考えてみましょう。

1 私は，学級担任として，
2 児童生徒の人権を守るために，
3 自分の学級では絶対にいじめを許さない。
4 (そのためには)「学校いじめ防止基本方針」に基づき，
5 児童生徒に対して，
6 学級の中で，
7 自分を大切にする心と相手を大切にする心の大切さを，
8 道徳科をはじめとする教育活動全体で指導していく。

これを肉付けして合格する論作文へと仕上げていきます。

試験官が教える「採用したくなる論作文」のポイント

p.20の「論作文の評価の観点例」をチェックしながら，試験官は実際には何をもって「この受験者を合格させたい＝採用したい」と判断するのでしょうか。それには，p.10の「論作文とは何か」をもう一度思い出してみましょう。すなわち，(1)テーマについて理論的な筋道を立てて説き，(2)自分の意見や感想を述べるという論作文の特徴を兼ね備えた上で，(3)教師としての資質能力をしっかりとアピールできているかどうか——の３点です。

(1)　筋道を立てて執筆しているか＝「論文」の要素

自分の考えを述べる根拠が明確に示され，それに基づいて筋道を立てて論理が展開され，結論に至っているかどうか。序論から結論まで，読み返すことなく一気に読み通せるかどうかもポイントの一つです。

(2)　自分の考えを述べているか＝「作文」の要素

テーマに「……について，あなたの考えを述べなさい」と明記されていなくても，受験者の考えを明確に示さなければ合格論作文にはなりません。「(世間では) こう言われている」「こうすべきである」といった第三者的な意見だけでは，どんなに筋道の通った論作文でも，試験官は「合格」を付けません。

(3)　視野の広さ・理解の深さをアピールしているか＝「人物・適性」の要素

論作文の目的は，教職教養や一般教養，専門教養などの筆記試験だけでは測れない教師としての資質能力を見極めることにあります。すなわち，知識の「量」ではなく「質」が問われているのであり，知識を活用して課題を解決するための実践力が求められていることを肝に銘じておきましょう。

◆こんな論作文はNG！

⑴　**テーマに正対していない。**

⑵　**自分の考えが具体的に書かれていない。**

・単なる感想に終わっている。

・体験が記してあるが感動や発見がない。

・個人的な意見にとどまり，普遍性がない。

・問題意識はあるが，立場の取り方が不明確である。

・観念的な表現ばかりが目立ち，知識をひけらかしただけに終わっている。

・学校や教師を評論家のような立場で批判している。（➡ p.46 を参照）

⑶　**一読しただけでは内容が読み取れない。**

・筋立てがなく，ダラダラと書かれている。

・内容に一貫性がない。

・論理的に破綻している。

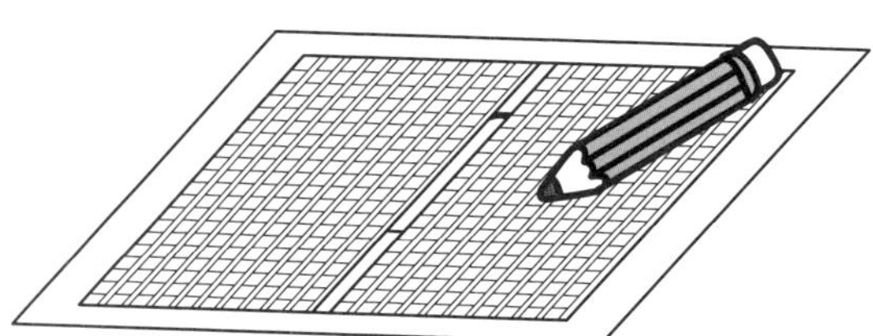

CHECK！

2024年度教員採用試験（2023年夏実施）自治体別・論作文の評価の観点

※募集要項，ホームページ上などで公開されている自治体のみ掲載

●北海道

①着眼点，②表現力，③教員素質

●青森県

【内容】① 出題の意図を的確に捉え，自分の考え方を明確に述べているか。
② 出題の意図を自分なりに咀嚼し，具体的に述べているか。
③ 創造的に考え，主体的に述べているか。
④ 教育に対する情熱や意欲，人間的な豊かさや感性を伝えているか。

【表現】① 文章構成の工夫がなされ，論旨に一貫性があるか。
② 効果的な表現の仕方を工夫しているか。
③ 文字の丁寧さ，誤字や脱字，送り仮名，句読点，主語と述語の関係，段落の分け方，文体が適切であるか。

【字数】600字以上800字以内でまとめているか。

●岩手県

【教員としての資質・適性など】①理解力，②分析力，③論理的な思考力，④判断力

●秋田県

教育に対して使命感と問題意識をもちながら幅広く考察することができ，自己の主張を論理的に表現できるかどうか。

①内容，②文章構成，③文章表現力

●山形県

①課題把握，②文章構成・表現　など

●福島県

①主題や課題の理解，②論述の仕方や視点，③構成，④表記　など

●茨城県

①字数制限，②表現の適切さ，③論理性，④構成力　など

●栃木県〔過年度〕

【教師としての資質，能力，意欲】①課題把握，②実践意欲，③文章構成

●埼玉県

【論題の理解など】論題に正対しているか。

【教育実践についての自分の考えなど】① 主張が明確で，論理性を備えているか。
② 教師としての教育実践について具体的に表

現しているか。

【構成・表現など】① 用語，表記は適切か。
② 全体のまとまりはあるか。
③ 字数は適切か。

●さいたま市

① 論題を正しく捉えているか。
② 具体的な記述がなされているか。
③ 教育への情熱・実践的な専門性を有しているか（特別支援教育担当教員以外）。
④ 求められる職務内容を踏まえた記述がなされているか（特別支援教育担当教員：特別支援教育についての専門的な視点から記述がなされているか）。
⑤ 正しい表記や論文としてのまとまりがあるか。

●千葉県・千葉市

【構成力】① 課題の意図を把握し，題意に即した分析をしているか。
② 論理的な主張になっているか。
【創造力】① 創造性，洞察力などがあるか。
② 誠実さ，向上心などがあるか。
③ 独断的でなく，社会への適応性をもっているか。
【表現力】① 具体的な分かりやすい内容で，表現できているか。
② 語句の用い方，表現は適切か。誤字などはないか。

●東京都

①課題把握，②教師としての実践的指導力，③論理的表現力

●神奈川県

【表現】①文字数（600字以上825字以下），②文章の構成，③分かりやすさ，④表記の正確さ（誤字，脱字）
【内容】①着想，②論旨，結論，③自分の考え

●横浜市〔過年度〕

【基本的事項】①文章の構成，②分かりやすさ，③誤字脱字，④字数（論文用紙の80％以上）
【論文内容】① テーマに沿って論じている。
② テーマを多面的に捉えている。
③ 自分の考えを具体的に記述している。

●川崎市

【テーマの把握】① テーマを深く理解しているか。
② テーマに関する知識や見識はあるか。
【表現力】① 分かりやすく適切な表現をしているか。
② 内容に具体性があるか。
【論文の構成】① 説得力のある構成になっているか。
② テーマについて自分の考えを述べているか。
【教員としての資質】① 教員としての適性が感じられるか。

●石川県

① 条件を踏まえた解答になっているか。
② 自分の考えが述べられているか。
③ 文章が論理的か。
④ 実体験や具体例を示し，文章に説得力があるか。

●福井県〔過年度〕

① なぜ，下線部のようなことが述べられたのか，その理由や背景について，具体的に述べている。
② 実践していきたい教育活動を，具体的に述べている。
③ どのような研鑽を積むかについて，具体的に，分かりやすく述べている。
④ 文章全体を通して論調がまとまっており，説得力がある。
⑤ ８割以上の字数で，段落構成もなされている。原稿用紙を正しく使い，誤字・脱字がなく，適切な表現がなされている。

●山梨県〔過年度〕

【国語的視点】①内容，②構成，③表記，④分量
【人物的視点】①柔軟性，②積極性，③適格性

●長野県

①題意把握の的確さ（根拠の妥当性など，㊒テーマ設定など），②文章構成の工夫（〈㊒テーマに沿った〉適切な構成など），③論理的思考力（論旨の展開など），④表記（誤字・脱字，字数制限など）

●岐阜県

小学校，中学校，養護教諭，栄養教諭

【教育観に立った主義・主張】
① 教育に対する熱い考え方を，説得力ある書きぶりで表現することができているか。
② 児童生徒の心を動かすことができる内容か。など

【文章構成など】
① 読み手に分かりやすい文章構成がなされているか。
② 与えられた字数を，精一杯生かして論述しようとしているか。など

【正確さ】
読みやすく，正確な表現で記述できているか。など

高等学校，特別支援学校

【教育観に立った主義・主張】
① 体験などを基に具体的な記述ができているか。
② 内容が説得力のあるものか。
③ 課題に対して多面的な見方ができているか。など

【文章構成など】
① 読み手に分かりやすい論理構成となっているか。
② 与えられた字数を，精一杯生かして論述しようとしているか。など

【正確さ】
① 丁寧に書こうとしているか。
② 誤字，脱字はないか。など

●愛知県

① 教育に対する見識をもち，現実に対する認識は適切であるか。
② 教育に対する意欲は十分であるか。
③ 教師として現実に立脚した展望をもっているか。
④ 出題の意図を的確に捉え，論旨が一貫しているか。
⑤ 文章表記は適切であるか。

●三重県（論述）

教職に関する知識と理解，学校教育に関する課題の認識及び記述する力　など

●京都府〔過年度〕

〔問題１〕 ①「目指す人間像」が示された理由や背景について，自分の考えが述べられているか。

②「目指す人間像」の実現に向け，取り組んでいきたい教育活動について，具体的に述べられているか。

〔問題２〕 ① 教育現場においてICTの積極的な活用が求められている理由について，昨今の子どもを取り巻く環境や課題を踏まえ，自分の考えが述べられているか。

② ICT活用の利点を生かして取り組んでいきたいと考えている教育活動について，その効果とともに具体的な活用事例を挙げながら述べられているか。

●京都市〔過年度〕

小学校

① 全教職員で進める学校園づくり，５つの柱に「多様な子どもを誰一人取り残さない教育を進める」を掲げている必要性や意義について的確に捉えているか。
②「子ども一人一人の人権が常に保障され，どの子どもにとっても安心して自分らしく生き生きと活動し，学ぶことのできる学校・学級・授業」の存在を意識した取組について，具体的に論述できているか。
- 学校組織体制の中で取り組むことを考えられているか。
- 子ども一人一人がかけがえのない存在であるとの認識があるか。
- 家庭や地域・関係機関等と連携しながら，継続的・組織的な取り組みが考えられているか。
- 一人一人の教育的ニーズに応じた指導内容や指導方法の精選・創意工夫，適切な支援の在り方について校内で共通理解を図り，全校体制で取り組むことが考えられているか。

③ 論文として適切な構成や表現となっているか。

中学校

① 論文題に沿って，論点・論拠を明確にした記述となっているか。
- 子どもの多様な能力や個性の伸長について９年間を系統立てた見通しとなっているか。
- 子どもの学校での学びと社会や自己の将来とのつながりを見通し，よりよい人生や社会を創造していくための教育実践に触れた内容となっているか。
- すべての子どもが共に学ぶインクルーシブ教育の理念に基づき，子どもや保護者の願いと一人一人の教育ニーズを考えた内容になっているか。

② 教員としての熱意，現状認識への姿勢，教育に対する分析力，検証が感じられるか。
③ 論文として適切な構成や表現となっているか。

高等学校

① これから迎える予測困難な社会情勢を踏まえ，自身の考えを明確かつ論理的に論じられているか。

② 子どもに育成すべき資質・能力が明確に論じられているか。また，そのための教育実践が適切な内容になっているか。

③ 論文として適切な構成や表現であり，論題に沿って論点・論拠を明確にした記述となっているか。

特別支援学校

〈テーマ１〉① 合理的配慮の基本的理解
- 学習内容の変更・調整　•認知の特性や身体の動き等に応じた教材の配慮
- ICTや補助用具等の活用

② 障害特性の理解と把握
- 児童生徒の実態把握　•行動特性に応じた指導・支援の在り方
- 個別の指導計画に基づく目標設定や指導内容の工夫

③ 教育課程の基本的理解
- 小・中学校の学習指導要領における特別支援教育についての理解
- 特別支援学級，通級指導における教育課程

④ 校内体制の整備
- 総合育成支援教育主任の役割　•担任，主任，通級担当等，関係者の連携
- 個別の教育支援計画，個別の指導計画の理解と活用
- 専門性の構築に向けた研修システム

〈テーマ２〉① 障害のある児童生徒の学習上の特性と指導のポイントについての理解
- 実態把握とアセスメントの重要性　•般化の困難さの理解
- 段階的（スモールステップ）な指導の必要性　•学習内容の連続性と系統性
- 自己選択・自己決定の重要性　•成功体験の必要性

② 補助具を活用することの有用性の理解
- 障害の状態に応じた補助具等の活用による学習効果
- 障害の状態や特性等に即した補助具等の創意工夫　•児童生徒の学習保障

③ 特別支援学校教育課程の基本的理解
- 個別の教育支援計画，個別の指導計画の活用の理解
- 特別支援学校，特別支援学級，通級指導における教育課程の理解
- 自立活動の指導についての基礎的知識

●大阪府

小学校，小中いきいき連携，特別支援学校幼稚部・小学部共通，小学部

① 社会的な背景や課題を把握しているか。

② 具体的かつ客観性のある内容を論理的に記述しているか。

●堺市

① 小学校教員として必要な知識と教養を有するか。

② テーマを正しく理解し，自らの経験に基づいた具体的かつ客観的な考えを述べているか。

③ 論旨の通った文章となっているか。

④ 正確で適切な表記，表現となっているか（文字の丁寧さ，句読点の使い方，誤字脱字がないかなどを含む）。

●和歌山県

出題の意図を的確に捉えて，自分の考えを明確にし，適切な表現で論理的に記述しているか。

●山口県〔過年度〕

①教育的愛情，②教育に対する情熱・意欲，③教育観，④人権意識，⑤倫理観，⑥表現力，⑦創造力，　⑧指導力，⑨社会性，⑩積極性，⑪協調性　など

●徳島県〔過年度〕

①　出題の意図が確実に捉えられているか。
②　内容が具体的な記述となっているか。
③　教職に対する意欲が読み取れるか。
④　段落の構成，序論・結論などに配慮し，分かりやすい文章構成となっているか。
⑤　適切な文章表現となっているか。

- 文法上の乱れはないか。
- 句読点の使い方は正しいか。
- 誤字，当て字，送り仮名の誤りはないか。
- 原稿用紙の正しい使い方になっているか。など

●愛媛県〔過年度〕

【文章力】①　テーマに即した内容となっているか。
②　客観的・論理的に述べているか。
③　構成や論の進め方は適切か。
④　自分の考えを明確に述べているか。
⑤　主張に一貫性はあるか。

【人物・適性】①　個性・創造性が感じられるか。
②　教師としての適性や知識はあるか。
③　一般論ではなく自分自身の体験などが生かされているか。
④　発想の豊かさや卓抜さが感じられるか。

【国語力】①　誤字，脱字，送り仮名の誤りはないか。
②　接続語の用法に誤りはないか。
③　句読点の用法は適切か。
④　文法的に正しい文章となっているか。
⑤　原稿用紙の使い方に誤りはないか。
⑥　段落を適切に設けているか。
⑦　論旨が明快であるか。
⑧　適切な例が引用されているか。
⑨　文章表現が豊かであるか。
⑩　適切な用語が用いられているか。

●佐賀県

①内容，②構成，③表記の正確さ

●熊本県〔過年度；専門論述の各教科共通部分〕

①　語句の表現や記述が適切であり，論理的で分かりやすい構成になっているか。
②　自分の考えを具体的に述べ，教師としての資質（熱意，誠実さ，向上心，柔軟性，協調性，発想力など）がうかがえるか。

Part 3

出題テーマを分類する！

教職・一般教養や専門教養などの筆記試験においては，「○○県の教職教養は，教育法規の比重が高い」「△△市の一般教養の数学には，必ず図形の証明問題が出題される」などの「出題傾向」があるのは周知の事実です。これと同じように，論作文のテーマにも自治体ごとに「出題傾向」が存在します。論作文の演習では，志望する自治体の制限時間・制限字数で，その出題傾向に合わせたテーマで執筆することが鉄則です。

まずは，テーマを出題内容と出題形式の違いで分類しましょう。

出題内容：「教育論」「教師論」「指導論」の３分野・６領域＋「ローカル」「抽象題」

出題内容による分類	
1 教育論 キーワード “教育課題” “教育時事”	①教育観＝教育の理念や目的に関するもの 例：これからの教育に求められるもの　教育の「不易」と「流行」 信頼される学校とは
	②教育課題・教育時事＝今日的な教育課題，教育をめぐる時事的な事柄 例：「確かな学力」とは　道徳の教科化　小学校英語の教科化 「生きる力」をどう育むか　「キャリア教育」の充実
2 教師論 キーワード “教師”	③教師像＝教師に求められる資質能力 例：これからの教師に求められる資質能力とは 理想の教師像　信頼される教師とは　「教育は人なり」
3 指導論 キーワード “児童生徒” “指導” “実践”	④生徒指導＝児童生徒の問題行動などに対する指導 例：いじめ／不登校／暴力行為などに対する指導 児童生徒理解のためにできること　望ましい人間関係づくり
	⑤学習指導＝教科・科目の授業に関する指導 例：分かる授業とは　学習習慣の確立と学習意欲の向上
	⑥学級経営＝学級づくりの工夫などに関するもの 例：「心の居場所」となる学級づくり すべての子どもが活躍できる学級づくり
4 ローカル	自治体の教育課題，教育重点施策，「教育振興基本計画」など 例：○○県の教育目標　△△市の「学校教育の指針」
5 抽象題	抽象的な言葉を題材としたもの 例：絆　経験　挑戦

出題形式：「通常型」「事例対応型」「読解型」「データ分析型」の４形式

出題形式による分類	
A通常型	「……についてあなたの考えを述べなさい」という最も基本的な出題形式。
B事例対応型	具体的な指導場面が提示され，その対応や指導上の留意点について述べるもの。 現在，Ａ教論は小学校で２年３組の担任をしている。２年３組の男子児童Ｂは，外国人児童である。日本語指導担当教師の１年間の指導で，平易な日本語は理解できるようになったが，自分の思いを日本語で伝えることは難しい状況である。今年度も週に５時間，昨年度と同じ日本語指導担当教師から日本語指導を受けている。１学期の始業式以来，気にかけて見ているが，明るく元気に行動し，気が合う男子児童と仲良く遊ぶ様子が見られる。授業では興味をもったことに対しては進んで取り組んでいる。両親も外国人で，日本語の習熟は十分ではない。 ６月初旬ごろから，児童Ｂは授業中に教科書を開かずに手遊びをしたり，立ち歩きをしたりするようになった。最初は，個別に声をかけることで，着席していたが，次第に声をかけるだけでは，着席せず，気が合う男子児童の席へ行き，ちょっかいを出すようになってきた。また，何か指示を出すと「めんどうくさい」と反発するようになってきた。この様子を見て，女子児童を中心に，児童Ｂのことを避けるようになってきた。 あなたがＡ教論だとすると，このような状況にどう対応するか。児童Ｂへの対応やその他の児童への関わり，今後の学級づくり等について800字以内で述べよ。 （2024年度／富山県・小学校）
C読解型	テーマと一緒に提示される文章がある形式。文章を理解する読解力と，それを踏まえて執筆する文章力などが求められる。 次の【文章１】（小手川正二郎・著「現実を解きほぐすための哲学」株式会社トランスビュー），【文章２】（市川　力，井庭　崇・編著「ジェネレーター―学びと活動の生成―」学事出版株式会社）の内容を250字程度でまとめて，それに関連したあなたの考える実践を具体的に１つ述べなさい。また，字数は800字以内とし，原稿用紙の使い方に従って常体で記述すること。 （2024年度／茨城県・高等学校）
Dデータ分析型	グラフや文章で示されたデータを分析して，その課題点を見いだし，解決策を問う形式。データの分析力と，それを言語化する文章力などが求められる。 次の資料１，２（概要は下記参照）をもとに，「通常の学級に在籍する特別な教育的支援を必要とする児童生徒」への対応について現状と課題を簡潔にまとめ，そのような児童生徒に対して，自分の希望する校種の教員としてどのように対応するか，800字程度で具体的に述べよ。なお，資料を用いる時は「資料１，表１より」など，どの資料を用いたかが分かるように書き，必ず資料に触れることとする。 資料１：「児童生徒の困難の状況」の調査結果 表１：「学習面又は行動面で著しい困難を示す」とされた児童生徒数の割合 資料２：「児童生徒の受けている支援の状況」の調査結果 表２：設問「校内委員会において，現在，特別な教育的支援が必要と判断されているか」に対する回答 表３：設問「現在，通級による指導を受けているか」に対する回答 表４：設問「『個別の指導計画』を作成しているか」に対する回答 〈出典〉「通常の学級に在籍する特別な教育的支援を必要とする児童生徒に関する調査結果」（文部科学省，令和４年）及び（文部科学省，平成24年）より。なお，高等学校については，（文部科学省，令和４年）より。

ここで示した出題内容（1～4）と出題形式（A～D）は，p.14～17の表の右欄に記載していますので，志望する自治体の傾向分析に役立てましょう。

第2章

手取り足取り

Mission 1 合格する表記をマスターせよ！

1 表記に関する注意事項

論作文を執筆するに当たって，主な注意事項は次の５つです。

【５つの心構え】

◆1　試験官に「きれいな字だな」と思わせるよう，丁寧な文字を書くこと。

◆2　漢字は常用漢字を基本とし，文字のとめ，はねなどの癖をなくし，画数がはっきりと分かるように楷書で書くこと。

◆3　誤字や当て字を絶対に書かないこと。

◆4　漢字で書くべきところは必ず漢字で書くこと。分からないときは類義語で書くこと。

◆5　表記の一貫性に注意すること。

論作文は「書く面接」

論作文は，論理的な構成や表現力など，その内容に基づいて採点されることはいうまでもありませんが，文字の美しさで試験官に好感を与えることは，目に見えない大きなプラス材料となります。逆に，乱暴で雑な文字を書くと，論作文の内容まで雑であると見なされ，ひいては受験者自身がそういう人物であると早合点される危険性もあります。美しい文字を書くことは試験官に対する礼儀です。論作文は，受験者の人となりを表す「書く面接」であると肝に銘じて臨みましょう。

平仮名・片仮名は丁寧に，漢字は楷書ではっきりと書きましょう。筆圧に注意し，濃すぎず薄すぎず，適切な文字の濃さで書きましょう。文字の大きさは，大きくても小さくても読みにくいので，原稿用紙のマスの３分の２くらいの大きさをめどにするとよいでしょう。消しゴムを使うときは，消し残しがないよう，また前後左右の文字を消さないように注意しましょう。いずれも，試験官が読みやすいように，という観点が大切です。

2　表記の基礎・基本

正しい現代仮名遣いで書く

現代仮名遣いとは，言葉を原則として現代語の音韻に従って書き表すことであり，論作文も現代仮名遣いのルールにのっとって執筆しなければなりません。正式には，1986年に内閣告示として公示された「現代仮名遣い」がありますが，これを見てルールを覚えるという方法はあまり現実的ではないでしょう。日ごろから新聞，雑誌，書籍を問わず文字を読む習慣を付け，疑問に思ったら辞書などで調べ，正しい語彙を増やしましょう。

【特に注意したいルール】

◆1　拗音・促音　小さく書く「ゃ／ゅ／ょ」「っ」は，ほかの文字と明確に区別がつくよう，大きさに注意する。

◆2　長音　各段の音の後に，それぞれ「あ／い／う／え／お」を添える。

おかあさん　　ちいさい　　くうき　　ねえさん　　こおり

注意！ オ段には「う」を添えるものもある：おとうさん　　おうぎ

◆3　助詞　「を／は／へ」は「お／わ／え」を用いない。

やむを得ない　　こんにちは　　学校へ行く

◆4　ぢ・づ　次のような場合は「ぢ／づ」と書く。

２語の連合によって生まれた熟語　いれぢえ（入れ＋智恵）
ちからづよい（力＋強い）
つねづね（常＋常（々））

同音の連呼によって生まれた熟語　ちぢむ（縮む）　　つづく（続く）
つづる（綴る）

注意！ ①　いちじく（×いちぢく）　　いちじるしい（×いちぢるしい）

②　次のような語は，一般に２語に分けにくいものとして，「じ・ず」を用いて書くことを本則とし，「ぢ・づ」を用いて書くこともできる。

せかいじ〈ぢ〉ゅう（世界中）　　いなず〈づ〉ま（稲妻）
ほおず〈づ〉き　　うなず〈づ〉く　　一人ず〈づ〉つ
きず〈づ〉な（絆）　　つまず〈づ〉く

③　ずが（図画）＝×づが　　りゃくず（略図）＝×りゃくづ
じめん（地面）＝×ぢめん　　ぬのじ（布地）＝×ぬのぢ

実際には，上記の「◆2　長音」や「◆4　ぢ・づ」を論作文の中で平仮名で書くことはほとんどないと思われますが，正しい知識として確認しておきましょう。

平仮名で書くか，漢字で書くか

表記の中でよく迷うのは，平仮名書きにするか，漢字で書くかという点です。

原則として，常用漢字表にない漢字や，常用漢字表の音訓で書き表せない漢字は，別の言葉に置き換えるか，仮名書きにします。

以下は，論作文を執筆する際の平仮名書きに関する主なルールです。

【平仮名書きの主なルール】

◆1　動詞　言う〈実質的な意味をもたない場合〉

➡だからといって　経験がものをいう　どういうふうに

……という（伝聞）　……といわれる　とはいえ

行く〈事が運ぶの意味で〉※補助動詞も参照

➡（物事が）うまくいく　納得がいく　簡単にいく

そうはいかない

来る〈原因を表す意味で〉※補助動詞も参照

➡過労からくる病気　頭にくる

出来る〈可能を表す意味で〉

➡……することができる　できる限り

見る〈推測・予測の意味で〉

➡教師の予測とみられる

持つ〈実体として物を持たない場合〉

➡（興味・関心を）もつ

◆2　補助動詞　……て行く　➡実施していく　外へ出ていく　減っていく

……て居る　➡待っている　雨がやんでいる　生まれている

……て置く　➡しておく　書いておく　言っておく

……て来る　➡なってくる　変わってくる

……下さい　➡してください　ご覧ください

◆3　助動詞（形式名詞も含む）夢のようだ　大変な喜びようだ

来たくないようだ　このように

◆4　形式名詞など　事〈主として抽象的な内容を表す場合〉

➡生徒のことは　書くことができる　このことは

参考〈主として具体的な事柄を表す場合，実質名詞〉

➡約束事　考え事　事を起こす　出来事

時〈……の場合〉

➡いざというとき　学校行事のときに　悩んだときは

参考〈主として時間・時刻・時期そのものを示す場合，名詞〉

➡売り・買い時　決断時　時折　時々

所〈場面・程度・問題の箇所・事柄の内容などを示す場合〉
➡今のところ　勝負どころ　生徒の言うところによると
参考〈位置・場所〉
➡ある所　居所　事件のあった所　所変わって
物〈事態を表す場合〉
➡教師の言うことは聞くものだ　比べものにならない
人間というものは　こういうもの　冷や汗もの
参考〈名詞〉
➡縁起物　物おじしない　物事　物珍しい　物忘れ
外・他〈範囲の外，それ以外〉※どちらも漢字で書く場合もある
➡思いのほか（外）　もってのほか（外）　ほか（他）の意見
……にほか（他）ならない
程〈事・次第・様子を表す場合，……につれてますますの意味を示す助詞〉
➡あれほど　3日ほど前　嫌というほど　見れば見るほど
参考〈度合い・限度・距離・時分など，主として名詞・形容詞〉
➡程近い　程遠い　程よい　身の程知らず
訳〈形式名詞として〉
➡納得するわけにはいかない　嫌がるわけだ
参考〈意味，道理，事情，理由〉
➡言い訳　内訳　申し訳ない　訳知り顔　訳を話す
内〈形式名詞，代名詞として〉
➡今のうちに　3日のうち1日　……しているうちに
参考〈外の対語。中側・内部〉
➡内気　内に秘めた闘志　胸の内にしまう
筈〈形式名詞として〉
➡……するはずだ　手はずを整える
為〈形式名詞として〉
➡教育のために　念のため　……したために

◆5　補助形容詞　無い➡正しくない
欲しい➡読んでほしい　……してほしい

◆6　代名詞　貴方➡あなた

◆7　副詞　是非〈副詞として，どうしても〉
➡ぜひ来てください　ぜひとも
参考〈名詞として，よしあし・可否・当否〉
➡是が非でも　是非を論じる

◆8　接続詞　但し➡ただし　就いては➡ついては　所が➡ところが
又➡または　またとない　且つ➡かつ　故に➡ゆえに

◆9　助詞　位〈助詞として〉
➡中ぐらい　どのくらい　20歳くらい
参考〈名詞など〉
➡気位が高い　位に就く　十の位
迄　➡今まで　これまで
乍ら　➡陰ながら　居ながらにして
等　➡など（漢字も可）

◆10　接尾語　達　➡私たち　君たち　※「友達」は漢字
気　➡悲しげ　寒けがする　かわいげがない
等　➡何ら　彼ら
毎　➡1週間ごとに　日ごとに
味　➡温かみ　重み　ありがたみ
様　➡ありさま　あからさま　すぐさま　続けざま
目〈度合い・加減・性質・傾向の意を表す〉
➡大きめ　控えめ　早め　厚め
参考〈数詞について順序を表す，生物の「目」に関連あるもの，
状況・環境・体験・区別・境目など〉
➡1番目　2代目　痛い目に遭う　運命の分かれ目
大目に見る　効き目がある
共〈……全部〉
➡3人とも　私ども
参考〈一緒，同じ〉
➡家族と共に生きる　自他共に認める　共働き
振〈気取る，それらしい様子をする〉
➡大人ぶる　もったいぶる　知ったかぶりをする
参考〈動詞として〉
➡首を縦に振る　振り返る　脇目も振らず

◆11　挨拶の用語　お早う➡おはよう　有り難う➡ありがとう

算用数字か，漢数字か

論作文には，必ず縦書きか横書きの指定があります。原則として，縦書きの場合は漢数字，横書きの場合は算用数字を用います。ただし，「四国」などの固有名詞，「五感」「二々五々」などの熟語や慣用句などは横書きでも漢数字を用います。

論作文において本論で柱立てとして使うことの多い「第一に／第二に」「一つ目は／二つ目は」などは，横書きでも漢数字を基本とします。ただし，「第1に／第2に」「1つ目は／2つ目は」などは，表記が統一されていれば算用数字で書いてもそれだけで減点されることはないでしょう。

省略表記は避ける

字数に制限があるとはいえ，「文科省」（文部科学省），「中教審」（中央教育審議会），「地教行法／地方教育行政法」（地方教育行政の組織及び運営に関する法律）など，省庁や審議会，法律の名称などは，正式名称で省略せずに書きましょう。

「全国学テ」（全国学力・学習状況調査），「問題行動調査」（児童生徒の問題行動等生徒指導上の諸課題に関する調査）なども，正式名称が基本です。ただし，後者のように長い名称のものは，初出のみ正式名称で書き，２回目以降は「前述の問題行動調査」とすることは可能です。また，「PISA」（OECD生徒の学習到達度調査）や「ユネスコ／UNESCO」（国際連合教育科学文化機関）など，略称のほうが一般化しているものは略称を用いてもかまいません。

◆*One point* アドバイス

① **表記が不確かなら別の言葉に置き換える。漢字か平仮名か迷ったら平仮名で書く！**

例えば，「ほかの生徒の意見に引きずられて」と書くとき，「ず」か「づ」か迷ったら「ほかの生徒の影響を受けて」と言い換え，誤記を避けます。

また，前述の「平仮名書きの主なルール」で漢字か平仮名か迷ったときは，平仮名で書きましょう。

② **文部科学省や志望する自治体の公用文書などを参考にしよう！**

「教師」か「教員」か，「子供」か「子ども」か，「障害」か「障がい」かなど，教育に関する用語は，どちらを用いるか悩ましいものが数多くあります。そこで，文部科学省の通知や中央教育審議会の答申・報告書，志望する自治体の「教育振興基本計画」や「学校教育の指針」などで使われている表記を参考にしましょう。どちらか一方の表記が正しくてもう一方が誤記である，というわけではなく，論作文の趣旨に合い，全体が統一されていればＯＫです。

3 原稿用紙の使い方

冒頭及び改行	1字下げる。
マ　ス	文字，句読点，記号などは，原則として1字1マスとする。 ？や！の記号の後は，かぎの受け＝」や閉じ括弧＝）がくるとき以外は，原則として1マス空ける。
行頭禁則	・、。」』）など，句読点や記号が行頭にくる場合は，前の行末のマスに文字と一緒に入れ，行頭にもってこない。
行末禁則	「『（　は，その前に出てくる文章や句読点を工夫して，行末にもってこない。
アルファベット	大文字は1字1マス，小文字は2字1マスを基本とする。
数　字	1桁は1マス，2桁以上は2つで1マスに入れる（2023年など）。
記　号	「　　」＝会話文，引用文，強調したいキーワードなどに用いる。 『　　』＝書名に用いる。また，会話文や引用文の中でさらに「　　」を使う場合に用いる。

◆One pointアドバイス　記号の乱用はかえって逆効果！

教員採用試験における論作文では，句読点や「　　」『　　』（　　）以外の記号は多用しないのが一般的です。

◆――：ダッシュ。説明文の挿入や場面転換に用いる。

◆……：（3点）リーダー。話題を変える，余韻をもたせる，言葉を省略するために用いる。

◆？（疑問符）や！（感嘆符）：疑問をもったときやものを尋ねるとき，驚いたり感心したりするときに用いる。

これらの記号を多用すると，論作文が叙情的，あるいはくだけた文調になってしまい，マイナス評価です。

NG 自ら学ぶ意欲・目的を失っている生徒が多い現状では――これは，いわゆる大学全入時代を迎えた弊害の一側面でもあるのだが――，教師の指導力がますます問われることになるものの，はたして学校だけで解決できる問題であろうか。

✕　ダッシュにはさまれた挿入文はもってまわったような表現で，試験官を混乱させるため不適切。「自ら学ぶ意欲・目的を失っている生徒が多い原因の一つには，統計上では希望者のほぼ全員が大学に入学できるという大学全入時代を迎えたことなどが挙げられる。これにより，……」と，論理的に述べます。

✕「はたして学校だけで解決できる問題であろうか」など，試験官に疑問を投げ掛けてはなりません。論作文は，自分の意見を試験官に納得させることが大前提であり，この場合は「学校だけで解決できる問題ではない。（だから私はこうする）」と言い切らなければ，そのあとの解決策（本論）につながりません。

気をつけておきたい教育用語・表現

(1)　**子ども／子供，児童／生徒**　　※本書では原則として「子ども」「児童生徒」で統一

文部科学省は従来，幼児，児童，生徒をおおむね「子ども」と総称してきましたが，2013年夏から，省内の公用文書を原則「子供」と統一しています。論作文では，どちらで書いても間違いではありませんが，以下の３点に留意しましょう。

①　論作文の中で「子ども」か「子供」のどちらかに統一する。
②　出題されたテーマの中に「子ども」か「子供」の表記があれば，それに合わせる。
③　志望する自治体の公用文書などの表記に合わせる。

なお，小学生だけの場合は「児童」，中学生や高校生だけの場合は「生徒」が望ましいでしょう。また，両者を併せた表記も「児童・生徒」「児童生徒」の２種類がありますが，文部科学省ではおおむね「児童生徒」という表記を使っています。

(2)　**先生／教師／教員**　　※本書では原則として「教師」で統一

「先生」は，「教師」または「教員」に置き換えます。ただし，子どもたちの会話文を引用する場合などは，「先生」のままでかまいません。

(3)　**勉強／学習**

「勉強」という言葉は決して誤りではありませんが，正式用語ではありません。「子どもたちに学習習慣を身に付けさせる」「家庭学習の重要性を説明する」など，正しくは「学習」という言葉を使います。また，文意に応じて「学習活動」「授業」などに置き換えたほうがよい場合もあるでしょう。

なお，「『もっと勉強しなさい』と言う保護者に対して，私は……」など，「学習」と置き換えるとかえって不自然な場合は「勉強」のままで差し支えありません。

(4)　**……してあげる／……してやる／……してもらう**

「……してあげる」は，本来は目下の者が目上の者に対して敬意をもって差し出す表現なので，教師の立場から児童生徒に用いるのは適切ではありません。

✕　子どもたちの個性を見いだしてあげたい。
〇　子どもたちの個性を見いだしてやりたい。（見いだすよう努める）

「……してもらう」は，依頼してある行為をさせる（「本を読んでもらう」），自分の好意などにより他人に利益をもたらす（「喜んでもらってうれしい」）などの意で使います。したがって，教師が児童生徒に対して「……してもらう」という用例はまれであると考えましょう。

✕　授業では，子どもたちに自由に意見を発表してもらう。
〇　授業では，子どもたちに自由に意見を発表させる。

(5)　**敬語表現**

恩師や教育実習先の校長について書くときに，原則として敬語表現を使う必要はありません。これは，実際の会話の場面で，学校外の第三者に対して「校長は，ただ今外出いたしております」と，身内である校長に敬語表現を使わないのと同じことです。ただし，文意によっては最低限の敬語表現を使っても差し支えありません。

✕　勤務先では，校長先生のおっしゃることをよくお聞きしようと思う。
〇　勤務先では，校長（先生）の話すことをよく聞こうと思う。（校長の指導に従う）

手取り足取り

Mission 2 合格する表現を磨こう！

Mission 1 では，「言葉」に注目し，表記について解説しましたが，ここでは文章全体に目を向けます。

1 文体の統一と文末の工夫

◆1 「常体（だ・である調)」と「敬体（です・ます調)」のどちらかに統一する
◆2 書き出しと結びを工夫する
◆3 体言止めや倒置法は原則として使わない

文体は統一することが鉄則，文末表現は統一しないことが高評価の秘訣

「常体（だ・である調)」と「敬体（です・ます調）は，必ずどちらかに統一することが鉄則です。教員採用試験では，限られた時間に限られた字数で執筆しなければならない点，論理的な構成であることがとりわけ重要である点，言い切り型の文末のほうが歯切れがよく，力強い印象を与える点などから，「常体」で執筆することをお勧めします。

一方で，文末表現は統一しない工夫が必要です。次の文章を見てみましょう。

> 心豊かな人間の育成のためには，感動的な体験が必要だと思う。さまざまな体験をすることによって，人は，より豊かな人間へと成長するのだと思う。そして，感受性の鋭い子ども時代にこそ，こうした感動的な体験をすることが何より重要だと思う。

上記の文章では，文末表現がすべて「だと思う」で統一され，単調な印象を受けます。また，「思う」という感覚的で消極的な表現から，論作文全体が弱い印象となってしまいます。そこで，以下のように修正してみます。

> 心豊かな人間の育成のためには，感動的な体験をすることが重要である。感受性の鋭い子ども時代にさまざまな体験を通して感動を味わってこそ，より豊かな人間へと成長することができる。

書き出しは論作文の「顔」，結びがよければすべてよし

曖昧な書き出しや，大げさな書き出しを試験官は好みません。とりわけ序論の書き出しは論作文の「顔」であり，細心の注意を払う必要があります。ここでは，簡潔な表現で明白に問題提起をしましょう。次の文章を見てください。

歴史とは，過去に起きた出来事を暗記するだけの教科だろうか。いや，決してそうではない。では，歴史を学ぶ意義とは何か。

上記の文章では，書き出しが疑問文になっています。p.38でも述べた通り，論作文は自分の意見を試験官に納得させることが大前提であるため，疑問を投げ掛けてはいけません。また，論作文では出題テーマそのものが問題提起なので，序論でさらに問題提起する必要はありません。ここは，提起された問題を受けてどう考えるか，どう対応するかを示し，本論につなげていく足掛かりとする必要があります。

歴史は，過去に起きた出来事を暗記するだけの教科ではない。歴史を学ぶ意義とは，先人の足跡をたどり，未来につながる方策を探ることにある。

p.40で述べた個々の文末表現も重要ですが，とりわけ結論の結びは重要です。単なる感想を述べているかのような消極的な「……と思う」や，願望を示したにすぎない「……したい」「……でありたい」などの文末表現は，説得力に欠けます。

私はそうした使命感をもち続けるために，第一に生徒の立場に立ち，物事を考えることを実践<u>していきたい</u>。つまり，生徒の良き理解者と<u>なりたい</u>。第二に生徒にとって興味深く，しかも分かりやすい授業を実践することを<u>心掛けたい</u>。

上記の文章では，文末がすべて「……したい」と願望で終わっているのがよくありません。論作文の締めくくりとなる結論では，具体策を述べた本論を受けて「私は……する」と，自分の意思や決意を力強く述べましょう。

私はそうした使命感をもち続けるために，第一に，生徒の立場に立って物事を考えることを実践し，生徒の良き理解者となるよう努める。第二に，生徒にとって興味深く，しかも分かりやすい授業を実践することを心掛ける。

なお，「……する覚悟である」「……する所存である」といった古めかしい格式ばった表現は，試験官に居丈高な印象を与えるのでやめましょう。

体言止めや倒置法は失敗のもと

オリジナリティを出そうとするあまり，奇をてらったような表現方法を使うなど，通常の論作文の型から大きく外れたものを時折見かけます。下記の体言止めや倒置法は，表現方法としては一般的ですが，論作文としては全体の流れを壊し，そのくだけたような文調からp.46で示す普段着の文として受け取られる可能性が高いので，使わないほうが賢明です。

① 今の子どもたちは，自分で考えて行動したり，自分から進んで学ぼうとしたりする意欲に乏しい。私はこのような子どもたちを心底変えていきたいと考えている。自ら学び，自ら考える子どもたちに。そのためにはまず，私自身が学び続ける教師であることが大切である。

② つまり，子どもたちの実態をどれだけ捉えているかは，教師の資質能力と切り離せない問題。目の前にいる子どもたちを理解せずして，どのような工夫をしても高い成果は望めないであろうから。

①は，「私はこのような子どもたちを……」と，その後ろの「自ら学び，自ら考える子どもたちに」の部分が倒置しています。後者を強調する目的があるのでしょうが，全体の文調を乱しており，論作文としては不適切です。

②は，「切り離せない問題」と体言止めを用いている上に，前後の２つの文が倒置している例です。くだけた印象を受け，論作文としての「格」を落としているのが分かるでしょう。

① 今の子どもたちは，自分で考えて行動したり，自分から進んで学ぼうとしたりする意欲に乏しい。私は，このような子どもたちを，自ら学び，自ら考える子どもたちに変えていく。そのためにはまず，私自身が学び続ける教師であるよう努める。

② 子どもたちの実態をどれだけ捉えているかは，教師の資質能力と切り離せない問題である。目の前にいる子どもたちを理解することなく，どのような工夫をしても高い成果は望めない。(目の前にいる子どもたちを理解することなしに，どのような工夫をしても高い成果は望めない。子どもたちの実態をどれだけ捉えているかは，教師の資質能力と切り離せない問題である。)

2　読みやすさ・分かりやすさを第一に

論作文を執筆する上では，文法上の誤りがないようにすることが大前提ですが，ここでは読みやすさ・分かりやすさの観点から高評価のポイントを解説していきます。

◆1　主語と述語の関係を大切にする
◆2　接続詞，指示語は多用しない
◆3　１文の長さは40字程度までを基本とする

主語と述語の正しい関係性は，読みやすさ・分かりやすさの基本！

主語と述語が呼応していない文，省略してはならない主語を省略してある文，述語がない文などは文脈を壊し，ひいては論旨の一貫性を危うくします。次の３つの文章を読んでみましょう。

① 私が目指している教師は，生徒の個性を尊重し，一人一人が生き生きと学校生活を送ることだ。
② 信頼される教師とは，子どもたちからはもちろん，保護者や地域に住む人々，周りの教師からも慕われ，安心感をもたなくてはならない。
③ 私はこのボランティア活動で，ボランティアの出発点は身近なところから行動を起こすことの大切さを学んだ。

①は，「私が目指している教師は」に対する述語がありません。

②は，主語と述語の関係がねじれを起こしている例です。主語が「信頼される教師は」であれば，このままでかまいませんが，「信頼される教師とは」と定義付けをしているのですから，「……（という）教師である」と受けなくてはなりません。

③は，「私は，……大切さを学んだ」という文の間に，「ボランティアの出発点は……行動を起こすこと（だ）」という文が入り込んだ複文の形になっているので，文の通りが悪くなっています。

① 私が目指している教師は，生徒の個性を尊重し，一人一人が生き生きと学校生活を送ることができるように力を注ぐ教師だ。
② 信頼される教師とは，子どもたちからはもちろん，保護者や地域に住む人々，周りの教師からも慕われ，安心感をもたれる教師である。
③ このボランティア活動で，私は身近なところから活動の出発点を起こすことの大切さを学んだ。

接続詞，指示語の多用は，冗長で曖昧な印象の論作文につながる

接続詞がなくても文章の意味は十分通じるのにもかかわらず，読みやすくするつもりで接続詞を多用した結果，かえって読みにくくなったり，順接と逆接の接続詞を誤用することによって，読み誤りを招いてしまったりするケースがよくあります。また，指示語を多用することによって，論作文全体がぼやけてしまうケースもよくあります。次の３つの文章を読んでみましょう。

① 私は，普段の学習指導を通し，学習することの大切さや，楽しさを児童の心に芽生えさせたいと思い，一日一日を大切に過ごすよう心掛けている。

そして，生涯にわたる学習の基礎を培うためには，学習指導だけではなく生活指導も大切である。（中略）

それから，とりわけ小学校では，学習の基礎・基本を学ぶので，各単元における知識の確実な定着に留意し……（略）。

② 私が教師を目指すきっかけとなったのは，恩師にとても魅力のある授業をする先生がいて，私もそのような教師になりたいと思ったからである。しかし，教師は授業をするだけが仕事ではなく，授業に至るまでの教材研究こそが大切であることを大学で学んだ。

③ 個性を生かすということは，子どもたち一人一人が興味・関心を広げ，発表できる場があるということでもあり，自分への自信にもつながるといえる。このように，子どもたちがのびのびと生活できるように援助していきたい。

①は，段落が変わるたびに接続詞を入れていますが，いずれも不要です。どうしても入れる場合は，「そして」の代わりに「また」を入れるとよいでしょう。

②「しかし」の前後の文（「教師になりたいと思ったきっかけ」と「大学で学んだこと」）は，逆接ではなく順接の関係なので，接続詞は不要です。

③「このように」が指し示す内容に当たるものが明確ではありません。「子どもたちが興味・関心に向かって自由に活動できることが個性を生かすことにつながる」ということが言いたいのだろうと推測はできますが，試験官に推測させるような論作文は，合格論作文とはいえません。

① 私は，普段の学習指導を通し，学習することの大切さや，楽しさを児童の心に芽生えさせたいと思い，一日一日を大切に過ごすよう心掛けている。（また，）生涯にわたる学習の基礎を培うためには，学習指導だけではなく生活指導も大切である。とりわけ小学校では，学習の基礎・基本を学ぶので，各単元における知識の確実な定着に留意し……（略）。

② 私が教師を目指すようになったのは，とても魅力のある授業をする恩師がいて，私もその恩師のような教師になりたいと思ったことがきっかけである。大学生になって，

魅力のある授業をするためには，授業に至るまでの教材研究が大変重要であることを学んだ。

③　個性を生かすということは，子どもたち一人一人が興味・関心を広げ，それを発表できる場があるということである。自分の成果を発表することは自信につながり，その自信は豊かな人格の形成に良い影響を与える。私は，子どもたちが興味・関心をさらに広げ，のびのびと生活できるように援助していく。

長い文は，ねじれのもと。歯切れのいい文で印象付けよう

１文あたりの文字数は，40字程度（20字×20行の400字詰め原稿用紙なら２行分）を目安としましょう。これ以上長いと，主語や述語が不明確になり，ねじれが生じる確率が高くなるので，特に注意が必要です。論作文は，まさに“Simple is best.”「この文の意図は何だろうか」などと試験官が頭をひねるような文は，それだけで減点対象です。また，単に文字数だけではなく，余分な修飾語や同じ言葉の繰り返しなどを省くことも，歯切れのいい文にするためには重要です。

話し合いをしていく中で，ただ自分の意見を主張するだけでなく，相手の意見に耳を傾けることの大切さも分かってくるので，学級担任としての私は，感情的になる気持ちを抑え，一人一人の意見を同じように聞き，頭ごなしに命令するのではなく，子どもたちに適切なアドバイスが与えられるようにしたいと思う。人間関係をつくっていくのは，あくまでも子どもたち自身であるので，子どもたち自身が自主的に学級の中で良い人間関係を保っていけるよう，縁の下の力持ちとなって支えていきたい。

１文が長く，ダラダラとした印象を受けます。一読して理解できる，分かりやすい文を心掛けましょう。

子どもたちは，話し合いをしていく中で，（ただ自分の意見を主張するだけでなく，）相手の意見に耳を傾けることの大切さも分かってくる。私は学級担任として，感情的になる気持ちを抑え，一人一人の意見を同じように聞く。また，頭ごなしに命令するのではなく，子どもたちに適切なアドバイスが与えられるようにする。人間関係をつくっていくのは，あくまでも子どもたち自身である。子どもたち自身が自主的に学級の中で良い人間関係を保っていけるよう，私は縁の下の力持ちとなって支えていく。

手取り足取り

Mission 3

絶対にやってはならないタブー

差別用語や品位のない表現を使ってはいけないといったタブーは，誰もが知っているものです。Mission 3では，いかに文章構成がすばらしく，論旨が首尾一貫していたとしても，絶対にやってはならない論作文のタブーを確認していきましょう。

◆1　学校や教師はもちろん，他人の批判や悪口はNG
◆2　独善的な文，自信のなさが読み取れる文はNG
◆3　普段着の文，日記風の文，難解な文はNG

教師としての視点を忘れずに，現状と課題を見つめる

どのようなテーマが出題されようと，論作文は第三者的な立場や評論家の視点で執筆してはいけません。必ず学校という組織の一員である一人の教師として，現状と課題をどう捉え，どのような解決策が導き出せるかを考えましょう。

① *周知のごとく，従来の英語教育は，読み書きが中心であった。そのため，中・高6年間も英語を学習したのにもかかわらず，役に立たない，使えない英語，という悪評を招いたのである。*

② *これまでの学校教育は，「教育」という名の下に，子どもたちの自由な精神を社会生活に適応させるために，ある一定の枠に押し込める行為がなされてきた。このような教育は，高度経済成長を支える型どおりの日本人を育成するためには効果的であった。しかし，21世紀を生きていく子どもたちは，社会の変化にも対応していかなければならない。*

①は，まず「周知のごとく」と切り出すことによって「これは私だけの意見ではないですよ」と，あたかも責任逃れをしているかのような逃げ口上であると受け取られます。さらには，「役に立たない，使えない英語，という悪評」など，世間で言い古された批評を持ち出し，教師としての視点が欠落しています。

②も，第三者的な批判に終始しており，最後の「21世紀を生きていく子どもたちは，社会の変化にも対応していかなければならない」の1文にも，教師としてどうしていく，という決意は見られません。

① *従来の英語教育は，読み書きを中心とする読解力の育成に重点を置いてきた。これについては，一定の成果を挙げているといえるが，これからのグローバル化社会を見据えた英語教育では，英語によるコミュニケーション能力を養い，実践的な会話力を身に付けることが求められる。*

② 従来の学校教育は，すべての子どもたちに一定の学力を付けさせることを主要な教育課題の一つとしてきた。21世紀を担う子どもたちに必要とされていることは，これに加えて多様で急激な社会の変化に主体的に対応する力である。

自意識過剰な文はダメ，自信がない文はもっとダメ！

自分の考えを強く押し出そうとするあまり，独りよがりな文を書いてしまう受験者をよく見かけます。逆に，出題されたテーマについてあれこれと考えたときの迷いがそのまま出てしまっている文も見かけます。そのどちらも，論作文では絶対に避けなければなりません。

① ひところ,「ゆとり」のある学校生活の重要性が指摘されたことがある。しかし,「ゆとり」のある学校生活とはどのようなものであるか，学校関係者の間で議論されたという話をほとんど聞いたことがない。（略）

教師というものは，学習指導のみならず，生活指導においても，熱意をもって接していくべきである。そうすれば，子どもたちの自己肯定感が高まり，真の意味においての「ゆとり」がもてるようになるのである。

② 子どもたちに命の尊さを教えることは難しく，すぐに分かってもらえるものではない。現実はかなり困難ではあろうが,命の尊さを教えることはとても大切なことである。

①は，「ゆとり」のある学校生活について，「学校関係者の中で議論されたという話をほとんど聞いたことがない」という根拠のない持論を基に，「教師というものは……べきである」と独断しています。また，学習指導・生活指導の充実➡自己肯定感の高まり➡「ゆとり」が生じる，という発想には，かなりの飛躍があるという感が否めません。

②は，課題に対する自信のなさがそのまま露呈しており，まったく説得力がありません。

① 1996年７月の中央教育審議会答申で「生きる力」と「ゆとり」の重要性が指摘されて以来，子どもたちにとって精神的及び物理的な「ゆとり」がいかに大切かという点については，議論を重ねてきたところである。学校教育において，子どもたちに精神的な「ゆとり」を与えるために，私は熱意をもって生徒指導・生活指導に当たる。また，物理的な「ゆとり」については，定められた授業時数の中で，知識を定着させつつ，いかに効率よく理解度を上げることができるか，常に研鑽に励む。

② 子どもたちに命の大切さを教えることは，何よりも大切なことである。

「論」を展開することが論作文のポイント。作文や日記などと明確に区別する

p.43で述べた「読みやすさ・分かりやすさ」に固執するあまり，話し言葉がそのまま出ているような作文や日記風の文，逆に格式ばった難解な文もよく見かけます。これらは，いずれも論作文としての体をなしていません。

① 幼いながらにも，あんなに熱心な先生の姿と，大変な仕事をしているのにとっても生き生きとしている姿とから，先生ってなんて素晴らしい職業なんだろうと感じ，大きくなったら絶対先生になるんだと決心した。

② 自然の多い田舎で幼少期を過ごした私の遊び場は，雨の日以外はほとんど外であり，遊びは常に自然とともにあった。木登り，昆虫採集，秘密の基地作り……。本当に楽しかった。

③ 「自由」とは，かつて家族を中心とした小集団社会が，生活において必要とされたより協力的な大集団社会へと「規律」の下で拡大され，より多くの「生産」また「生産的なもの」を協同して産み出してきた過程で奪われてきたものである。

①について，論作文に話し言葉を持ち込まないのは，面接試験に普段着で臨まないのと同じことです。小学生時代を回想する際に，気分まで小学生に戻ってはいけません。執筆するときの視点は，あくまでも「現在」が基点です。

②は，単なる回想，日記にすぎません。したがって，論作文としてはまったく体をなしていません。

③は，①と②とは逆で，難解で観念的な文であり，結局のところ「自由」とは何なのかという受験者の意図が見えません。

① 小学２年生のときの恩師は，授業においても生活指導においても，常に全力投球であった。その恩師への憧れが，いつしか教師になりたいという思いに変わり，今日に至る。

② （全文不要）

③ 「自由」とは，○○である。（という明確な文に変える）

第３章

手取り足取り

Step 1

「序論」➡「本論」➡「結論」の三段構成法を身に付ける！

一般に，論作文には「序論」➡「本論」➡「結論」の三段構成法と，「起」➡「承」➡「転」➡「結」の四段構成法があります。

三段構成法と四段構成法

三段構成法		四段構成法	
序論	課題の指摘 問題提起	起	課題の指摘（導入部） 問題提起
本論	具体的な方策	承	考えの提示 「起」を「承（う）」けて，展開。「転」への橋渡し
		転	論作文の核となる部分。 それまでの内容を一転させるような，さらなる展開
結論	全体のまとめ	結	全体のまとめ

書きやすいほうで書くことが大前提となりますが，800字程度までが多い教員採用試験における論作文では，四段構成法では書き込みが不十分になる恐れがあること，「承」と「転」の書き分けが難しく，とりわけ出来・不出来のカギを握る「転」では卓越した発想力や表現力が求められることから，熟練するには時間がかかります。よほど文章を書くことに自信がある受験者でない限り，三段構成法の「序論」➡「本論」➡「結論」で執筆することをお勧めします。

「序論」「本論」「結論」の構成例

構成	内　容	具体的な論述事項
序論	課題の指摘	○出題テーマへ正対する。 ①テーマの背景 学校教育の問題点，児童生徒の実態など ②課題の指摘 本論で取り上げる課題を指摘する ③課題解決のための視点 課題解決に向けて私が目指す教育の視点
本論	具体的な方策	○課題を解決し，目指す教育を実現するための具体的な方策を立てる。 ▷400字までは1つ，600～800字は2つ，1000字以上は3つを目安とする。 ①論 課題解決に向けた自分の考え (②例 論をより説得力あるものにするための自分の経験など) ③策 課題解決のための具体的な実践 ＊1つの方策ごとに，①～③を執筆する。②はなくても可。 ＊方策が2つ以上ある場合は，必ず異なる視点から設定する。 ＊方策が2つ以上ある場合は，方策ごとに「柱立て」をしてもよい。
結論	まとめ	○論述全体の総括，教職への抱負・決意などをまとめる。 ①出題テーマのキーワード（言い換えも可） ②別の視点からの補説 ③教職への抱負・決意

「序論」「本論」「結論」の三段構成法で執筆すると決めたら，まずはしっかりと全体の構成を立てましょう。三段構成法にもさまざまな書き方がありますが，ここでは，「本論」で論 例 策を用いる方法を紹介します。

上図で示したとおり，「序論」「本論」「結論」には，それぞれ①～③の構成要素があります。ただし，800字程度までの論作文では，「本論」の②例は，必ずしも必要ではありません。また，「本論」の①論，②例（なくても可），③策は，1つの方策ごとに必要となります。

次のp.52は，「いじめの防止のために，あなたはどのように取り組みますか」という出題テーマに対する構成案を示したものです。これを参考にしながら，p.53の余白に，自分自身の構成案を書いてみましょう。もちろん，この段階では箇条書きでかまいません。さらには，その他の出題テーマについても，この構成案を作ってから執筆すると，論旨の一貫したぶれない合格論作文を書くことができるはずです。

「序論」「本論」「結論」のそれぞれの書き方については，p.54のStep 2 以降で解説します。

決定版！「序論」「本論」「結論」の構成案

いじめの防止のために，あなたはどのように取り組みますか。

序論 ① **テーマの背景** 2013年９月にいじめ防止対策推進法が施行され，同年10月には国が「いじめ防止基本方針」を策定した。それにもかかわらず，文部科学省の令和４年度調査では，いじめの認知件数は68万件を超えている。

② **課題の指摘** 自分も他人も共に大切だと感じることのできる人権意識の涵養が重要だと考える。

③ **課題解決のための視点** そこで私は，道徳教育の充実と，体験活動の充実という２つの視点から，いじめ防止に取り組む。

本論 (1) **方策１** 道徳科を要として思いやりの心を育む

① **論** 自分も他人も同じように喜怒哀楽を感じる存在だということを実感させることが重要である。

(② **例** 小学１年生の道徳の時間に読んだ『○○』の話は，とても心に響いた。)

③ **策** 単なる読み物に終わらない魅力ある教材の開発に取り組む。

(2) **方策２** 体験活動を通して命の大切さに気づかせる

① **論** 自分を大切にし，他人を大切にするということは，命を尊ぶことにつながる。このことは人権意識の涵養の原点ともなるべきものである。

(② **例** 小学６年生のときに飼育委員になり，実際に生き物を育ててみて初めて命の尊さを学んだ。)

③ **策** 授業をはじめ，遠足，外部の講師を招いた講演会などの学校行事を通して，命に触れ合う機会，命の大切さについて話を聞く機会をつくり，子どもたちに自ら考えさせるよう努める。

結論 ① **キーワード** いじめをしないということは，自分や他人の存在を認め，思いやる気持ちをもつということである。

② **補説** 家庭はもちろんのこと，地域社会の人々とも連携・協力をし，社会全体で子どもたちを育てていく。

③ **抱負・決意** 私自身がいじめは絶対に許さないという高い人権意識をもち，他の教職員と一丸となって，いじめの根絶に取り組む。

いじめの防止

①テーマの背景 学校教育の問題点，児童生徒の実態など

②課題の指摘 本論で取り上げる課題を指摘する

③課題解決のための視点 課題解決に向けて私が目指す教育の視点

方策(1)＿＿＿＿＿＿＿＿＿＿＿＿＿＿＿＿

①論 課題解決に向けた自分の考え

（②例 論 をより説得力あるものにするための自分の経験など。なくても可）

③策 課題解決のための具体的な実践

方策(2)＿＿＿＿＿＿＿＿＿＿＿＿＿＿＿＿

①論 課題解決に向けた自分の考え

（②例 論 をより説得力あるものにするための自分の経験など。なくても可）

③策 課題解決のための具体的な実践

①出題テーマのキーワード（言い換えも可）

②別の視点からの補説

③教職への抱負・決意

手取り足取り

Step 2

「序論」で試験官を引き付ける！

序論を単なる“前振り”扱いとし，出題テーマを焼き直して述べたり，自分の感想だけをまとめたりした論作文が少なくありません。百戦錬磨の試験官は，序論を読んだだけで論作文全体の成否を判断できるといいます。以下の３つの要素を入れ，その後の本論へとつなげましょう。

【序論の３要素】 ※全体の10分の２から３；800字では200字程度までが目安。

◆1 **テーマの背景** 学校教育の問題点，児童生徒の実態など

➡問題点や課題がなぜ起きたか，児童生徒の実態や社会現象などを分析する。

◆2 **課題の指摘** 本論で取り上げる課題を指摘する

➡１で把握した課題を指摘した上で，自身が考えた解決策を端的に示す（詳しい解説は本論で）。

文末は，～だと考える ～が重要である など

◆3 **課題解決のための視点** 課題解決に向けて私が目指す教育の視点

➡自身の教育観や指導理念を述べ，本論で述べる具体的な方策につなげる。

文末は，２つの視点から述べる ～に取り組む など

まずは出題テーマと正対することから

序論は，論作文の核となる本論を導き出すという重要な役目を担っています。まずは，出題テーマと正対することから始めましょう。「正対する」とは，文字どおり「正面から向き合うこと」です。次の３つの要素を入れながら，書き進めていきます。

３つの要素を入れよう

◆1 テーマの背景 学校教育の問題点，児童生徒の実態など

テーマには，必ず出題された理由があります。出題文の中で明確に示されていない場合には，それを押さえること。出題された理由の多くは，現在の学校教育の問題点や，児童生徒の実態などと関連があります。

出題テーマ：「確かな学力」の向上に向けて，あなたはどのように取り組みますか。

例えば，上記のテーマでは，「確かな学力」というキーワードは明示されていますが，その背景は示されていません。そこで，次のような視点からテーマを考えてみましょう。

①「確かな学力」とは何か。
　➡「生きる力」を構成する３つの要素の１つ。
②今なぜ「確かな学力」の向上の必要性が求められているのか。
　➡全国学力・学習状況調査や，PISA，TIMSSなどの国際学力調査の結果から，日本の子どもたちは，「知識」は身に付いていても「活用」する力に欠けることが指摘されているから。

これが，次の◆２と◆３につながっていきます

◆２　課題の指摘　本論で取り上げる課題を指摘する

◆１の分析を踏まえ，ここでいったん自分なりの解決策を示します。ここで示す解決策は，論作文全体の方向性を示すものとなり，その具体策については本論で解説します。したがって，要点はできるだけ簡潔にまとめ，文末表現は「～だと考える」「～が重要である」と言い切りましょう。前述の「確かな学力」では，①と②を踏まえ，次のような解決策を導き出します。

自ら学び，自ら考える力を育成するために，一人一人の発達段階や能力に応じた指導を展開することが重要である。

◆３　課題解決のための視点　課題解決に向けて私が目指す教育の視点

ここで示す教育の視点は，すなわち本論で述べる具体的な方策となります。したがって，本論で２つの方策について述べる場合には２つ，３つの場合には３つの視点を示します。文末表現は，「２つの視点から述べる」「～に取り組む」とすると，文字どおり本論への橋渡しとなり，論作文全体の構成が明らかとなって流れがよくなります。

そこで，分かる授業の実践と，学習意欲・学習習慣の確立という２つの視点から述べる（２つの方策に取り組む）。

序論のポイントは，必ず本論・結論へとつながるものであること。序論は論作文の頭になるわけですから，胴体（本論）や脚（結論）とは違う頭が付いていたら，どのように優れた文章であっても合格論作文にはなりません。

手取り足取り

Step 3

「本論」で説得力のある方策を展開する！

本論の命綱は，説得力のある方策です。「国の教育施策をここで思い切って転換し……」など，実行不可能な方策を示すことや，「～すべきである」といった第三者的な言い回しは絶対に避けましょう。

【本論の３要素】 方策ごとに①～③。ただし②はなくても可
※全体の10分の６から７；800字では500字程度が目安。

◆１ **論** 課題解決に向けた自分の考え
➡序論の最後で示した視点について，自分の考えを主張する。
文末は，～だと考える ～が重要である など

◆２ **例** **論** をより説得力あるものにする自分の経験など
➡**論** を裏付ける根拠を，自分の経験などから説明する。
文末は，～した ～だった など過去形が中心

◆３ **策** 課題解決のための具体的な実践
➡教師として具体的にどう実践するかを述べる。
文末は，～を実践する ～に取り組む など

「本論」の柱となる方策を決める

本論では，序論の最後で示した視点を方策として生かします。したがって，１つの視点の場合の方策は１つ，２つの視点の場合は２つ示します。１つの方策につき，**論**，**例**（なくても可），**策**がそれぞれ必要になるので，制限字数に応じて方策の数を決めます。400字までは１つ，600～800字は２つ，1000字以上は３つを目安とするとよいでしょう。また，それぞれの方策の分量はそろえましょう。

見出しを入れるかどうかを決める

次に，p.52で示したように見出しを入れるかどうかを決めます。方策が１つしかない場合や，600字程度の短い論作文では不要です。また，見出しに１行取るのはもったいないという判断であれば，入れなくてもかまいません。この場合は，段落を変えるところで「第一に」「第二に」といった接続詞を入れ，方策が変わったことを示します。1000字以上の論作文や，方策を３つ入れる場合には，見出しを入れたほうが読みやすいでしょう。

「見出し」とは，内容がひと目で分かるように付けた標題をいいます。その後に続く**論**

例 策の内容がすぐ分かるような，明瞭な見出しを付けましょう。見出しは１行以内，20～30字以内を目安とします。また，見出しが複数ある場合は，名詞で終わるか動詞で終わるかなど，文末のスタイルを統一します。

⑴ 分かる授業の実践／分かる授業を実践する
⑵ 学習意欲・学習習慣の確立／学習意欲・学習習慣を確立させる

３つの要素を入れよう

それでは，それぞれの方策を構成する論 例 策の３つの要素を見てみましょう。

◆１　論 課題解決に向けた自分の考え

ここでは，序論の最後で示した視点に基づき，課題解決を導き出すための自分の考えを主張します。したがって，文末表現は「～だと考える」「～が重要である」など，自信をもって言い切ってください。

(⑴分かる授業の実践の論として。以下例 策も同じ)
学力を向上させるためには，子どもたちが学ぶ喜びを実感できるような分かる授業を行うことが重要である。

◆２　例 論をより説得力あるものにする自分の経験など

ここでは，論の裏付けとなる根拠を，自分の経験などから説明します。いわゆる体験談ですから，最もオリジナリティを出しやすい部分である半面，あれもこれもとエピソードを書き連ねて冗長になりやすい危険性をはらむ部分でもあります。論 ➡ 策でストレートに主張を表現することができる，あるいは適切な例がないなどの場合には，思い切ってカットしましょう。また，複数の方策を示す場合には，例のある・なしはそろえてください。

学習塾で講師をしていたとき，繰り上がりのある足し算でつまずいていた女の子がいた。「まずは10になる数をつくってから計算してみよう」と教えてコツをつかませてからは，彼女の目の色が変わった。

◆３　策 課題解決のための具体的な実践

策では，「教師として」どう実践するかがカギになります。すでに論で述べたはずの自分の考えをダラダラと述べたり，「ああだった」「こうだった」と例のように体験談を羅列したりすることが求められているわけではありません。課題解決（ここでは「確かな学力」の向上）のために具体的にどうするかを述べましょう。したがって，文末表現は「～を実践する」「～に取り組む」を意味する動詞で，「私は」を主語とした断定の形になります。

授業中の挙手の状況やノートの取り方に細かく目を配り，一人一人の理解度を把握する。理解度の進んだ子どもたちには発展的な問題を与え，遅れている子どもたちには補充的な問題を与える。これによって，どの子どもにも「分かった」という達成感を味わわせることのできる授業を行う。

手取り足取り

Step 4

「結論」で主張を明快にまとめる！

「序論」➡「本論」と論じてきたことを総括するのが，「結論」の最大の役割です。そこで，まず注意をしなければならないのが“一貫性”です。一方で，結論が弱ければ，論作文全体が説得力のない印象のものになってしまいます。以下の３つの要素を入れて，力強くまとめましょう。

【結論の３要素】 ※全体の10分の１から２；800字では100字程度が目安。

◆１ 出題テーマの **キーワード** (言い換えも可)

➡出題テーマで示されたキーワード，あるいはその言い換えを示し，論旨の一貫性を示す。

◆２ 別の視点からの **補説**

➡「序論」の◆３で示した視点とは別の視点を添えて，視野の広さを印象付ける（論旨が飛躍しすぎないように注意)。

◆３ 教職への **抱負・決意**

➡最後は，教師としての強い決意，覚悟で締めくくる。
文末は，～に努める ～に励む など

「序論」「本論」の足跡をたどって総括

結論の失敗例で最も多いのが，上記の３つの要素のうち「教職への抱負・決意」だけを述べて数行で終わってしまうパターンです。結論は，論作文全体を総括するためのものですから，もう一度，「序論」「本論」の足跡をたどる必要があります。以下は，その手順です。

３つの要素を入れよう

◆１ 出題テーマの キーワード （言い換えも可)

例えば「『確かな学力』の向上」といった出題テーマのキーワードを改めて示すことは，論旨の一貫性を示すのには効果的です。とはいっても，出題文をそのまま書き写しただけであったり，「序論」で一度書いたことを再掲したりするのでは，論作文としては最も避けなければならない“重複”として，減点対象となってしまいます。キーワードを引用しつつも，これまでとは違う表現で，自分の考えを補完しましょう。

子どもたちの「確かな学力」を向上させるためには，まずは教師自身の指導力を向上させることが不可欠である。

◆2　別の視点からの 補説

「本論」では,「序論」であらかじめ示した視点に沿って具体的な方策を示したはずです。ここでは，その視点とは別の視点を添えることによって，受験者の視野の広さをアピールします。例えば, 学校や学級内での活動に基盤を置いた視点に, 家庭や地域社会との連携･協働の視点を入れる，などです。ここで注意しなければならないのは,「別の視点」に固執するあまり，これまで述べてきた内容とまったくかけ離れたものを示すこと。これでは,論旨の一貫性から外れ，かえって逆効果です。

「確かな学力」の向上には，家庭の協力も欠かせない。学年通信や学級通信，保護者会といった機会を活用し，家庭学習の大切さを伝え，協力を依頼する。

◆3　教職への 抱負・決意

「結論」の結びであると同時に，論作文全体の結びでもあります。よもや,「こんな教師になりたい」などと結ばないこと。「本論」では，常に「教師として」どう実践するかを述べてきたはずです。最後まで「教師として」の抱負や決意で締めくくりましょう。したがって, 文末表現は「〜に努める」「〜に励む」など, 決意のこもった動詞で言い切ります。

子どもたちの知的好奇心を常に刺激することができるよう，私自身の指導力向上を目指し，教材研究に努める。

手取り
足取り

Step 5

最後の５分は見直しの時間にあてる！

志望する自治体の制限時間に合わせて執筆するようになったら，最後の５分は必ず見直しの時間にあてる癖をつけましょう。練習の段階では，「序論」「本論」「結論」の構成を練り直し，それぞれにStep ２～４で見てきた３つの構成要素が入っているかをチェックすることも可能ですが，試験会場ではそのすべてに修正をかけることは不可能です。中途半端に手を入れることによって，字数調整ができなくなってしまったり，取って付けたようなちぐはぐな文を挿入してしまったりといった結果を招きかねません。

そこで，最後の５分の見直しは，基本的には「かたち」を整えることに注力しましょう。最低限の「かたち」を整えるだけでも，試験官に与える印象はずいぶんと違ったものになるはずです。また，以下の５つのポイントをチェックすることにより，おのずと「序論」「本論」「結論」の構成をチェックすることにもつながります。もちろん，時間がさらに余っている場合は，内容に踏み込んだチェックも可能です。

【５つのチェックポイント】

◆１　**誤字・脱字はないか**

➡全体をざっと読み通し，漢字の書き間違いなど誤字・脱字はないかをチェックする。

◆２　**文頭のチェック①：段落は適切に設けているか**

➡段落をかたまりで眺め，適切な位置で改行されているかどうかをチェックする。

◆３　**文頭のチェック②：接続詞の使い方は適切か**

➡文の書き出しに注目し，「第一に」があるのに「第二に」がないなど，接続詞の使い方が正しいかどうかをチェックする。

◆４　**文末のチェック①：文体は統一されているか**

➡「常体（だ・である調）」と「敬体（です・ます調）」が混在していないかをチェックする。

◆５　**文末のチェック②：文末表現は適切か**

➡「序論」「本論」「結論」のそれぞれの箇所にふさわしい文末表現であるかをチェックする。同じ文末表現の繰り返しがないかをチェックする。

第4章

実録！ 愛知県の 公開 答案
合格答案例 必出テーマ35

1「確かな学力」の向上
2「特別の教科　道徳」
3「小学校英語の教科化」
4「個別最適な学び」の実践
5「主体的・対話的で深い学び」の実践
6「学校における働き方改革」の実践
7「第４期教育振興基本計画」を踏まえた教育
8「チーム学校」としての教育実践
9「学校評価」の意義
10「安全教育」への取り組み
11「キャリア教育」の実践
12「インクルーシブ教育」の実践
13「発達障害」のある子どもたちへの対応
14「いじめ」が起きたときの対応
15「ネット上のいじめ」への対応
16「不登校」への対応
17「保健室登校」への対応
18「心の居場所」となる学級運営
19「規範意識」の醸成
20「児童虐待」への対応
21「生きる力」の育成
22「思考力・判断力・表現力」の育成
23「言語能力」の確実な育成
24「理数教育」の充実
25「体験活動」の充実
26「GIGAスクール構想」を踏まえたICTの活用
27「特別活動」の実践
28「これからの時代の教師に求められる資質能力」の活用
29「授業力」の向上
30「指導と評価の一体化」への取り組み
31「教師のモラル」の向上
32「新たな感染症」への対応
33〔事例対応型〕「習熟度別指導」のクラス分けに納得できない保護者への対応
34〔読解型〕「不易」と「流行」の資質
35〔データ分析型〕「いじめ」の防止への取り組み

愛知県の公開答案

一般選考 〔2024年度〕1次試験／60分・900字

【問題】次の表は，インターネットの利用状況についての全国調査（注）からの抜粋である。この表からあなたは何を読み取るか。また，それを踏まえて，あなたは教員としてどのような教育を心がけたいか。900字以内で述べよ。

青少年のインターネットの利用時間（平日１日あたり）

	令和３年度		令和２年度		令和元年度	
	平均利用時間	３時間以上の割合	平均利用時間	３時間以上の割合	平均利用時間	３時間以上の割合
総　数	263.5分	65.3%	205.4分	52.1%	182.3分	46.6%
小学生	207.0分	51.9%	146.4分	33.6%	129.1分	29.3%
中学生	259.4分	67.1%	199.7分	52.0%	176.1分	45.8%
高校生	330.7分	77.5%	267.4分	69.5%	247.8分	66.3%

（注）下記７機器によるインターネット利用状況についての調査
スマートフォン，契約していないスマートフォン，携帯電話，自宅用のパソコンやタブレット等，学校から配布された・指定されたパソコンやタブレット等，ゲーム機，テレビ

出　典　「令和３年度 青少年のインターネット利用環境実態調査」調査結果
内閣府　令和４年３月

調査期間　令和３年11月３日～12月14日

調査対象　満10歳から満17歳の青少年5,000人（回収数3,395人）

【答案】調査結果から，インターネットの利用時間が近年増加傾向にあると読み取れる。コロナ禍が続いた令和３年度には，小中高生の半数以上が１日３時間以上利用している。これは，スマートフォン等の情報機器が普及し，インターネットの利用が日常的になっていることが原因と考えられる。そのため学校においては，子どもたちを取り巻く環境を踏まえたメディアリテラシー教育の充実が一層求められる。私は教員として，以下の二点に重点をおいて教育活動に取り組んでいきたい。

まず，情報モラルの育成に取り組む。道徳の授業や学級活動を通じて，情報をインターネット上で正しく安全に利用することの意義を考えさせる学習を行う。具体的には，情報モラルに関する動画教材を用いて，個人情報の扱いについて考えさせたり，SNS上のトラブルの事例を取り上げて問題点について話し合わせたりする。その中で，知らないうちにトラブルに巻き込まれてしまうことや，何気ない発信が人を傷つけることもあるのだと子どもたち自身に気付かせる。また，学級通信などを通して，ルールや正しい利用の仕方を家庭と共有していく。

次に，ICTを活用した学習活動の充実に取り組む。1人1台端末等を用いて学習への関心・意欲を高めるとともに，子どもの特性や個性に沿った教育活動を積極的に進めていく。新聞やリーフレットなどのデジタル作品をグループで分担して制作するような協働学習も行っていきたい。子ども同士が意見を共有したり議論したりする時にICTを効果的に活用すれば，より多くの仲間の意見に触れて，考えを深めることができるだろう。さらに，遠隔地や海外の人々とオンライン上で交流し，異なる考えや文化に触れることで，学校や地域を越えた広い学びにつなげていきたい。

今後，ますます変化の激しくなる情報社会を生き抜くためには，正しい判断力や創造力，人と豊かに関わりあう共生力が求められる。私は，子どもたちが個性を発揮しながら，仲間とともに主体的に生きる力を育む教育を心がけ，子どもたちと一緒に成長し続ける教師でありたい。

社会人特別選考　〔2021年度〕１次試験／120分・1200～1800字　※2024年度は実施せず

【問題】 次の文章を読んで，あなたのこれまでの職歴を通じて得られた経験を踏まえて，あなたが目指す教員の在り方を1200～1800字で述べよ。

君はこれからも，失敗しまくるでしょう。ものすごくいいことです。
なぜならば，チャレンジを続けている証拠だからです。
なぜならば，失敗はダメなことでも恥ずかしいことでもないからです。
なぜならば，失敗を乗り越えたら君に力がつくからです。

失敗は君を強くたくましくし，君に自信をつけ，君をやさしくします。失

敗する自分を認められる人は，人の失敗も受け入れられるし，失敗した誰かを助けることもできるでしょう。

（植松努著『「どうせ無理」と思っている君へ　本当の自信の増やしかた』より）

【答案】システムエンジニアとして民間の事業所に勤務し，常に臨機応変な対応を求められてきた。顧客に直接対応しなくてはならない事案においては，迅速で細やかな対応が要求された。顧客からは思いがけない要求があったり，システム運用後に開発時には想定もしていなかった不具合が生じたりするなど，予期せぬ事態に見舞われることもあった。

このような職場で，新入社員のOJTを任され，指導やフォローアップをする機会が増えた。彼らは積極的に働こうと思って入社してくるのだが，中には途中で意欲を喪失してしまう者がいる。その主な悩みは，「周囲から期待されているような成果を出せないこと」，「自分の意見が取り入れてもらえないこと」であった。そして，最大限の助言や支援をしたつもりであったが，自信を失った若者に，離職を思いとどまらせることはできなかった。

将来を担う若者たちには，意欲に燃えて社会に貢献できる人材になってほしい。現実が自分の思い描いた理想と異なっても，予期せぬ厳しい状況に身を置くことになっても，気概と柔軟な思考で果敢にチャレンジする人であってほしい。しかし，新入社員にも即戦力となることを求める中小の事業所においては，常に成果を出さなければならず，失敗を通じて学ばせ，経験を積ませる余裕がないことを実感した。

現代は，変化が速く，いろいろな面で多様化が進み，先の見通しを立てるのが難しい時代と言われている。児童生徒が社会人になる頃は，この傾向は一層厳しいものになっているだろう。若手社員の意欲喪失や離職を目の当たりにして，社会に出る前の期間，すなわち児童生徒である期間に，困難を乗り越えて生き抜く力，さまざまな状況の変化に柔軟に対応できる力を身に付けさせることが，最も価値あることだと考えた。これは学校教育でこそ実現されるものだ。この価値ある教育に自分も是非とも参画したいと思い，教員採用選考試験を受験する意志を固めた。

私が教員になったら，まず，児童生徒には，失敗から成功へのヒントをつかみとる力を身に付けさせたい。想定外のことが次々と起こる時代である。今までの知識や経験では解決できない課題に直面し，努力しても報われない結果になることもあるだろう。そのようなときに，困難な課題から逃避せず，立ち向かい続ける姿勢と自信をもつことの大切さを学ばせる。そのためには，学級で行う小さな活動の計画・準備・運営を任せる。互いの意見がぶつかったり，他者の協力が得られなかったりして，思うように事が運ばず失敗するかもしれない。そのようなときは，うまくいかなかった原因を考えさせ，次の機会には成功できると意識付ける。このような経験を積ませ，最終的には，学校祭や修学旅行のような学校行事に委員として関わらせる。このときも，話し合いを促し，自分たちの力で困難な課題を克服したという成功体験を味わわせ，諦めずやり続けることが大切だと理解させる。

次に，知識・技能を確実に習得させ，これらを実生活で活用できるようにさせたい。そのために，児童生徒には，主体的に学ぶ態度を身に付けさせる。授業では，今日的な課題を設定して積極的に話し合い活動に取り組む。児童生徒が，他者と協働して課題について深く考え，適切に判断し，正確に伝えられるように，個々の力を育てる。

また，日々の学習活動の中で，自分とは異なる意見に出会ったときには，決して自分の考えに固執することなく，相手を尊重し，相手の話に耳を傾ける態度を養う。そして，総合的な学習の時間では，異文化交流活動や，さまざまな障害のある人々との交流や学びを取り入れる。児童生徒には，社会は多様な人々で構成されていることに気付かせ，他者に対する想像を豊かにすることで，思いやりや気配りができる人間となるようにする。そして，自分とは異なる背景をもった人々とともに，よりよい社会を作り上げるための基礎的素養を育む。

児童生徒が，たくましさと優しさを合わせ持つことができれば，豊かな人生を歩むことができると確信する。そのためにも，私は教員として児童生徒一人一人に愛情をもって接し，きめ細やかな指導をしていく。

（表記・表現は愛知県の公開答案のまま）

テーマ1　「確かな学力」の向上に向けて，あなたはどのように取り組みますか。

全国学力・学習状況調査や，PISA，TIMSSといった国際学力調査によって，日本の子どもたちには２つの課題点を見いだすことができる。それは，知識を活用する力と，主体的に学習に取り組む意欲が低いことである。この２つは，学力を構成する３つの要素のうちの２つであり，「確かな学力」を向上させるためには必要不可欠である。そこで私は，個に応じた細やかな指導と，学びの意欲を刺激する主体的･対話的で深い学びの実践に取り組む。

(1)個に応じた細やかな指導の実践

個に応じた指導のためには，子どもたち一人一人の学習の進捗状況を把握することが重要である。そのために私は，子どもたち自身も理解度を確認できるように，単元ごとに確認テストを実施する。また，理解の進んでいる子どもたちには，基礎的・基本的な知識・技能を活用できる発展的な課題を与える。一方，理解の遅れている子どもたちには，補充的な学習や繰り返し指導を行う。どちらの子どもたちにとっても，学ぶ楽しさや分かる喜びなど，達成感を味わうことができるような教材研究を工夫し，さらなる学習意欲へとつなげていく。

(2)学びの意欲を刺激する主体的･対話的で深い学びの実践

学ぶ楽しさは，子どもたち同士の学び合い，教え合う環境からつくり出すことができる。そこで，グループ学習を取り入れ，グループで調べる，話し合う，発表する，評価するといった主体的・対話的で深い学びを実践する。その際，理解の進んでいる子どもたちが遅れている子どもたちに教えるという一方的の学び合いではなく，子どもたち相互が意見を出し合い，課題解決の方策を探る双方向の学び合いとなるよう支援する。

結論

「確かな学力」では，知識の量ではなく，知識の質や知識を活用する力が問われる。その向上は，変化の激しい社会を生き抜く「生きる力」を向上させることでもある。私は，自ら学ぶ意欲をもち続ける子どもたちの育成に努める。

◀25字×32行（800字）

＊「学びのすすめ」（2002年１月）で示された「確かな学力」の向上方策

① きめ細かな指導で，基礎・基本や自ら学び自ら考える力を身に付ける。
② 発展的な学習で，一人一人の個性等に応じて子どもの力をより伸ばす。
③ 学ぶことの楽しさを体験させ，学習意欲を高める。
④ 学びの機会を充実し，学ぶ習慣を身に付ける。
⑤ 確かな学力の向上のための特色ある学校づくりを推進する。

手取り足取り　論作文を構成しよう！

「確かな学力」の向上

①**テーマの背景** 学校教育の問題点，児童生徒の実態など

全国学力・学習状況調査や，PISA，TIMSSといった国際学力調査の結果

②**課題の指摘** 本論で取り上げる課題を指摘する

：［～だと考える］［～が重要である］など

知識を活用する力，主体的に学習に取り組む意欲が低い➡向上

③**課題解決のための視点** 課題解決に向けて私が目指す教育の視点

：［２つの視点から述べる］［～に取り組む］など

個に応じた細やかな指導，学びの意欲を刺激する主体的・対話的で深い学びの実践

方策⑴ 個に応じた細やかな指導の実践

①**論** 課題解決に向けた自分の考え：［～だと考える］［～が重要である］など

子どもたち一人一人の学習の進捗状況を把握する

（②**例** **論**をより説得力あるものにするための自分の経験など。なくても可）：［～だった］

（学校ボランティアをしたときに個別指導で成績が伸びたAちゃん）

③**策** 課題解決のための具体的な実践：［～を実践する］［～に取り組む］など

確認テスト，発展的な課題，補充的な学習，繰り返し指導

方策⑵ 学びの意欲を刺激する主体的・対話的で深い学びの実践

①**論** 課題解決に向けた自分の考え：［～だと考える］［～が重要である］など

学ぶ楽しさは，子どもたち同士の学び合い，教え合う環境からつくり出す

（②**例** **論**をより説得力あるものにするための自分の経験など。なくても可）：［～だった］

（消極的だったB君がグループ発表を機に学習意欲に火がついた）

③**策** 課題解決のための具体的な実践：［～を実践する］［～に取り組む］など

主体的・対話的で深い学び，双方向の学び合い

①出題テーマの**キーワード**（言い換えも可）

「確かな学力」＝知識の「量」ではなく「質」や「活用」する力

②別の視点からの**補説**

「確かな学力」の向上＝「生きる力」の向上

③教職への**抱負・決意**：［～に努める］［～に励む］など

自ら学ぶ意欲をもち続ける子どもたちの育成

試験官はココを見る！

○ 「学力」あるいは「確かな学力」の定義を押さえているか。
○ 「確かな学力」の向上が求められる背景を理解しているか。
○ 「確かな学力」を向上させるための具体的な方策があるか。

序論のために

「学力」を構成する３つの要素を押さえよう（学校教育法第30条第２項を参照）

① 基礎的・基本的な知識・技能
② 知識・技能を活用して課題を解決するために必要な思考力・判断力・表現力等
③ 主体的に学習に取り組む態度

「確かな学力」とは何かを押さえよう

「確かな学力」は，知識や技能に加え，思考力･判断力･表現力などまでを含むもので，学ぶ意欲を重視した，これからの子どもたちに求められる学力。「生きる力」を知の側面から捉えたもの。

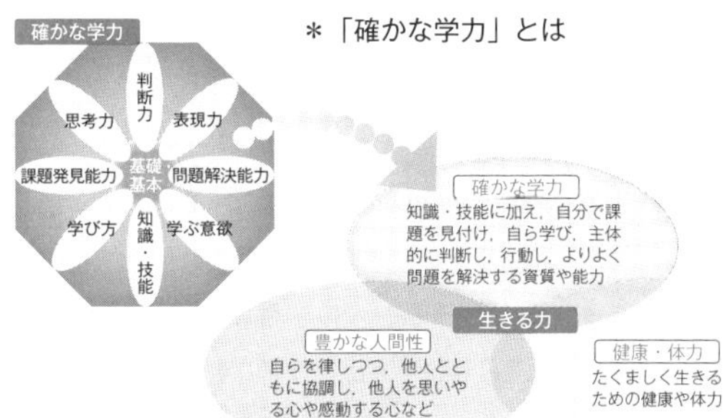

「確かな学力」の向上が求められる背景を理解しよう

全国学力・学習状況調査，OECD生徒の学習到達度調査（PISA），IEA国際数学・理科教育動向調査（TIMSS）の最新の調査結果は，いずれも学力が確実に伸長してきていることを示しています。だからといって，論作文試験で「学力は向上しているのでもう安心です」と書くわけにはいきません。そこで，これらの学力調査で必ず実施される，児童生徒や学校に対する質問紙調査の結果から，学力に関する課題点を見いだしましょう。これについては，次ページの中央教育審議会答申（2003年10月）の中でも３つ指摘されており，今もその傾向は大きくは変わりません。

① 我が国の子どもたちには判断力や表現力が十分に身に付いていないこと。
② 勉強を好きだと思う子どもが少ないなど学習意欲が必ずしも高くないこと。
③ 学校の授業以外の勉強時間が少ないなど学習習慣が十分に身に付いていないこと。

本論・結論のために

「確かな学力」を向上させるための具体的な方策を考えよう

同答申の次ページの最終段落で示された，「総合的な学習の時間」の活用，「個に応じた指導」「分かる授業」の実践などを参考に自分なりの方策を考えてみましょう。また，志望する自治体のホームページで，学力向上に関する施策などを調べてみましょう。

そのまま使える！　とっておき資料

下記の中央教育審議会答申（2003年10月）は,「確かな学力」が求められるようになった背景と，その具体的な方策を考える上で，非常に分かりやすい資料です。引用されている学力調査を最新年度のものに置き換えても，その趣旨は変わりません。これを参考に，自分の論作文を組み立ててみましょう。

【子どもたちに求められる学力＝［確かな学力］】

これからの未曾有の激しい変化が予想される社会においては，一人一人が困難な状況に立ち向かうことが求められるが，そのために教育は，個性を発揮し，主体的・創造的に生き，未来を切り拓くたくましい人間の育成を目指し，直面する課題を乗り越えて生涯にわたり学び続ける力をはぐくむことが必要である。

このために子どもたちに求められる学力としての［確かな学力］とは，知識や技能はもちろんのこと，これに加えて，学ぶ意欲や，自分で課題を見付け，自ら学び，主体的に判断し，行動し，よりよく問題を解決する資質や能力等までを含めたものであり，これを個性を生かす教育の中ではぐくむことが肝要である。

また，昨今の学力低下に関する論議は，学力を単に知識の量としてとらえる立場，あるいは思考力・判断力・表現力や学ぶ意欲などまでも含めて総合的にとらえる立場など，学力をどのようにとらえるかの立場の違いにより議論がかみ合っていないと思われる場合もある。本審議会としては，これからの学校教育では，［生きる力］という生涯学習の基礎的な資質や能力を育成する観点から，上記の［確かな学力］を重視すべきであると考える。

さらに新学習指導要領の下での学力の状況については平成16年１月，２月に教育課程実施状況調査が行われる予定であるが，平成13年度教育課程実施状況調査や国際数学・理科教育調査（国際教育到達度評価学会（IEA）調査），OECD生徒の学習到達度調査（PISA）等の近年の全国的・国際的な調査結果などからは，それぞれの分野における達成状況とは別に，①我が国の子どもたちには判断力や表現力が十分に身に付いていないこと，②勉強を好きだと思う子どもが少ないなど学習意欲が必ずしも高くないこと，③学校の授業以外の勉強時間が少ないなど学習習慣が十分に身に付いていないことなどの点で課題が指摘されている。（以下略）

【［確かな学力］をはぐくむ上で重要な視点，特に，学習意欲の向上】

言うまでもなく，知識や技能と思考力・判断力・表現力や学ぶ意欲などは本来相互にかかわりながら補強し合っていくものであり，［確かな学力］をはぐくむ上で，両者を総合的かつ全体的にバランスよく身に付けさせ，子どもたちの学力の質を高めていくという視点が重要である。また，［生きる力］が生涯にわたり実社会を主体的に生きていくための力であることにかんがみ，子どもたちが，①知識や技能を剥落させることなく自分の身に付いたものとする，②それを実生活で生きて働く力とする，③思考力・判断力・表現力や学ぶ意欲などを高める等の観点から，知識や技能と生活の結び付きや，知識や技能と思考力・判断力・表現力の相互の関連付け，深化・総合化を図ること等も［確かな学力］の育成に当たっての重要な視点であろう。その際，未知のものに積極的かつ主体的に興味・関心を抱き，理解を深めたいと思うなどの好奇心を持たせることや，子どもたちと実社会とのかかわりという観点から，社会の仕組みと個人のかかわりに関する理解を深めさせ，勤労観・職業観を育成し，生き方・在り方を考えさせることなども重要となろう。

中でも，子どもたちの学習意欲，学習習慣に関連しては，平成13年度教育課程実施状況調査の結果では，前述のような課題が指摘されているほか，基本的な生活習慣を身に付けている場合や，教員が創意工夫を生かした指導を行っている場合には得点が高い傾向がみられるところである。また，これからの生涯学習社会においては，生涯を通じて主体的に学び続けることができる学習意欲を持つことが重要であり，学校と家庭とが連携しながら学習習慣を身に付けさせることが必要である。このため，各学校において，「総合的な学習の時間」等を通じて学びへの動機付けを図るとともに，子どもの実態や指導内容等に応じて「個に応じた指導」を柔軟かつ多様に導入することなどの工夫を行うことにより，「わかる授業」を行い，子どもたちの学習意欲を高めることが，［確かな学力］をはぐくむ上でもとりわけ重要な視点であると言えよう。

（中央教育審議会答申「初等中等教育における当面の教育課程及び指導の充実・改善方策について」2003年10月７日）

テーマ2　2015年3月に学習指導要領が一部改正され，道徳が「特別の教科　道徳」となりました。あなたは，どのように「考え，議論する道徳」を実践しますか。

合格答案

序論

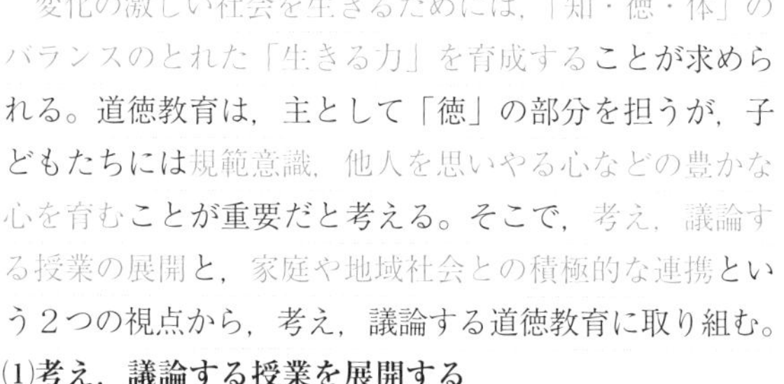

変化の激しい社会を生きるためには，「知・徳・体」のバランスのとれた「生きる力」を育成することが求められる。道徳教育は，主として「徳」の部分を担うが，子どもたちには規範意識，他人を思いやる心などの豊かな心を育むことが重要だと考える。そこで，考え，議論する授業の展開と，家庭や地域社会との積極的な連携という２つの視点から，考え，議論する道徳教育に取り組む。

本論

(1)考え，議論する授業を展開する

道徳的心情や道徳的判断力といった道徳性を，子どもたちに活用できる力として身に付けさせるためには，考え，議論する学習が不可欠である。そのためには，話し合い，発表する活動を取り入れる。例えば，小学校第3学年用の教科書「新しい道徳」（東京書籍）には，「やさしい人大さくせん」という単元がある。ここには，困っているときに上級生に助けてもらってうれしかった，というエピソードがある。これを読むだけでは，「思いやりの心」の大切さを実感させることは難しい。そこで，親切にされてうれしかった経験はあるか，そのときどのような気持ちだったか，どのような「大さくせん」が考えられるか，などを話し合わせ，発表させる。

(2)家庭や地域社会と積極的に連携する

子どもたちにとって魅力ある教材や学習活動の場を提供するためには，家庭や地域社会との連携が欠かせない。例えば，道徳教育の中で取り扱う情報モラルについて，ネット上のいじめの実例や，コミュニティ・サイトでトラブルに巻き込まれた例などを，地域の警察署から講師を招いて授業で話してもらう。子どもたちは，より身近な教材を通して情報モラルについて学ぶことができる。

結論

道徳が教科化されても，道徳教育は知識を蓄え，その量を競うことを目的とはしない。教師も含め，大人が自ら規範となることも大切である。私は，実生活の中で子どもたち自身が活用できる道徳性の育成に努める。

◀25字×32行（800字）

＊道徳教育アーカイブ

文部科学省では，「考え，議論する道徳」の授業づくりの参考となる映像資料や，授業で使える郷土教材などを提供する「道徳教育アーカイブ」を開設している。

(1) 映像資料
実際の授業の映像と授業者へのインタビューを通して，「考え，議論する」道徳授業づくりの参考となる工夫のポイントを紹介する映像資料。

(2) 指導上の工夫事例（指導案）
各都道府県で実際に行われている道徳の授業の実践例（指導案）のうち，「考え，議論する道徳」の授業づくりの参考となると考えられる事例。

(3) いじめ防止を扱う実践事例
福島県における原子力発電所事故の避難者である児童生徒に対するいじめをテーマとして「考え，議論する道徳」の実践事例を含め，各都道府県で実際に行われている，いじめの防止に関わる具体的な問題場面を取り扱った取組事例を紹介。道徳の授業における実践例に加え，特別活動（生徒会活動）として取り組む事例を紹介。

(4) 先生用資料（授業づくりのポイント）
都道府県・政令市教育委員会が教員向けに作成した道徳教育の授業づくりのポイント等をまとめた指導資料や実践事例集。

(5) 授業で使える郷土教材
道徳教育の推進のため，郷土の伝統や文化，偉人などに関する教材を収録した郷土教材。

(6) 道徳の教科化に伴う基礎資料
一部改正の経緯や学習指導要領解説，「私たちの道徳」など，これまで文部科学省において作成してきた道徳教育に関する資料等。

手取り足取り　論作文を構成しよう！

「特別の教科　道徳」

①テーマの背景 学校教育の問題点，児童生徒の実態など

変化の激しい社会を生きるための「知・徳・体」のバランスのとれた「生きる力」の育成

②課題の指摘 本論で取り上げる課題を指摘する

：～だと考える　～が重要である　など

規範意識，他人を思いやる心などの豊かな心の育成

③課題解決のための視点 課題解決に向けて私が目指す教育の視点

：２つの視点から述べる　～に取り組む　など

考え，議論する授業の展開，家庭や地域社会との積極的な連携

方策(1) 考え，議論する授業を展開する

①論 課題解決に向けた自分の考え：～だと考える　～が重要である　など

考え，議論する学習が不可欠

(②例 論をより説得力あるものにするための自分の経験など。なくても可)：～だった

(小学校第３学年用の単元「やさしい人大さくせん」)

③策 課題解決のための具体的な実践：～を実践する　～に取り組む　など

自分の経験や考えを議論，発表

方策(2) 家庭や地域社会と積極的に連携する

①論 課題解決に向けた自分の考え：～だと考える　～が重要である　など

家庭や地域社会との連携

(②例 論をより説得力あるものにするための自分の経験など。なくても可)：～だった

(老人ホームへの訪問をきっかけに電車で席を譲れるようになった)

③策 課題解決のための具体的な実践：～を実践する　～に取り組む　など

地域の警察署から講師を招いて授業で講演

①出題テーマのキーワード (言い換えも可)

道徳教育は知識の量を競うことを目的とはしない

②別の視点からの補説

大人が自ら規範となる

③教職への抱負・決意：～に努める　～に励む　など

実生活の中で子どもたち自身が活用できる道徳性の育成

試験官はココを見る！

○　「道徳の教科化」が検討されるようになった背景を理解しているか。
○　道徳教育のねらいを理解しているか。
○　道徳教育を実践するための具体的な方策があるか。

序論のために

「道徳の教科化」が検討されるようになった背景を理解しよう

教育再生実行会議の第一次提言（2013年２月）を受けて，文部科学省が設置した道徳教育の充実に関する懇談会は2013年12月，道徳教育の改善・充実方策に関する報告書をまとめ，現状の道徳教育について以下のような課題点を挙げました。

○　グローバル化や情報通信技術の進展，少子高齢化の進行など，今後の変化の激しい社会において，道徳教育に期待される役割は極めて大きく，道徳教育は人間教育の普遍的で中核的な構成要素であると同時に，その充実は，我が国の教育の現状を改善し，今後の時代を生き抜く力を一人一人に育成する上での緊急課題であること。

○　これまでも繰り返し道徳教育の重要性と課題が指摘されながら，全体としては十分な改善に至らなかった反省も踏まえ，道徳教育が学校教育活動全体の真の中核としての役割を果たすこととなるよう，早急に抜本的な改善・充実を図る必要があること。

道徳教育のねらいを確認しよう

次ページの中央教育審議会答申（2014年10月）は，道徳教育のねらいについて以下のように示しています。

＊道徳教育のねらい

教育基本法をはじめとする我が国の教育の根本理念に鑑みれば，道徳教育は，教育の中核をなすものであり，学校における道徳教育は，学校のあらゆる教育活動を通じて行われるべきものである。（中略）このため，昭和33年に，小・中学校において，道徳の時間が設けられ，現在，道徳の時間は，各教科等における道徳教育と密接な関連を図りながら，計画的，発展的な指導によってこれを補充，深化，統合し，児童生徒に道徳的価値の自覚や生き方についての考えを深めさせ，道徳的実践力を育成するものとされている。

本論・結論のために

道徳教育を実践するための具体的な方策を考えよう

次ページの中央教育審議会答申（2014年10月）では，「多様で効果的な道徳教育の指導方法へと改善する」と題して，以下の改善点を掲げています。

＊道徳教育の指導方法の改善

○「特別の教科　道徳」（仮称）において，目標や指導のねらいに即し，児童生徒の発達の段階を踏まえた上で，対話や討論など言語活動を重視した指導，道徳的習慣や道徳的行為に関する指導や問題解決的な学習を重視した指導などを柔軟に取り入れることが重要であること。

○「特別の教科　道徳」（仮称）の授業における内容項目のより柔軟な扱い方を工夫することや，小学校と中学校の違いを踏まえた指導方法の工夫など，指導の効果を上げるための多様な取組を行う必要があること。

○　道徳の指導計画が実質的なものとして機能するよう学習指導要領を改善するとともに，各学校の道徳教育の重点を改めて見直した上で，学校全体として取組を改善する必要があること。

○　学校における指導体制の充実及び小・中学校の連携を一層図る必要があること。

○　授業公開，また，家庭や地域の人々も参加できる授業の工夫など，家庭や地域との連携の強化を図り，家庭や地域にも開かれた道徳教育を進めることが重要であること。

＊道徳に係る教育課程の改善方策
① 道徳の時間を「特別の教科　道徳」(仮称) として位置付ける。
② 目標を明確で理解しやすいものに改善する。
③ 道徳の内容をより発達の段階を踏まえた体系的なものに改善する。
④ 多様で効果的な道徳教育の指導方法へと改善する。
⑤ 「特別の教科　道徳」(仮称) に検定教科書を導入する。
⑥ 一人一人のよさを伸ばし，成長を促すための評価を充実する。

そのまま使える！ とっておき資料

下記は,「道徳の教科化」などについて提言した中央教育審議会答申（2014年10月）の中で，道徳教育の重要性について述べた部分です。「なぜ今，道徳教育が重要なのか」を考える上での参考とし，具体的な教育実践のヒントとして活用してみましょう。

【道徳教育の使命】

教育基本法においては，教育の目的として，人格の完成を目指すことが示されている。人格の基盤となるのが道徳性であり，その道徳性を育てることが道徳教育の使命である。平成25年12月の「道徳教育の充実に関する懇談会」報告では，道徳教育について「自立した一人の人間として人生を他者とともによりよく生きる人格を形成することを目指すもの」と述べられている。道徳教育においては，人間尊重の精神と生命に対する畏敬の念を前提に，人が互いに尊重し協働して社会を形作っていく上で共通に求められるルールやマナーを学び，規範意識などを育むとともに，人としてよりよく生きる上で大切なものとは何か，自分はどのように生きるべきかなどについて，時には悩み，葛藤しつつ，考えを深め，自らの生き方を育んでいくことが求められる。

さらに，今後グローバル化が進展する中で，様々な文化や価値観を背景とする人々と相互に尊重し合いながら生きることや，科学技術の発展や社会・経済の変化の中で，人間の幸福と社会の発展の調和的な実現を図ることが一層重要な課題となる。こうした課題に対応していくためには，社会を構成する主体である一人一人が，高い倫理観をもち，人としての生き方や社会の在り方について，多様な価値観の存在を認識しつつ，自ら感じ，考え，他者と対話し協働しながら，よりよい方向を目指す資質・能力を備えることがこれまで以上に重要であり，こうした資質・能力の育成に向け，道徳教育は，大きな役割を果たす必要がある。

このように，道徳教育は，人が一生を通じて追求すべき人格形成の根幹に関わるものであり，同時に，民主的な国家・社会の持続的発展を根底で支えるものでもある。また，道徳教育を通じて育成される道徳性，とりわけ，内省しつつ物事の本質を考える力や何事にも主体性をもって誠実に向き合う意志や態度，豊かな情操などは，「豊かな心」だけでなく，「確かな学力」や「健やかな体」の基盤ともなり，「生きる力」を育むものである。学校における道徳教育は，児童生徒一人一人が将来に対する夢や希望，自らの人生や未来を切り拓いていく力を育む源となるものでなければならない。

その意味で，道徳教育は，本来，学校教育の中核として位置付けられるべきものであるが，その実態については，学校の教育目標に即して充実した指導を重ね，確固たる成果を上げている優れた取組がある一方で，例えば，道徳教育の要である道徳の時間において，その特質を生かした授業が行われていない場合があることや，発達の段階が上がるにつれ，授業に対する児童生徒の受け止めがよくない状況にあること，学校や教員によって指導の格差が大きいことなど多くの課題が指摘されており，全体としては，いまだ不十分な状況にある。こうした実態も真摯に受け止めつつ，早急に改善に取り組む必要がある。（以下略）

（中央教育審議会答申「道徳に係る教育課程の改善等について」2014年10月21日）

2020年度から，小学校で英語が教科化されるなど，英語教育の改革が進められています。あなたは，どのように英語教育を実践しますか。

合格答案

現状の小学校の英語教育は，第5学年から活動型の「外国語活動」を実施しているが，2020年度からは第3学年に前倒しし，第5学年から初歩的な英語の運用能力を養う教科型の英語教育が行われている。急速に進行するグローバル化社会を生きる子どもたちには，今後ますます異文化理解や異文化コミュニケーションの力が求められる。私は，異文化理解の促進と，コミュニケーション能力の育成という2つの視点から，英語教育に取り組む。

本論

(1)言語を通して異文化理解を促進する

活動型，教科型にかかわらず，英語を学ぶ主たる目的の一つは異文化理解である。英語という言語を通して，世界には多様なものの見方や考え方があることに自ら気づかせる。そのためには，DVD，写真，音楽など，子どもたちの目や耳に直接訴えることのできる魅力ある教材を工夫する。例えば，2021年に開催された東京オリンピック・パラリンピックと関連付け，参加国のうち，英語を母国語とする国の文化について調べ学習をさせる。

(2)コミュニケーション能力を育む

身振り手振りやアイコンタクトでも，コミュニケーションを取ることは可能である。しかし，“How are you？”や“My name is ～”など，簡単な挨拶表現を知っているだけでも，いかにコミュニケーションの輪が広がっていくかを子どもたちに実感させることが大切である。また，学級内だけで学習を完了させるのではなく，インターネットや絵手紙などを活用して，英語圏の子どもたちと交流する機会を設ける。

言語は，異文化理解の手段の一つである。その一方で，異文化理解のためには，自国の文化や言語についても理解し，その良さに気づく必要がある。私は，2021年の東京オリンピック・パラリンピックを活用し，進んで外国の方々とコミュニケーションを取ろうとする子どもたちの育成に努める。

◀25字×32行（800字）

＊平成29年版小学校・中学校学習指導要領の「外国語活動・外国語科」の改訂のポイント

○ 学校段階間の学びを接続させるため，国際基準を参考に，小・中・高等学校一貫した5つの領域（「聞くこと」「読むこと」「話すこと（やりとり）」「話すこと（発表）」，「書くこと」）別の目標を設定する。

○ 小学校では，中学年から「聞くこと」「話すこと」を中心とした外国語活動を導入し，外国語に慣れ親しませ，学習への動機付けを高めた上で，高学年から段階的に文字や定型文を「読むこと」「書くこと」を加え，教科として外国語科を位置付け，指導の系統性を確保する。

手取り足取り　論作文を構成しよう！

テーマ3「小学校英語の教科化」

序論

①テーマの背景 学校教育の問題点，児童生徒の実態など

2020年度から小学校第５学年で教科型の英語教育がスタート

②課題の指摘 本論で取り上げる課題を指摘する

：～だと考える　～が重要である　など

グローバル化社会の中で求められる異文化理解，異文化コミュニケーションの力

③課題解決のための視点 課題解決に向けて私が目指す教育の視点

：２つの視点から述べる　～に取り組む　など

異文化理解の促進，コミュニケーション能力の育成

本論

方策(1) 言語を通して異文化理解を促進する

①論 課題解決に向けた自分の考え：～だと考える　～が重要である　など

英語を学ぶ主たる目的の一つは異文化理解

(②例 論をより説得力あるものにするための自分の経験など。なくても可)：～だった

(１国＝１言語ではない国があることを知った子どもたちは興味津々だった)

③策 課題解決のための具体的な実践：～を実践する　～に取り組む　など

東京オリンピック・パラリンピックの参加国に関する調べ学習

方策(2) コミュニケーション能力を育む

①論 課題解決に向けた自分の考え：～だと考える　～が重要である　など

簡単な挨拶表現で広がるコミュニケーションの輪

(②例 論をより説得力あるものにするための自分の経験など。なくても可)：～だった

(“Hello！”と一声掛けただけで，すぐに外国の友達と打ち解けた)

③策 課題解決のための具体的な実践：～を実践する　～に取り組む　など

インターネットや絵手紙などを活用した英語圏の子どもたちと交流する機会

結論

①出題テーマのキーワード（言い換えも可）

言語は異文化理解の手段の一つ

②別の視点からの補説

異文化理解のために自国の文化や言語の良さに気づかせる

③教職への抱負・決意：～に努める　～に励む　など

東京オリンピック・パラリンピックを活用し，進んでコミュニケーションを取ろうとする子どもたちの育成

試験官はココを見る！

○ 「小学校英語の教科化」が検討されるようになった背景を理解しているか。
○ 各学校段階の英語教育のねらいを理解しているか。
○ 英語教育を実践するための具体的な方策があるか。

序論のために

「小学校英語の教科化」が検討されるようになった背景を理解しよう

文部科学省は,「グローバル化に対応した英語教育改革実施計画」(2013年12月)の中で,初等中等教育段階からグローバル化に対応した教育環境づくりを進めるため,小学校における英語教育の拡充強化,中・高等学校における英語教育の高度化することを示しています。その背景については,次ページの「グローバル化に対応した英語教育改革の五つの提言」(2014年９月)の中にもありますが,「思考力･判断力･表現力の育成等の育成」「コミュニケーション能力の育成」がキーワードになっていることを確認しましょう。

各学校段階の英語教育のねらいを確認しよう

とりわけ小学校英語については,中学年は「音声に慣れ親しませながら,コミュニケーション能力の素地を養う」こと,教科化される高学年は「身近なことについて基本的な表現によって『聞く』『話す』に加え,積極的に『読む』『書く』の態度の育成を含めたコミュニケーション能力の基礎を養う」こととされていることを押さえましょう。

本論・結論のために

英語教育を実践するための具体的な方策を考えよう

前述の「グローバル化に対応した英語教育改革実施計画」(2013年12月)では,各学校段階の英語教育の在り方が以下のように示されています。

＊グローバル化に対応した英語教育の在り方

○ 小学校中学年：活動型・週１～２コマ程度
　・コミュニケーション能力の素地を養う　・学級担任を中心に指導
○ 小学校高学年：教科型・週３コマ程度(「モジュール授業」も活用)
　・初歩的な英語の運用能力を養う
　・英語指導力を備えた学級担任に加えて専科教員の積極的活用
○ 中学校
　・身近な話題についての理解や簡単な情報交換,表現ができる能力を養う
　・授業を英語で行うことを基本とする
○ 高等学校
　・幅広い話題について抽象的な内容を理解できる,英語話者とある程度流暢にやりとりができる能力を養う
　・授業を英語で行うとともに,言語活動を高度化(発表,討論,交渉等)
　※小･中･高を通じて一貫した学習到達目標を設定することにより,英語によるコミュニケーション能力を確実に養う
　※日本人としてのアイデンティティに関する教育の充実(伝統文化・歴史の重視等)

そのまま使える！ とっておき資料

下記の文部科学省の報告書（2014年９月）では，小学校英語が教科化される背景と，改革の方向性が端的に示されています。各学校段階で，どのような英語教育が目指されているかを確認した上で，具体的な教育実践を考えてみましょう。

【改革を要する背景】

○　グローバル化の進展の中で，国際共通語である英語力の向上は日本の将来にとって極めて重要である。アジアの中でトップクラスの英語力を目指すべき。今後の英語教育改革においては，その基礎的・基本的な知識・技能とそれらを活用して主体的に課題を解決するために必要な思考力・判断力・表現力等の育成は重要な課題。

○　我が国の英語教育では，現行の学習指導要領を受けた進展も見られるが，特にコミュニケーション能力の育成について改善を加速化すべき課題も多い。東京オリンピック・パラリンピックを迎える2020（平成32）年を見据え，小・中・高等学校を通じた新たな英語教育改革を順次実施できるよう検討を進める。並行して，これに向けた準備期間の取組や，先取りした改革を進める。

【国が示す教育目標・内容の改善】

○　学習指導要領では，小・中・高等学校を通して1.各学校段階の学びを円滑に接続させる，2.「英語を使って何ができるようになるか」という観点から一貫した教育目標（４技能に係る具体的な指標の形式の目標を含む）を示す（具体的な学習到達目標は各学校が設定する）。

○　高等学校卒業時に，生涯にわたり４技能を積極的に使えるようになる英語力を身に付けることを目指す。

あわせて，生徒の英語力の目標を設定し，調査による把握・分析を行い，きめ細かな指導改善・充実，生徒の学習意欲の向上につなげる。これまでに設定されている英語力の目標（中学校卒業段階：英検３級程度以上，高等学校卒業段階：英検準２級程度～２級程度以上を達成した中高生の割合50%）だけでなく，高校生の特性・進路等に応じて，高校卒業段階で，例えば英検２級から準１級，TOEFL iBT60点前後以上等を設定し，生徒の多様な英語力の把握・分析・改善を行うことが必要。

小学校：中学年から外国語活動を開始し，音声に慣れ親しませながら，コミュニケーション能力の素地を養う。高学年では身近なことについて基本的な表現によって「聞く」「話す」に加え，積極的に「読む」「書く」の態度の育成を含めたコミュニケーション能力の基礎を養う。そのため，学習に系統性を持たせるため教科として行うことが適当。小学校の外国語教育に係る授業時数や位置付けなどは，今後，教育課程全体の議論の中で更に専門的に検討。

中学校：身近な話題についての理解や表現，簡単な情報交換ができるコミュニケーション能力を養う。文法訳読に偏ることなく，互いの考えや気持ちを英語で伝え合う学習を重視する。

高等学校：幅広い話題について，発表・討論・交渉など言語活動を豊富に体験し，情報や考えなどを的確に理解したり適切に伝えたりするコミュニケーション能力を高める。

注：「五つの提言」の骨子は以下の通り。

改革１：国が示す教育目標・内容の改善（上記参照）
改革２：学校における指導と評価の改善
改革３：高等学校・大学の英語力の評価及び入学者選抜の改善
改革４：教科書・教材の充実
改革５：学校における指導体制の充実

（文部科学省・英語教育の在り方に関する有識者会議
「今後の英語教育の改善・充実方策について 報告～グローバル化に対応した英語教育改革の五つの提言～」
2014年９月26日）

「令和の日本型学校教育」が目指す学びの姿である「個別最適な学び」を，あなたはどのように実践しますか。

序論

社会の在り方が劇的に変わるSociety5.0時代の到来，新型コロナウイルスの感染拡大など予測困難な時代には，子どもたちが他者を尊重し，多様な人々と協働しながら持続可能な社会の創り手となることが必要とされる。そこで私は，指導の個別化と学習の個性化という2つの観点から，「個別最適な学び」を実践する。

(1)「指導の個別化」で確実に学びを定着させる

従来行われている「個に応じた指導」は教師から見た概念であり，「個別最適な学び」は学ぶ側の子どもたちから見た概念である。指導の個別化では，まず，子どもたちの特性や学習進度を把握した上で，それに合わせた指導方法や教材などの工夫を行うことが大切である。すなわち，一定の目標をすべての子どもたちが達成することを目指し，異なるアプローチで学習を進める。例えば，算数の図形問題をタブレット端末を使って視覚的に説明したり，習熟度に応じた学習ドリルの個々の進捗状況をデータベース化したりするなど，ICTも活用する。

(2)「学習の個性化」で学びを一層深める

学習の個性化では，子どもたちの興味・関心に合わせて，一人ひとりに応じた学習活動や課題に取り組む機会を提供することが重要である。社会科で，スーパーマーケットで働く人々について学ぶ単元では，インターネットを使って調べたり，本や雑誌で調べたり，現地で直接インタビューをしたりするなど，さまざまな調べ学習の方法を支援する。また，調べたことを発表する際にも，新聞やポスターにまとめたり，動画をつくったり，劇や絵で表したりするなど，多様な方法で学びを深めさせる。

「個別最適な学び」を進める際には，「孤立した学び」にしないことも重要である。そのためには，子どもたちが多様な他者と協働する「協働的な学び」も不可欠である。私は，「個別最適な学び」と「協働的な学び」を一体的に行い，よりよい学びを生み出していく。

◀25字×32行(800字)

＊「個別最適な学び」とは

2021年1月発表の中央教育審議会答申は，2020年代を通じて実現を目指す「令和の日本型学校教育」の姿は，「全ての子供たちの可能性を引き出す，個別最適な学びと，協働的な学びの実現」であると提言した。「個別最適な学び」とは，「指導の個別化」と「学習の個性化」を教師視点から整理した概念である「個に応じた指導」を，学習者視点から整理した概念をいう。なお，「日本型学校教育」はp.86のテーマ6の脇注，「指導の個別化」と「学習の個性化」はp.80の「序論のために」を参照。

手取り足取り　論作文を構成しよう！

テーマ4 「個別最適な学び」の実践

序論

①**テーマの背景** 学校教育の問題点，児童生徒の実態など

Society5.0時代の到来，新型コロナウイルスの感染拡大など予測困難な時代

②**課題の指摘** 本論で取り上げる課題を指摘する

：～だと考える　～が重要である　など

他者を尊重し，多様な人々と協働しながら持続可能な社会の創り手となる

③**課題解決のための視点** 課題解決に向けて私が目指す教育の視点

：２つの視点から述べる　～に取り組む　など

指導の個別化，学習の個性化

本論

方策(1)「指導の個別化」で確実に学びを定着させる

①**論** 課題解決に向けた自分の考え：～だと考える　～が重要である　など

子どもたちの特性や学習進度を把握した上で，それに合わせた指導方法や教材などの工夫を行う

（②**例** **論**をより説得力あるものにするための自分の経験など。なくても可）：～だった

（立体図形の断面図を，教科書を読むだけで理解できる子どももいれば，動画で視覚的に説明して初めて理解できる子どももいた）

③**策** 課題解決のための具体的な実践：～を実践する　～に取り組む　など

タブレット端末を使った視覚的な説明，学習ドリルの個々の進捗状況をデータベース化，ICTの活用

方策(2)「学習の個性化」で学びを一層深める

①**論** 課題解決に向けた自分の考え：～だと考える　～が重要である　など

子どもたちの興味・関心に合わせて，一人ひとりに応じた学習活動や課題に取り組む機会を提供

（②**例** **論**をより説得力あるものにするための自分の経験など。なくても可）：～だった

（グループ同士が切磋琢磨して調べ学習をし，多種多様な発表が可能になった）

③**策** 課題解決のための具体的な実践：～を実践する　～に取り組む　など

インターネット，本，雑誌，インタビューなど，さまざまな調べ学習，新聞，ポスター，動画，劇，絵など，多様な発表方法

結論

①出題テーマの**キーワード**（言い換えも可）

「個別最適な学び」を進める際には，「孤立した学び」にしない

②別の視点からの**補説**

子どもたちが多様な他者と協働する「協働的な学び」も不可欠

③教職への**抱負・決意**：～に努める　～に励む　など

「個別最適な学び」と「協働的な学び」を一体的に行い，よりよい学びを生み出す

試験官はココを見る！

○ 「令和の日本型学校教育」が目指す学びの姿として「個別最適な学び」が示された背景を理解しているか。
○ 「個別最適な学び」について，「個に応じた指導」との違いなど正しい認識をもっているか。
○ 「個別最適な学び」を実践するための具体的な方策があるか。

序論のために

「個別最適な学び」が示された背景を理解しよう

中央教育審議会答申「『令和の日本型学校教育』の構築を目指して」（2021年1月）は，社会の在り方が劇的に変わる「Society5.0時代」の到来，新型コロナウイルスの感染拡大など先行き不透明な「予測困難な時代」において，「一人一人の児童生徒が，自分のよさや可能性を認識するとともに，あらゆる他者を価値のある存在として尊重し，多様な人々と協働しながら様々な社会的変化を乗り越え，豊かな人生を切り拓き，持続可能な社会の創り手となることができるようにすることが必要」であると示しました。また，そのためには新学習指導要領の着実な実施と，ICTの活用が必要であるとしています。

「個別最適な学び」とは何かを押さえよう

従来行われている「個に応じた指導」は教師から見た概念であり，「個別最適な学び」は学ぶ側の子どもたちから見た概念です。さらに，「個別最適な学び」は「指導の個別化」と「学習の個性化」に分けることができます。

個別最適な学び（「個に応じた指導」（指導の個別化と学習の個性化）を学習者の視点から整理した概念）

◆ 新学習指導要領では，「個に応じた指導」を一層重視し，指導方法や指導体制の工夫改善により，「個に応じた指導」の充実を図るとともに，コンピュータや情報通信ネットワークなどの情報手段を活用するために必要な環境を整えることが示されており，これらを適切に活用した学習活動の充実を図ることが必要
◆ GIGAスクール構想の実現による新たなICT環境の活用，少人数によるきめ細かな指導体制の整備を進め，「個に応じた指導」を充実していくことが重要
◆ その際，「主体的･対話的で深い学び」を実現し，学びの動機付けや幅広い資質･能力の育成に向けた効果的な取組を展開し，個々の家庭の経済事情等に左右されることなく，子供たちに必要な力を育む

指導の個別化
● 基礎的・基本的な知識・技能等を確実に習得させ，思考力・判断力・表現力等や，自ら学習を調整しながら粘り強く学習に取り組む態度等を育成するため，
・支援が必要な子供により重点的な指導を行うことなど効果的な指導を実現
・特性や学習進度等に応じ，指導方法・教材等の柔軟な提供・設定を行う

学習の個性化
● 基礎的・基本的な知識・技能等や情報活用能力等の学習の基盤となる資質・能力等を土台として，子供の興味・関心等に応じ，一人一人に応じた学習活動や学習課題に取り組む機会を提供することで，子供自身が学習が最適となるよう調整する

◆「個別最適な学び」が進められるよう，これまで以上に子供の成長やつまずき，悩みなどの理解に努め，個々の興味・関心・意欲等を踏まえてきめ細かく指導・支援することや，子供が自らの学習の状況を把握し，主体的に学習を調整することができるよう促していくことが求められる
◆ その際，ICTの活用により，学習履歴（スタディ・ログ）や生徒指導上のデータ，健康診断情報等を利活用することや，教師の負担を軽減することが重要

それぞれの学びを一体的に充実し
「主体的・対話的で深い学び」の実現に向けた授業改善につなげる

本論・結論のために

子どもたちに「個別最適な学び」を身に付けさせるための具体的な方策を考えよう

上記の「指導の個別化」「学習の個性化」に加え，「個別最適な学び」が「孤立した学び」にならないよう，「協働的な学び」を実践することも大切です。子どもたち同士，あるいは地域住民や外部の専門家など多様な他者と協働する方法を考えてみましょう。

そのまま使える！　とっておき資料

下記の中央教育審議会答申では，「令和の日本型学校教育」が目指す子どもたちの学びの姿が示されています。ICTの活用など，志望する校種・教科に合わせた具体的な教育実践を考えてみましょう。

【「個別最適な学び」とは】

○　全ての子供に基礎的・基本的な知識・技能を確実に習得させ，思考力・判断力・表現力等や，自ら学習を調整しながら粘り強く学習に取り組む態度等を育成するためには，教師が支援の必要な子供により重点的な指導を行うことなどで効果的な指導を実現することや，子供一人一人の特性や学習進度，学習到達度等に応じ，指導方法・教材や学習時間等の柔軟な提供・設定を行うことなどの「指導の個別化」が必要である。

○　基礎的・基本的な知識・技能等や，言語能力，情報活用能力，問題発見・解決能力等の学習の基盤となる資質・能力等を土台として，幼児期からの様々な場を通じての体験活動から得た子供の興味・関心・キャリア形成の方向性等に応じ，探究において課題の設定，情報の収集，整理・分析，まとめ・表現を行う等，教師が子供一人一人に応じた学習活動や学習課題に取り組む機会を提供することで，子供自身が学習が最適となるよう調整する「学習の個性化」も必要である。

○　以上の「指導の個別化」と「学習の個性化」を教師視点から整理した概念が「個に応じた指導」であり，この「個に応じた指導」を学習者視点から整理した概念が「個別最適な学び」である 。

○　これからの学校においては，子供が「個別最適な学び」を進められるよう，教師が専門職としての知見を活用し，子供の実態に応じて，学習内容の確実な定着を図る観点や，その理解を深め，広げる学習を充実させる観点から，カリキュラム・マネジメントの充実・強化を図るとともに，これまで以上に子供の成長やつまずき，悩みなどの理解に努め，個々の興味・関心・意欲等を踏まえてきめ細かく指導・支援することや，子供が自らの学習の状況を把握し，主体的に学習を調整することができるよう促していくことが求められる。(中略)

○　さらに，「個別最適な学び」が「孤立した学び」に陥らないよう，これまでも「日本型学校教育」において重視されてきた，探究的な学習や体験活動などを通じ，子供同士で，あるいは地域の方々をはじめ多様な他者と協働しながら，あらゆる他者を価値のある存在として尊重し，様々な社会的な変化を乗り越え，持続可能な社会の創り手となることができるよう，必要な資質・能力を育成する「協働的な学び」を充実することも重要である。(中略)

○　学校における授業づくりに当たっては，「個別最適な学び」と「協働的な学び」の要素が組み合わさって実現されていくことが多いと考えられる。各学校においては，教科等の特質に応じ，地域・学校や児童生徒の実情を踏まえながら，授業の中で「個別最適な学び」の成果を「協働的な学び」に生かし，更にその成果を「個別最適な学び」に還元するなど，「個別最適な学び」と「協働的な学び」を一体的に充実し，「主体的・対話的で深い学び」の実現に向けた授業改善につなげていくことが必要である。その際，家庭や地域の協力も得ながら人的・物的な体制を整え，教育活動を展開していくことも重要である。

国においては，このような「個別最適な学び」と「協働的な学び」の一体的な充実の重要性について，関係者の理解を広げていくことが大切である。

○　したがって，目指すべき「令和の日本型学校教育」の姿を「全ての子供たちの可能性を引き出す，個別最適な学びと，協働的な学びの実現」とする。

(中央教育審議会答申「『令和の日本型学校教育』の構築を目指して
～全ての子供たちの可能性を引き出す，個別最適な学びと，協働的な学びの実現～」2021年１月26日)

平成29〜31年版学習指導要領の改訂のキーワードとなる「主体的・対話的で深い学び」を，あなたはどのように実践しますか。

グローバル化や技術革新がますます進展する社会において，子どもたちに求められるものは「どれだけ知っているか」という知識の量ではなく，その知識を「いかに活用するか」という活用力である。そのためには，子どもたちが自ら課題を見付けて学ぶ主体的・対話的で深い学びが最適である。そこで私は，ICTの活用と，地域社会との連携という２つの視点で主体的・対話的で深い学びに取り組む。

(1)効果的なICTの活用

主体的・対話的で深い学びは，ICTを活用したペア学習やグループ学習がより効果的である。自分一人では思いつかなかったような課題や仮説，解決策を，友達と話し合ったり一緒に作業したりする過程の中で導き出すことができる。グループでまとめたアイデアをタブレットPCや電子黒板などに映し出して，瞬時にクラス全体で共有し，さらに話し合いを深めて，より深い理解へとつなげていく。また，インターネットを使って他校の子どもたちとテレビ討論をすることにより，協働で学ぶ楽しさを味わわせる。

(2)積極的な地域社会との連携

主体的・対話的で深い学びでは，「自ら体験する」ことが大切である。例えば，総合的な学習の時間で「高齢者が住みよい町づくり」という題材について考えるとき，インターネットを使って国内外の事例を調べることは容易にできる。しかし，自分たちのアイデアが実用的なものであるかどうかは，実際に体験してみないと分からない。そこで，地域の高齢者向け福祉施設に行き，高齢者と直接話をする機会を設ける。また，公共機関や公共施設の協力を仰ぎ，自分たちのアイデアを可能な範囲で試させてもらう。

主体的・対話的で深い学びは，「生きて働く力」を学ぶ学習である。そのためには，身に付けた知識を，Aという場面ではBという方法で，Cという場面ではDという方法で活用するという臨機応変な判断力も必要である。私は，子どもたちの知識の活用の場を広げる教育活動を展開する。

◀25字×32行（800字）

＊「主体的・対話的で深い学び」とは

教師による一方向的な講義形式の教育とは異なり，学修者の能動的な学修への参加を取り入れた教授・学習法の総称。発見学習，問題解決学習，体験学習，調査学習などが含まれるが，教室内でのグループ・ディスカッション，ディベート，グループ・ワークなども有効な方法である。

手取り足取り　論作文を構成しよう！

テーマ5 「主体的・対話的で深い学び」の実践

序論

①テーマの背景 学校教育の問題点，児童生徒の実態など

グローバル化や技術革新がますます進展する社会

②課題の指摘 本論で取り上げる課題を指摘する

：～だと考える　～が重要である　など

「どれだけ知っているか」という知識の量ではなく，「いかに活用するか」という活用力

③課題解決のための視点 課題解決に向けて私が目指す教育の視点

：２つの視点から述べる　～に取り組む　など

ICTの活用，地域社会との連携

本論

方策(1) 効果的なICTの活用

①論 課題解決に向けた自分の考え：～だと考える　～が重要である　など

ICTを活用したペア学習やグループ学習がより効果的

(②例 論をより説得力あるものにするための自分の経験など。なくても可)：～だった

（オーストラリアの姉妹校とのインターネット会議は有意義だった）

③策 課題解決のための具体的な実践：～を実践する　～に取り組む　など

タブレットPC，電子黒板などの活用，インターネットを使ったテレビ討論

方策(2) 積極的な地域社会との連携

①論 課題解決に向けた自分の考え：～だと考える　～が重要である　など

「自ら体験する」ことが大切

(②例 論をより説得力あるものにするための自分の経験など。なくても可)：～だった

（祖母の介護を手伝って初めて介護の大変さを実感した）

③策 課題解決のための具体的な実践：～を実践する　～に取り組む　など

高齢者向け福祉施設，公共機関や公共施設での体験活動

結論

①出題テーマのキーワード（言い換えも可）

主体的・対話的で深い学び＝「生きて働く力」を学ぶ学習

②別の視点からの補説

臨機応変な判断力も必要

③教職への抱負・決意：～に努める　～に励む　など

子どもたちの知識の活用の場を広げる教育活動を展開

試験官はココを見る！

○ 「主体的・対話的で深い学び」が導入されるようになった背景を理解しているか。
○ 「主体的・対話的で深い学び」のねらいを理解しているか。
○ 「主体的・対話的で深い学び」を実践するための具体的な方策があるか。

序論のために

「主体的・対話的で深い学び」が導入されるようになった背景を理解しよう

平成29～31年版学習指導要領の改訂の方向性を示した中央教育審議会答申（2016年12月）は，これからの子どもたちに育成すべき資質・能力として，次の３つを挙げています。そして，これらの資質・能力を育むためには，学びの量とともに，質や深まりが重要であり，子どもたちが「どのように学ぶか」についても光を当てる必要があるとの認識の下，主体的・対話的で深い学びの重要性を指摘しています。

① 「何を理解しているか，何ができるか（生きて働く「知識・技能の習得」）」
② 「理解していること・できることをどう使うか（未知の状況にも対応できる「思考力・判断力・表現力等」の育成）」
③ 「どのように社会・世界と関わり，よりよい人生を送るか（学びを人生や社会に生かそうとする「学びに向かう力，人間性等」の涵養）」

「主体的・対話的で深い学び」とは何かを確認しよう

主体的・対話的で深い学びとは，自ら課題を見付け，解決策を考える能動的な学習であることを押さえましょう。

＊「主体的・対話的で深い学び」とは

【主体的な学び】学ぶことに興味や関心を持ち，自己のキャリア形成の方向性と関連付けながら，見通しを持って粘り強く取り組み，自己の学習活動を振り返って次につなげる学び。

例：・学ぶことに興味や関心を持ち，毎時間，見通しを持って粘り強く取り組むとともに，自らの学習をまとめ振り返り，次の学習につなげる。
・「キャリア・パスポート（仮称）」などを活用し，自らの学習状況やキャリア形成を見通したり，振り返ったりする。

【対話的な学び】子供同士の協働，教職員や地域の人との対話，先哲の考え方を手掛かりに考えること等を通じ，自己の考えを広げ深める学び。

例：・実社会で働く人々が連携・協働して社会に見られる課題を解決している姿を調べたり，実社会の人々の話を聞いたりすることで自らの考えを広める。
・あらかじめ個人で考えたことを，意見交換したり，議論したり，することで新たな考え方に気が付いたり，自分の考えをより妥当なものとしたりする。
・子供同士の対話に加え，子供と教員，子供と地域の人，本を通して本の作者などとの対話を図る。

【深い学び】習得・活用・探究という学びの過程の中で，各教科等の特質に応じた「見方・考え方」を働かせながら，知識を相互に関連付けてより深く理解したり，情報を精査して考えを形成したり，問題を見いだして解決策を考えたり，思いや考えを基に創造したりすることに向かう学び。

例：・事象の中から自ら問いを見いだし，課題の追究，課題の解決を行う探究の過程に取り組む。

・精査した情報を基に自分の考えを形成したり，目的や場面，状況等に応じて伝え合ったり，考えを伝え合うことを通して集団としての考えを形成したりしていく。

・感性を働かせて，思いや考えを基に，豊かに意味や価値を創造していく。

（中央教育審議会答申「幼稚園，小学校，中学校，高等学校及び特別支援学校の学習指導要領等の改善及び必要な方策等について」2016年12月21日）

本論・結論のために

「主体的・対話的で深い学び」を実践するための具体的な方策を考えよう

まずは，平成29～31年版学習指導要項の改訂の方向性をしっかりと押さえましょう。その上で志望する校種・教科におけるその具体的な方策について考えてみましょう。

そのまま使える！ とっておき資料

下記は，平成29～31年版学習指導要領の改訂の方向性を図で示したものです。主体的・対話的で深い学びが重要なキーワードであることを押さえましょう。

【新学習指導要領の改訂の方向性】

新しい時代に必要となる資質・能力の育成と，学習評価の充実

学びを人生や社会に生かそうとする**学びに向かう力・人間性**の涵養

生きて働く**知識・技能**の習得

未知の状況にも対応できる**思考力・判断力・表現力**等の育成

何ができるようになるか

よりよい学校教育を通じてよりよい社会を創るという目標を共有し，社会と連携・協働しながら，未来の創り手となるために必要な資質・能力を育む

「社会に開かれた教育課程」の実現

各学校における**「カリキュラム・マネジメント」**の実現

何を学ぶか

新しい時代に必要となる資質・能力を踏まえた教科・科目等の新設や目標・内容の見直し

小学校の外国語教育の教科化，高校の新科目「公共」の新設など

各教科等で育む資質・能力を明確化し，目標や内容を構造的に示す

学習内容の削減は行わない※

どのように学ぶか

主体的・対話的で深い学び（「アクティブ・ラーニング」）の視点からの学習過程の改善

生きて働く知識・技能の習得など，新しい時代に求められる資質・能力を育成

知識の量を削減せず，質の高い理解を図るための学習過程の質的改善

主体的な学び

対話的な学び

深い学び

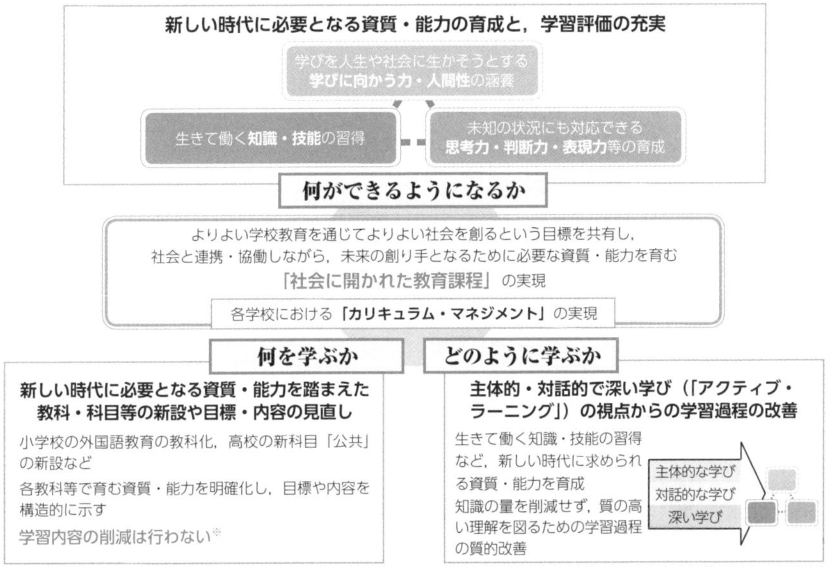

※高校教育については，些末な事実的知識の暗記が大学入学者選抜で問われることが課題になっており，そうした点を克服するため，重要用語の整理等を含めた高大接続改革等を進める。

（中央教育審議会答申「幼稚園，小学校，中学校，高等学校及び特別支援学校の学習指導要領等の改善及び必要な方策等について」2016年12月21日）

テーマ6 「学校における働き方改革」が喫緊の課題として進められています。あなたは，この働き方改革をどう捉え，どのように実践しますか。

2017年から順次，告示された新学習指導要領への対応をはじめ，生徒指導，部活動，保護者や地域との連携など，教師の業務はますます多様化し，その一部が長時間勤務という形で表れている。そこで私は，学校における働き方改革の究極の目的は，教育の質を向上させるためであると捉え，教師が担う業務の適正化と，チーム学校の機能の活用という２つの視点から，改革に取り組む。

(1)教師が担う業務の適正化を図る

2019年１月の中央教育審議会答申では，学校や教師が担ってきた業務を①基本的には学校以外が担うべき業務，②学校の業務だが，必ずしも教師が担う必要のない業務，③教師の業務だが，負担軽減が可能な業務――の３つに分類している。そこで私は，③に分類される授業準備や学習評価といった業務により多くの時間をかけることができるよう，①や②の業務を必要以上に抱え込んでいないか，自らの業務内容を見直す。また，見直した内容を，学校全体の教師と共有し，検討する。

(2)チーム学校の機能を活用する

前述の①や②については，保護者や地域住民，外部の専門家の連携・協力が不可欠である。例えば①では登下校時の安全確保，②では放課後から夜間などにおける見回りなどが挙げられるが，保護者や地域住民，地域ボランティアの協力を得られるよう，日ごろから情報共有を行い，地域学校協働活動の推進に努める。その過程で児童虐待や問題行動などを発見した場合は，児童相談所や警察署，スクールカウンセラーやスクールソーシャルワーカーなど外部の専門機関や専門家の協力を仰ぐ。

学校における働き方改革は，子どもたちと向き合う時間を確保し，学習指導や生徒指導など，子どもたちの「全人格的」な教育を行う「日本型学校教育」を継続実施するためのものである。そのために私は，常に業務の見直しを図りながら全力で取り組む。

◀25字×32行（800字）

＊「日本型学校教育」とは

学習指導のみならず，生徒指導等の面でも主要な役割を担い，さまざまな場面を通じて，児童生徒の状況を総合的に把握して指導を行うという，児童生徒の「全人格的」な完成を目指す教育。日本型学校教育は，国際的にも高く評価されている。

手取り足取り　論作文を構成しよう！

テーマ6 「学校における働き方改革」の実践

序論

①テーマの背景 学校教育の問題点，児童生徒の実態など

新学習指導要領への対応，生徒指導，部活動，保護者や地域との連携など，教師の業務の多様化

②課題の指摘 本論で取り上げる課題を指摘する

：～だと考える　～が重要である　など

学校における働き方改革の究極の目的＝教育の質を向上させるため

③課題解決のための視点 課題解決に向けて私が目指す教育の視点

：2つの視点から述べる　～に取り組む　など

教師が担う業務の適正化，チーム学校の機能の活用

本論

方策(1) 教師が担う業務の適正化を図る

①論 課題解決に向けた自分の考え：～だと考える　～が重要である　など

学校や教師が担ってきた業務は3つに分類される

(②例 論をより説得力あるものにするための自分の経験など。なくても可)：～だった

(中学校時代の恩師は毎日22時過ぎまで学校に残っていた)

③策 課題解決のための具体的な実践：～を実践する　～に取り組む　など

自らの業務内容を見直し，見直した内容を学校全体の教師と共有し，検討する

方策(2) チーム学校の機能を活用する

①論 課題解決に向けた自分の考え：～だと考える　～が重要である　など

保護者や地域住民，外部の専門家の連携・協力が不可欠である

(②例 論をより説得力あるものにするための自分の経験など。なくても可)：～だった

(教育実習先の学校は，外部の専門家と定期的に情報交換する会議を開催していた)

③策 課題解決のための具体的な実践：～を実践する　～に取り組む　など

日ごろから情報共有を行い，地域学校協働活動の推進に努める
外部の専門機関や専門家の協力を仰ぐ

結論

①出題テーマのキーワード（言い換えも可）

学校における働き方改革＝子どもたちと向き合う時間を確保するため

②別の視点からの補説

「日本型学校教育」を継続実施するため

③教職への抱負・決意：～に努める　～に励む　など

常に業務の見直しを図る

試験官はココを見る！

○「学校における働き方改革」が必要とされる背景を理解しているか。
○「学校における働き方改革」の目的を理解しているか。
○「学校における働き方改革」を実践するための具体的な方策があるか。

序論のために

「学校における働き方改革」が必要とされる背景を理解しよう

文部科学省が2018年９月に公表した「平成28年度 教員勤務実態調査」によると，教諭（主幹教諭・指導教諭を含む）の１日当たりの学内勤務時間は小学校11時間15分，中学校11時間32分で，10年前と比較して，平日・土日ともにいずれの職種でも増加（教諭については，１日当たり，小学校平日43分・土日49分，中学校平日32分・土日１時間49分の増加）しています。さらに，経済協力開発機構（OECD）が実施した「国際教員指導環境調査（TALIS）2018」においても，日本の教師の１週間当たりの勤務時間は参加国中で最長（小学校54.4時間，中学校56.0時間；参加国平均（中学校）38.3時間）となっています。

「学校における働き方改革」の目的を理解しよう

2019年１月に発表された中央教育審議会答申では，「学校における働き方改革」の目的は以下のとおり示されています。

＊「学校における働き方改革」の目的

教師のこれまでの働き方を見直し，教師が我が国の学校教育の蓄積と向かい合って自らの授業を磨くとともに日々の生活の質や教職人生を豊かにすることで，自らの人間性や創造性を高め，子供たちに対して効果的な教育活動を行うことができるようになることが学校における働き方改革の目的であり，そのことを常に原点としながら改革を進めていく必要がある。

（中央教育審議会答申「新しい時代の教育に向けた持続可能な学校指導・運営体制の構築のための学校における働き方改革に関する総合的な方策について」2019年１月25日）

本論・結論のために

「学校における働き方改革」を実践するための具体的な方策を考えよう

前述の中央教育審議会答申（2019年１月）では，「学校における働き方改革」を遂行するために，学校及び教師が担う業務の明確化・適正化を提言しており，学校が担うべき業務を次の３つに分類した上で，主な14の具体的業務の改善例を示しました。

＊学校が担うべき３つの業務

ｉ）学習指導要領等を基準として編成された教育課程に基づく学習指導
ⅱ）児童生徒の人格の形成を助けるために必要不可欠な生徒指導・進路指導
ⅲ）保護者・地域等と連携を進めながら，これら教育課程の実施や生徒指導の実施に必要な学級経営や学校運営業務

＊働き方改革における業務改善の例

基本的には学校以外が担うべき業務	学校の業務だが，必ずしも教師が担う必要のない業務	教師の業務だが，負担軽減が可能な業務
①　登下校に関する対応 ②　放課後から夜間などにおける見回り，児童生徒が補導されたときの対応	⑤　調査・統計等への回答等（事務職員など） ⑥　児童生徒の休み時間における対応（輪番，地域ボランティアなど）	⑨　給食時の対応（学級担任と栄養教諭等との連携など） ⑩　授業準備（補助的業務へのサポートスタッフの参画など）

③　学校徴収金の徴収・管理 ④　地域ボランティアとの連絡調整 ※その業務の内容に応じて，地方公共団体や教育委員会，保護者，地域学校協働活動推進員や地域ボランティアなどが担うべき。	⑦　校内清掃（輪番，地域ボランティアなど） ⑧　部活動（部活動指導員など） ※部活動の設置・運営は法令上の義務ではないが，ほとんどの中学・高校で設置。多くの教師が顧問を担わざるを得ない実態。	⑪　学習評価や成績処理（補助的業務へのサポートスタッフの参画など） ⑫　学校行事の準備・運営（事務職員等との連携，一部外部委託など） ⑬　進路指導（事務職員や外部人材との連携・協力など） ⑭　支援が必要な児童生徒・家庭への対応（専門スタッフとの連携・協力など）

（中央教育審議会答申「新しい時代の教育に向けた持続可能な学校指導・運営体制の構築のための学校における働き方改革に関する総合的な方策について」2019年１月25日）

そのまま使える！　とっておき資料

以下は，「学校における働き方改革」の実行に当たり，当時の柴山昌彦文部科学大臣が教育委員会及び教職員に発信したメッセージです。「学校における働き方改革」の基本的な考え方が端的に示されていますので，どのように実践するかを考えてみましょう。

教育委員会・学校の教職員の皆様へ　～学校における働き方改革の実現に向けて～

本年１月に中央教育審議会から，学校における働き方改革に関する答申を頂きました。

今の教師の働き方の深刻な状況について，その厳しさを一番実感しておられるのは皆様だと思います。“子供のため”を合い言葉に，志ある教師の皆様が，その使命感から様々な社会の要請に献身的に応え，これまでの学校教育を支えてきましたが，長時間勤務の中で疲弊し，時に過労死に至る痛ましい事態が生じている今，一刻も早く働き方を変えなくてはなりません。

何より働き方改革は教育の質を向上させるために必要です。Society 5.0 といったこれまでにない激動の時代を生き抜く力を，子供たちに身に付けさせるため，教師自らが生活の質を豊かにして人間性や創造性を高め，効果的な教育活動を行うことが今回の働き方改革の目的です。これからも優秀な若者に教師を志してもらうためにも重要です。

文部科学省は，本答申を踏まえ，教職員定数の改善等の一層の条件整備をはじめとして，提言された施策に全力で取り組んでまいります。

その上で，働き方改革の推進には，教育委員会・学校の皆様との連携のもと，これまで以上に真剣に取り組むことが不可欠であるため，今回メッセージを出すことにしました。

＜教育委員会の皆様＞（略）

＜学校の教職員の皆様＞

いつも子供たちのために御尽力いただいていることに感謝します。このたび，これまで学校や教師が担ってきた代表的な14の業務を始め，学校や教師が担うべき業務の考え方を示しました。教育委員会の支援を受けて，これを機に，学校業務の見直しをお願いします。

勤務時間を意識した働き方も重要です。限られた時間の中で子供たちへの効果的な指導を行うため，メリハリをつけた時間の使い方が大切です。是非，実践的な取組をお願いします。

校長等の管理職の皆様，組織マネジメントは管理職の重要な仕事です。これまで慣例的にやってきた業務も今一度見直しをお願いします。優先順位をつけて，必要性の低い業務は思い切ってやめること，家庭・地域との適切な役割分担を進めるために学校運営協議会の場等で話し合い，理解・協力を得ることも大事です。

私たち，教育に携わる者の目的は一つ，すべては子供たちのためです。

今，子供たちに真に必要な教育環境を確保するため，その在り方を見直す必要があります。

未来を担うのは子供たちです。こうした子供たちのため，我々みんなで取り組みましょう。子供たちへのより良い教育のための学校の働き方改革に御理解をいただき，是非御協力をお願いいたします。

平成31年（2019年）３月18日

文部科学大臣　柴山昌彦

「第４期教育振興基本計画」で示された今後の教育の方向性を踏まえ，あなたはどのような教育を実践しますか。

合格答案

「第４期教育振興基本計画」は，「VUCA の時代」といわれ社会が大きく変化する中で，教育こそが社会をけん引する駆動力の中核を担う営みであると指摘している。そこで私は，「確かな学力」の育成と「ウェルビーイング」の向上という２つの視点から取り組む。

(1)「確かな学力」を育成する

「確かな学力」とは，知識や技能に加え，思考力・判断力・表現力などまでを含むもので，学ぶ意欲を重視した学力である。しかし，PISA や TIMSS といった国際学力調査でトップになることだけを目指すわけではない。身に付けた知識・技能を実生活で活用できるよう，子どもたちが自ら考え，課題を発見し，解決につなげていくような授業を実践する。すなわち，グループごとの調べ学習など主体的・対話的で深い学びを通し，他者と協働するためのコミュニケーション能力の育成につなげる。

(2)「ウェルビーイング」を向上させる

ウェルビーイングの向上，すなわち身体的・精神的・社会的に良い状態を継続させるためには，「自分も一人の人間として大切にされている」という自己存在感，ありのままの自分を肯定的に捉える自己肯定感，他者のために役立った，認められたという自己有用感などを子どもたちに育成する必要がある。そのためには，互いに認め合い，励まし合い，支え合う学級をつくる。また，異学年との交流，特別支援学級や特別支援学校との交流などを通して，自他の個性を尊重し，相手の立場に立って考え，行動できるような共感的な人間関係を構築するよう支援する。

「確かな学力」の育成及び「ウェルビーイング」の向上は，「生きる力」の育成でもある。さらに，「第４期教育振興基本計画」では地域と学校の連携・協働の推進も示されている。学校，そして教師である私自身が絆づくりとコミュニティの核となるよう努める。

◀25字×32行（800字）

＊「第４期教育振興基本計画」とは

教育振興基本計画は，教育基本法に示された理念の実現と，我が国の教育振興に関する施策の総合的・計画的な推進を図るため，同法第 17 条第１項に基づき政府として策定する計画。第４期教育振興基本計画は，2023 年６月 16 日に閣議決定され，その計画期間は 2023 ～ 27 年度。地方公共団体は，この計画を参酌し，地域の実情に合わせて当該地方公共団体における教育振興基本計画を策定する努力義務が課されている（同法第 17 条第２項）。

手取り足取り　論作文を構成しよう！

テーマ7「第４期教育振興基本計画」を踏まえた教育

序論

①テーマの背景 学校教育の問題点，児童生徒の実態など

VUCAの時代＝社会が大きく変化

※VUCA：Volatility（変動性），Uncertainty（不確実性），Complexity（複雑性），Ambiguity（曖昧性）

②課題の指摘 本論で取り上げる課題を指摘する

：～だと考える　～が重要である　など

教育こそが社会をけん引する駆動力の中核を担う営み

③課題解決のための視点 課題解決に向けて私が目指す教育の視点

：２つの視点から述べる　～に取り組む　など

「確かな学力」の育成，「ウェルビーイング」の向上

本論

方策(1)「確かな学力」を育成する

①論 課題解決に向けた自分の考え：～だと考える　～が重要である　など

PISAやTIMSSでトップになることだけを目指すわけではない➡活用する力

（②例 論をより説得力あるものにするための自分の経験など。なくても可）：～だった

（数学の公式を暗記していても，それを活用して解くことは苦手だった）

③策 課題解決のための具体的な実践：～を実践する　～に取り組む　など

主体的・対話的で深い学びの実践，コミュニケーション能力の育成

方策(2)「ウェルビーイング」を向上させる

①論 課題解決に向けた自分の考え：～だと考える　～が重要である　など

ウェルビーイングの向上＝自己存在感，自己肯定感，自己有用感の育成

※ウェルビーイング：身体的・精神的・社会的に良い状態にあること

（②例 論をより説得力あるものにするための自分の経験など。なくても可）：～だった

（自己肯定感が高まると，学力も向上するという調査結果がある）

③策 課題解決のための具体的な実践：～を実践する　～に取り組む　など

互いに認め合い，励まし合い，支え合う学級づくり，異学年や特別支援学級，特別支援学校との交流

結論

①出題テーマのキーワード（言い換えも可）

「確かな学力」の育成及び「ウェルビーイング」の向上＝「生きる力」の育成

②別の視点からの補説

地域と学校の連携・協働の推進

③教職への抱負・決意：～に努める　～に励む　など

学校と教師が絆づくりとコミュニティの核

試験官はココを見る！

○ 「第４期教育振興基本計画」が策定された背景を理解しているか。
○ 「第４期教育振興基本計画」が示した今後の教育政策に関する基本的な方針について正しい認識をもっているか。
○ 「第４期教育振興基本計画」が示した今後の教育政策に関する基本的な方針を実践するための具体的な方策があるか。

序論のために

「第４期教育振興基本計画」のコンセプトを理解しよう

「第４期教育振興基本計画」では，「2040年以降の社会を見据えた持続可能な社会の創り手の育成」と「日本社会に根差したウェルビーイングの向上」をコンセプトとして掲げています。計画本文で確認しておきましょう。

「第４期教育振興基本計画」が示した今後の教育政策に関する基本的な方針を押さえよう

「第４期教育振興基本計画」では，今後５年間の教育政策に関する５つの基本的な方針と16の目標が示されています。これらは，教職教養対策も兼ねてしっかりと押さえておきましょう。

＊今後の教育政策に関する５つの基本的な方針と16の目標

【５つの基本的な方針】

① グローバル化する社会の持続的な発展に向けて学び続ける人材の育成
② 誰一人取り残されず，全ての人の可能性を引き出す共生社会の実現に向けた教育の推進
③ 地域や家庭で共に学び支え合う社会の実現に向けた教育の推進
④ 教育デジタルトランスフォーメーション（DX）の推進
⑤ 計画の実効性確保のための基盤整備・対話

【16の目標】

(1) 確かな学力の育成，幅広い知識と教養・専門的能力・職業実践力の育成
(2) 豊かな心の育成
(3) 健やかな体の育成，スポーツを通じた豊かな心身の育成
(4) グローバル社会における人材育成
(5) イノベーションを担う人材育成
(6) 主体的に社会の形成に参画する態度の育成・規範意識の醸成
(7) 多様な教育ニーズへの対応と社会的包摂
(8) 生涯学び，活躍できる環境整備
(9) 学校・家庭・地域の 連携・協働の推進による地域の教育力の向上
(10) 地域コミュニティの基盤を支える社会教育の推進
(11) 教育 DX の推進・デジタル人材の育成
(12) 指導体制・ICT 環境の整備，教育研究基盤の強化

⒀　経済的状況，地理的条件によらない質の高い学びの確保
⒁　NPO・企業・地域団体等との連携・協働
⒂　安全・安心で質の高い教育研究環境の整備，児童生徒等の安全確保
⒃　各ステークホルダーとの対話を通じた計画策定・フォローアップ

本論・結論のために

「第４期教育振興基本計画」が示した今後の教育政策に関する基本的な方針を実践するための具体的な方策を考えよう

具体的な方策に当たるのが16の目標，及びそれに付随する基本施策（例）と指標（例）です。計画本文で確認するとともに，自分自身が実践する際の方策についても考えておきましょう。あわせて，志望する自治体の教育振興基本計画もチェックしておきましょう。

そのまま使える！　とっておき資料

下記は，「第４期教育振興基本計画」（2023年６月）の基本的な方針２「誰一人取り残されず，全ての人の可能性を引き出す共生社会の実現に向けた教育の推進」の解説の一部です。「ウェルビーイング」「誰一人取り残されず」「DE＆I」といったキーワードを抑えながら読みましょう。

【共生社会の実現に向けた教育の考え方】

○　一人一人の多様な**ウェルビーイング**の実現のためには，**誰一人取り残されず**，全ての人の可能性を引き出す学びを，学校をはじめとする教育機関の日常の教育活動に取り入れていく必要がある。

○　**誰一人取り残されず**，相互に多様性を認め，高め合い，他者の**ウェルビーイング**を思いやることができる教育環境を個々の状況に合わせて整備することで，つらい様子の子供が笑顔になり，その結果として自分の目標を持って学習等に取り組むことができる場面を一つでも多く作り出すことが求められる。

○　また，一人一人のニーズに合わせた教育資源の配分を行うという「公平，公正」の考え方も重要となる。「多様性」，「包摂性」に「公平，公正」を加え頭文字を取った DE ＆I（Diversity Equity and Inclusion ）の考え方も重視されてきている。

○　これまで学校では「みんなで同じことを，同じように」することを過度に要求され，「同調圧力」を感じる子供が増えてきたことが指摘されている。異なる立場や考え，価値観を持った人々同士が，お互いの組織や集団の境界を越えて混ざり合い，学び合うことは，「同調圧力」への偏りから脱却する上で重要であり，学校のみならず社会全体で重視していくべき方向性である。また，そのことを可能にするための土壌として，「風通しの良い」組織・集団であることが大切である。そのためには，子供のみならず大人も含めて，多様性を受け入れる寛容で成熟した存在となることが必要である。加えて，これまでの同一年齢で同一内容を学習することを前提とした教育の在り方に過度にとらわれず，日本型学校教育の優れた蓄積も生かして，個別最適な学びと協働的な学びを一体的に充実していくことも重要である。

（「第４期教育振興基本計画」2023年６月16日閣議決定）

テーマ8 2015年12月に発表された中央教育審議会答申では，「チーム学校」という考え方が示されました。あなたは「チーム学校」として，どのような教育活動を展開しますか。

合格答案

序論

年間68万件を超えるいじめや，10年連続で増加した不登校への対応，平成29～31年版学習指導要領の改訂のキーワードである主体的・対話的で深い学びの実践など，学校に求められる課題は複雑化・多様化している。これらの課題を解決するために，教師は一人で抱え込まず，「チーム学校」の一員として対応することが重要である。そこで私は，専門性に基づく体制づくりと，地域のセンター機能としての役割の実践という視点から取り組む。

本論

(1)専門性に基づく体制づくり

「チーム学校」の中には，学校内の教職員のほかに，スクールカウンセラーやスクールソーシャルワーカーも含まれる。それぞれがその専門性を生かし，連携・分担することによって，教師は学習指導や生徒指導に注力することが可能となる。さらに，「チーム学校」として警察や児童相談所など外部の関係機関と定期的に地域の連絡会議を開催し，学校や子どもたちの状況について情報を交換し，共有する。これにより，子どもたちをより多角的に，複数の眼で見守ることができる。

(2)地域のセンター機能としての役割の実践

「チーム学校」として，学校・家庭・地域社会が連携し，役割分担をしながら子どもたちを育てていくためには，学校はそのセンター機能としての役割を果たさなければならない。そこで，学校のホームページなどを通して，学校経営目標や「育てたい子ども像」を明示する。また，学校の教育活動に関する保護者や学校評議員などによる「学校関係者評価」については，積極的に開示し，その後の教育活動に反映させる。

結論

「チーム学校」とは，開かれた学校である。そのためには，学校は保護者や地域社会から信頼されなければならない。「チーム学校」という組織を構成する一員として，私は学習指導，生徒指導のいずれにおいても「教育のプロ」としての指導力の向上に努め，自己研鑽に励む。

◀25字×32行（800字）

＊「チーム学校」（チームとしての学校）とは

校長のリーダーシップの下，カリキュラム，日々の教育活動，学校の資源が一体的にマネジメントされ，教職員や学校内の多様な人材が，それぞれの専門性を生かして能力を発揮し，子どもたちに必要な資質・能力を確実に身に付けさせることができる学校。

手取り足取り　論作文を構成しよう！

テーマ8 「チーム学校」としての教育実践

序論

①テーマの背景 学校教育の問題点，児童生徒の実態など

いじめ，不登校，主体的・対話的で深い学びの実践など，学校に求められる課題は複雑化・多様化

②課題の指摘 本論で取り上げる課題を指摘する

：～だと考える　～が重要である　など

教師は一人で抱え込まず，「チーム学校」の一員として対応

③課題解決のための視点 課題解決に向けて私が目指す教育の視点

：2つの視点から述べる　～に取り組む　など

専門性に基づく体制づくり，地域のセンター機能としての役割の実践

本論

方策(1) 専門性に基づく体制づくり

①論 課題解決に向けた自分の考え：～だと考える　～が重要である　など

「チーム学校」の一員がそれぞれの専門性を生かして連携・分担

（②例 論をより説得力あるものにするための自分の経験など。なくても可）：～だった

（不登校の原因に児童虐待があることをスクールソーシャルワーカーが一早く気づいた）

③策 課題解決のための具体的な実践：～を実践する　～に取り組む　など

外部の関係機関と定期的な地域の連絡会議の開催，情報の交換・共有

方策(2) 地域のセンター機能としての役割の実践

①論 課題解決に向けた自分の考え：～だと考える　～が重要である　など

学校・家庭・地域社会の連携，学校はセンター機能としての役割

（②例 論をより説得力あるものにするための自分の経験など。なくても可）：～だった

（運動会などの学校行事が地域交流の場だった）

③策 課題解決のための具体的な実践：～を実践する　～に取り組む　など

学校経営目標などの明示，「学校関係者評価」の開示と教育活動への反映

結論

①出題テーマのキーワード（言い換えも可）

「チーム学校」＝開かれた学校

②別の視点からの補説

学校は保護者や地域社会から信頼されなければならない

③教職への抱負・決意：～に努める　～に励む　など

「教育のプロ」としての指導力の向上，自己研鑽

試験官はココを見る！

○ 「チーム学校」という考え方が示されるようになった背景を理解しているか。
○ 「チーム学校」について正しい認識をもっているか。
○ 「チーム学校」としての教育活動を展開するための具体的な方策があるか。

序論のために

「チーム学校」が実施されるようになった背景を理解しよう

いじめ，不登校などの生徒指導上の課題や特別支援教育への対応など，子どもたちを取り巻く環境が複雑化・多様化し，新しい時代に求められる資質・能力を子どもたちに育むための教育課程の改善を実現するためのアクティブ・ラーニングの導入など，学校に求められる役割はますます拡大してきています。こうした状況下では，教師が，あるいは学校だけが問題を抱え込むのではなく，それぞれの専門性を生かした専門スタッフと連携・分担してチームとして職務を担う体制を整備することが求められています。これにより，教師はより一層自らの専門性を発揮し，学習指導や生徒指導に取り組むことができるのです。

「チーム学校」に対する正しい認識をもとう

2015年12月に発表された中央教育審議会答申では，「チーム学校」の構成として以下のようなメンバーが例示されています。

①教職員
　教員，指導教諭，養護教諭，栄養教諭・学校栄養職員
②教員以外の専門スタッフ
　ⅰ）心理や福祉に関する専門スタッフ
　　スクールカウンセラー，スクールソーシャルワーカー
　ⅱ）授業等において教員を支援する専門スタッフ
　　ICT支援員，学校司書，英語指導を行う外部人材と外国語指導助手（ALT）等，補習など，学校における教育活動を充実させるためのサポートスタッフ
　ⅲ）部活動に関する専門スタッフ
　　部活動指導員（仮称）
　ⅳ）特別支援教育に関する専門スタッフ
　　医療的ケアを行う看護師等，特別支援教育支援員，言語聴覚士（ST），作業療法士（OT），理学療法士（PT）等の外部専門家，就職支援コーディネーター
③地域との連携体制の整備
　　地域連携を担当する教職員

本論・結論のために

「チーム学校」としての教育活動を展開するための具体的な方策を考えよう

「チーム学校」は，学校がその役割を軽減させることが目的ではないことを押さえ，学校，専門スタッフのほか，家庭，地域社会も含めた連携･分担の具体的な方策を考えてみましょう。

そのまま使える！ とっておき資料

以下は，中央教育審議会が示した「チーム学校」のイメージ図です。「チーム学校」の中でそれぞれが専門性を発揮し，その役割を連携・分担することによって，学校の教育活動がより有機的に機能する構造を理解しましょう。

【「チーム学校」における組織イメージ】

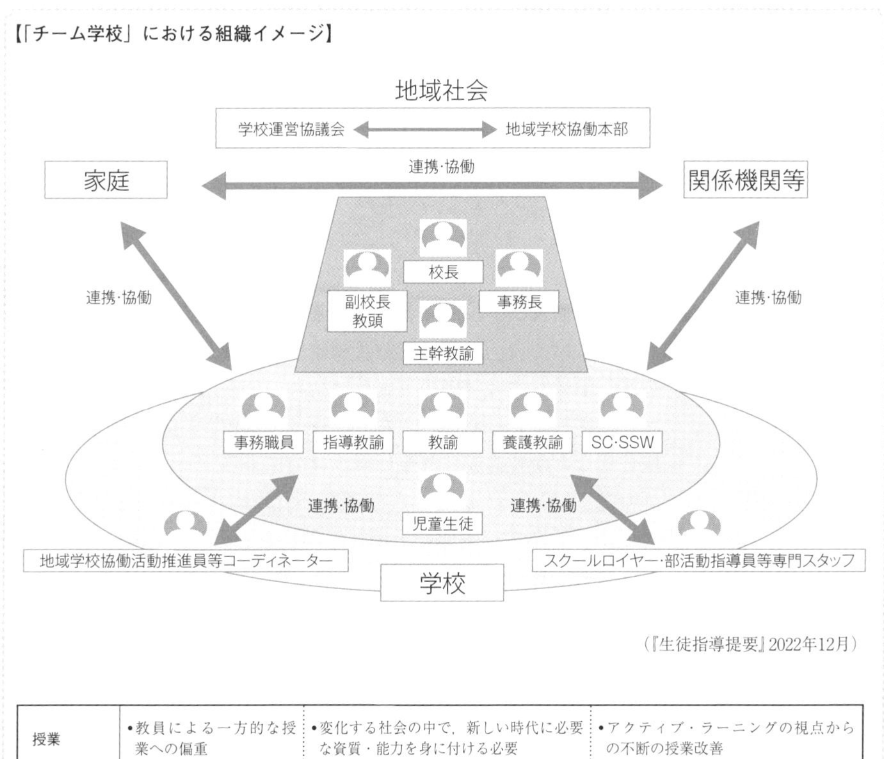

（『生徒指導提要』2022年12月）

授業	•教員による一方的な授業への偏重	•変化する社会の中で，新しい時代に必要な資質・能力を身に付ける必要	•アクティブ・ラーニングの視点からの不断の授業改善
教員の業務	•学習指導，生徒指導等が中心	•学習指導，生徒指導等に加え，複雑化・多様化する課題が教員に集中し，授業等の教育指導に専念しづらい状況	•専門スタッフ等との協働により，複雑化・多様化する課題に対応しつつ，教員は教育指導により専念
学校組織運営体制	•鍋ぶた型の教職員構造 •担任が「学年・学級王国」を形成	•主幹教諭の導入等の工夫 •学校教職員に占める教員以外の専門スタッフの比率が国際的に見て低い構造	•カリキュラム・マネジメントを推進 •多様な専門スタッフが責任を持って学校組織に参画して校務を運営
管理職像	•教員の延長線上としての校長	•主として教員のみを管理することを想定したマネジメント	•多様な専門スタッフを含めた学校組織全体を効果的に運営するためのマネジメントが必要
地域との連携	•地域に対して閉鎖的な学校	•地域に開かれた学校の推進	•コミュニティ・スクールの仕組みを活用 •チームとしての学校と地域の連携体制を整備

（中央教育審議会答申「チームとしての学校の在り方と今後の改善方策について」2015年12月21日）

テーマ9　学校には，「学校評価」の実施が義務付けられています。あなたは，「学校評価」についてどのように考え，実践しますか。

合格答案

序論

地域に開かれた，信頼される学校を実現するため，学校には，保護者や地域住民の意見や要望を的確に反映させ，家庭や地域社会と積極的に連携・協力していくことが求められている。しかし，いじめなどの問題が起こったとき，学校が十分に説明責任を果たしていないと指摘されることも多い。そこで私は，自己評価及び学校関係者評価の確実な実施と，PDCAサイクルにのっとった改善の実施という２つの視点で，学校評価を遂行する。

本論

⑴自己評価及び学校関係者評価を確実に実施する

学校には，自己評価の実施及び結果の公表が義務付けられ，学校関係者評価の実施及び結果の公表には努力義務が課されている。このうち，保護者，学校評議員，地域住民などから構成される評価委員会による学校関係者評価は，信頼される学校づくりのためには特に重要だと考える。授業参観や学校公開，運動会などの学校行事，アンケートを通して，保護者や地域住民に積極的に学校の教育活動を公開する。また，学校便りやホームページで，学校の経営目標や「育てたい子ども像」を明示する。

⑵PDCAサイクルにのっとった改善を実施する

学校評価は，その後の改善につなげて初めて効果を発揮する。学校の経営目標を立て（＝P），教育活動を実施し（＝D），学校評価（＝C）を行った後は，教育活動の改善（＝A）が特に重要である。学校の教職員による自己評価と，学校関係者評価をすり合わせ，何がよかったか，何が不十分だったかを詳細に分析する。学校評価の結果は必ず公開して説明責任を果たす。

結論

学校評価は，評価する側と評価される側が連携・協力してこそ効果を発揮する。学校の教育活動をよりよくすることで，子どもたちの教育環境を整え，学校・家庭・地域社会が一体となって子どもたちを育んでいくという視点で学校評価を活用する。そのためにも，私自身が明確な教育目標を設定し，その実現に向けて努力する。

◀25字×32行（800字）

＊「学校評価」とは

① 自己評価：各学校の教職員が行う評価。
② 学校関係者評価：保護者，地域住民等の学校関係者などにより構成された評価委員会等が，自己評価の結果について評価することを基本として行う評価。
③ 第三者評価：学校とその設置者が実施者となり，学校運営に関する外部の専門家を中心とした評価者により，自己評価や学校関係者評価の実施状況も踏まえつつ，教育活動その他の学校運営の状況について専門的視点から行う評価。

手取り足取り　論作文を構成しよう！

「学校評価」の意義

①テーマの背景 学校教育の問題点，児童生徒の実態など

いじめなどの問題では，学校が十分に説明責任を果たしていない

②課題の指摘 本論で取り上げる課題を指摘する

：～だと考える　～が重要である など

地域に開かれた，信頼される学校の実現のための家庭や地域社会との連携・協力

③課題解決のための視点 課題解決に向けて私が目指す教育の視点

：２つの視点から述べる　～に取り組む など

自己評価及び学校関係者評価の確実な実施，PDCAサイクルにのっとった改善の実施

方策(1) 自己評価及び学校関係者評価を確実に実施する

①論 課題解決に向けた自分の考え：～だと考える　～が重要である など

信頼される学校づくりのためには，学校関係者評価が特に重要

(②例 論をより説得力あるものにするための自分の経験など。なくても可)：～だった

(学校関係者評価の反映により，地域全体で子どもたちを育てるという意識が高まった)

③策 課題解決のための具体的な実践：～を実践する　～に取り組む など

保護者や地域住民に積極的に学校の教育活動を公開，学校の経営目標や「育てたい子ども像」を明示

方策(2) PDCAサイクルにのっとった改善を実施する

①論 課題解決に向けた自分の考え：～だと考える　～が重要である など

PDCAサイクルでは，教育活動の改善（＝A）が特に重要

(②例 論をより説得力あるものにするための自分の経験など。なくても可)：～だった

(学校評価で指摘されて初めて明らかになった課題点があった)

③策 課題解決のための具体的な実践：～を実践する　～に取り組む など

自己評価，学校関係者評価の分析，公開，説明責任

①出題テーマのキーワード（言い換えも可）

学校評価は，評価する側と評価される側が連携・協力してこそ効果を発揮

②別の視点からの補説

学校・家庭・地域社会が一体となって子どもたちを育んでいくという視点

③教職への抱負・決意：～に努める　～に励む など

明確な教育目標を設定し，実現に向けた努力

試験官はココを見る！

○「学校評価」が重視される背景を理解しているか。
○「学校評価」に関わる学校や教師の責務について正しい認識をもっているか。
○「学校評価」を活用するための具体的な方策があるか。

序論のために

「学校評価」が重視される背景を理解しよう

「学校評価」を通じ，学校が組織的・継続的にその運営の改善を図ることにより，保護者や地域住民に対する説明責任を果たすとともに，学校・家庭・地域の共通理解を深め，連携協力の促進を図ることによって，教育の質の保証・向上を図ることが期待されています。文部科学省が策定した「学校評価ガイドライン〔平成28年改訂〕」（2016年３月）には，「学校評価」の目的は以下のように示されています。

＊「学校評価」の目的

① 各学校が，自らの教育活動その他の学校運営について，目指すべき目標を設定し，その達成状況や達成に向けた取組の適切さ等について評価することにより，学校として組織的・継続的な改善を図ること。

② 各学校が，自己評価及び保護者など学校関係者等による評価の実施とその結果の公表・説明により，適切に説明責任を果たすとともに，保護者，地域住民等から理解と参画を得て，学校・家庭・地域の連携協力による学校づくりを進めること。

③ 各学校の設置者等が，学校評価の結果に応じて，学校に対する支援や条件整備等の改善措置を講じることにより，一定水準の教育の質を保証し，その向上を図ること。

「学校評価」に関わる学校や教師の責務を押さえよう

「学校評価」には，各学校の教職員が行う「自己評価」，保護者や地域住民などの学校関係者などにより構成される評価委員会が行う「学校関係者評価」，学校と設置者が実施者，外部の専門家が評価者となる「第三者評価」の３つがあります。学校教育法第42条により，学校には「学校評価」を実施する義務が課せられています。このうち「自己評価」については実施及び結果の公表が義務付けられており（同法施行規則第66条），「学校関係者評価」についても実施及び結果を公表するよう努めることとされています（同法施行規則第67条）。もとより，学校は教育活動や学校運営の状況に関する情報を積極的に提供することが義務付けられています（同法第43条）。

本論・結論のために

「学校評価」を活用するための具体的な方策を考えよう

「学校評価」は，PDCAサイクルの考え方に基づき実施されるものです。学校の教育活動に関するPlan（計画）－Do（実施）－Check（評価）－Action（改善）のうち，「学校評価」（＝C）をどのように「改善」（＝A）につなげていくかを考えてみましょう。

そのまま使える！　とっておき資料

下記の図は，学校評価のうち「自己評価」と「学校関係者評価」の進め方を示したものです。PDCAサイクルがどのように活用されているかを確認しましょう。

【自己評価・学校関係者評価の進め方のイメージ例】

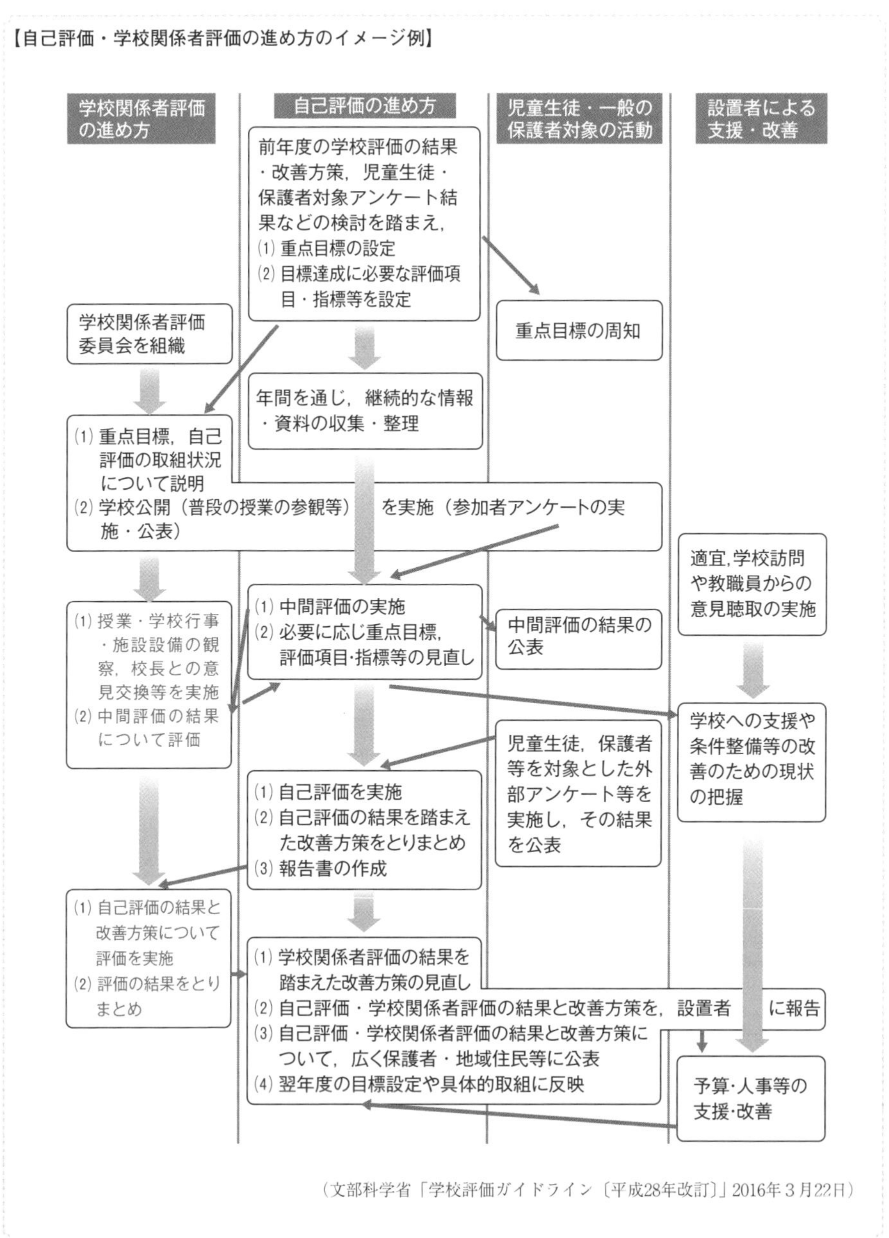

（文部科学省「学校評価ガイドライン〔平成28年改訂〕」2016年３月22日）

「安全教育」の重要性が叫ばれる中，あなたはどのように「安全教育」に取り組みますか。

2011年３月の東日本大震災では，日ごろの安全教育が実を結び，子どもたちが自ら津波から逃れてほとんど犠牲者を出さなかった自治体があった。一方，登下校時などの子どもたちが巻き込まれる学校管理下の事件・事故は後を絶たない。学校における安全教育は，子どもたちが自らの命を尊び，守るための教育であり，最も重視されるべき教育である。私は，主体的に行動する態度の育成と，地域社会との連携という２つの視点で取り組む。

⑴「津波てんでんこ」の教訓から学ぶ安全教育

「津波てんでんこ」とは，津波が来ると感じたら，各自が一刻も早く高台に逃げて自分の命を守れという意味である。この教訓に基づいて自ら避難した岩手県釜石市内の小・中学校では，全児童生徒の生存率が99.8%という成果を挙げて「釜石の出来事」と呼ばれた。子どもたちには，日常生活や災害時に発生する危険を予測し，的確な意志決定や行動選択ができる態度を身に付けさせる必要がある。そのために，「釜石の出来事」をはじめ，災害や事件・事故のケーススタディを行い，子どもたち自身に自らの命を守る最善の手段は何かを考えさせる。

⑵家庭や地域社会との連携，ネットワークづくり

子どもたちの安全を守るためには，家庭や地域社会との連携・協力が不可欠である。子どもたちの登下校を見守る地域住民，近隣の警察署などとは日ごろから情報交換を行う。自然災害による危険箇所を示したハザードマップや，犯罪の起きやすい箇所を示したマップを活用して，地域社会が一体となって安全教室を開催し，緊急時の避難体制や救援活動などのネットワークを構築する。

結論

自らの命を守る安全教育は，同時に他者の命を守る教育にもつながる。学校は，安全教育を実施するセンター的機能を果たす使命がある。学校公開や授業参観を通じて，安全教育の重要性を啓発していく。

◀25字×32行（800字）

＊「安全教育」の目標

学校における「安全教育」の目標は，日常生活全般における安全確保のために必要な事項を実践的に理解し，自他の生命尊重を基盤として，生涯を通じて安全な生活を送る基礎を培うとともに，進んで安全で安心な社会づくりに参加し貢献できるような資質や能力を養うことにある。具体的な３つの目標は，p.104を参照。「安全教育」には，「安全学習」と「安全指導」の２つの側面がある。p.104～105を参照。

手取り足取り　論作文を構成しよう！

テーマ10 「安全教育」への取り組み

序論

①**テーマの背景** 学校教育の問題点，児童生徒の実態など

東日本大震災，学校管理下の事件・事故の多発

②**課題の指摘** 本論で取り上げる課題を指摘する

：~だと考える　~が重要である　など

安全教育＝子どもたちが自らの命を尊び，守るための教育

③**課題解決のための視点** 課題解決に向けて私が目指す教育の視点

：２つの視点から述べる　~に取り組む　など

主体的に行動する態度の育成，地域社会との連携

本論

方策⑴「津波てんでんこ」の教訓から学ぶ安全教育

①**論** 課題解決に向けた自分の考え：~だと考える　~が重要である　など

危険を予測し，的確な意志決定や行動選択ができる態度を身に付けさせる

（②**例** **論**をより説得力あるものにするための自分の経験など。なくても可）：~だった

（「釜石の出来事」）

③**策** 課題解決のための具体的な実践：~を実践する　~に取り組む　など

災害や事件・事故のケーススタディ

方策⑵ 家庭や地域社会との連携，ネットワークづくり

①**論** 課題解決に向けた自分の考え：~だと考える　~が重要である　など

家庭や地域社会との連携・協力

（②**例** **論**をより説得力あるものにするための自分の経験など。なくても可）：~だった

（不審者に追いかけられ，「子ども110番の家」に駆け込んで事なきを得た例）

③**策** 課題解決のための具体的な実践：~を実践する　~に取り組む　など

日ごろからの情報交換，緊急時の避難体制や救援活動などのネットワークの構築

結論

①出題テーマの**キーワード**（言い換えも可）

自らの命を守る安全教育＝他者の命を守る教育

②別の視点からの**補説**

学校は，安全教育を実施するセンター的機能を果たす使命

③教職への**抱負・決意**：~に努める　~に励む　など

安全教育の重要性の啓発

試験官はココを見る！

○　「安全教育」が重視されるようになった背景を理解しているか。
○　「安全教育」について正しい認識をもっているか。
○　「安全教育」を実践するための具体的な方策があるか。

序論のために

「安全教育」が重視されるようになった背景を理解しよう

登下校時の児童生徒が巻き込まれるなど学校管理下の事件・事故は後を絶たず，さらには2011年３月に起きた東日本大震災の教訓を踏まえて安全教育の重要性が叫ばれています。こうした背景から，国は学校保健安全法第３条第２項に基づき，2012年４月に「学校安全の推進に関する計画」を策定し，安全教育の充実はその柱の一つとなっています（2017年３月に第２次計画を策定）。また，各学校は児童生徒の安全の確保を図るため，学校安全計画を策定する義務が課されていることも確認しておきましょう（同法第27条）。

「安全教育」とは何かを押さえよう

安全教育には，安全に関する基礎的・基本的事項を系統的に理解し，思考力，判断力を高めることによって安全について適切な意志決定ができるようにすることをねらいとする「安全学習」の側面と，当面している，あるいは近い将来当面するであろう安全に関する問題を中心に取り上げ，安全の保持増進に関するより実践的な能力や態度，さらには望ましい習慣の形成を目指して行う「安全指導」の側面があります。前者は小学校体育科（保健領域），中学校保健体育科（保健分野）及び高等学校保健体育科（科目「保健」）を中心として，生活科，社会科，理科などの関連した内容のある教科や道徳科，総合的な学習の時間などで取り扱い，後者は，特別活動の学級（ホームルーム）活動や学校行事・課外指導などで取り上げられることが多いものです。

本論・結論のために

「安全教育」を実践するための具体的な方策を考えよう

まずは，「安全教育」の３つの目標を確認した上で，それぞれの目標を達成するために必要な方策を考えてみましょう。

＊「安全教育」の３つの目標

○　様々な自然災害や事件・事故等の危険性，安全で安心な社会づくりの意義を理解し，安全な生活を実現するために必要な知識や技能を身に付けていること。（知識・技能）

○　自らの安全の状況を適切に評価するとともに，必要な情報を収集し，安全な生活を実現するために何が必要かを考え，適切に意思決定し，行動するために必要な力を身に付けていること。（思考力・判断力・表現力等）

○　安全に関する様々な課題に関心をもち，主体的に自他の安全な生活を実現しようとしたり，安全で安心な社会づくりに貢献しようとしたりする態度を身に付けていること。（学びに向かう力・人間性等）

各学校においては，これを踏まえ，児童生徒等や学校，地域の実態及び児童生徒等の発達の段階を考慮して学校の特色を生かした目標や指導の重点を計画し，教育課程を編成・実施していくことが重要である。その中で，日常生活において，危険な状況を適切に判断し，回避するために最善を尽くそうとする「主体的に行動する態度」を育成するとともに，危険に際して自らの命を守り抜くための「自助」，自らが進んで安全で安心な社会づくりに参加し，貢献できる力を身に付ける「共助，公助」の視点からの安全教育を推進することが重要である。

そのまま使える！　とっておき資料

下記の学校安全参考資料「『生きる力』をはぐくむ学校での安全教育」(2019年３月) では，学校における安全教育のポイントが示されています。各教科や道徳科，総合的な学習の時間，特別活動の中で，具体的にどう指導するかを考えてみましょう。

【安全教育の内容】

○　安全教育の内容は，生活安全，交通安全，災害安全の各領域について整理される。

○　学校における安全教育は，児童生徒等が安全に関する資質・能力を教科等横断的な視点で確実に育むことができるよう，自助，共助，公助の視点を適切に取り入れながら，地域の特性や児童生徒等の実情に応じて，各教科等の安全に関する内容のつながりを整理し教育課程を編成することが重要である。

(1)　生活安全に関する内容

日常生活で起こる事件・事故の内容や発生原因，結果と安全確保の方法について理解し，安全に行動ができるようにする。

(2)　交通安全に関する内容

様々な交通場面における危険について理解し，安全な歩行，自転車・二輪車(自動二輪車及び原動機付自転車) 等の利用ができるようにする。

(3)　災害安全に関する内容

様々な災害発生時における危険について理解し，正しい備えと適切な判断ができ，行動がとれるようにする。

【教育課程における安全教育】

学校における安全教育は，児童生徒等が安全に関する資質・能力を教科等横断的な視点で確実に育むことができるよう，自助，共助，公助の視点を適切に取り入れながら，地域の特性や児童生徒等の実情に応じて，各教科等の安全に関する内容のつながりを整理し教育課程を編成することが重要である。具体的には，各教科等において年間を通じて指導すべき内容を整理して，学校安全計画に位置付けることにより，系統的・体系的な安全教育を計画的に実施することが求められる。その際，家庭や地域社会との連携及び校種間の連携にも配慮することが重要である。

また，児童生徒等の意識の変容などの教育課程の実施状況に関する各種データの把握・分析を通じて，安全教育に関する取組状況を把握・検証し，その結果を教育課程の改善につなげていくなど，カリキュラム・マネジメントの確立を通じて地域の特性や児童生徒等の実情に応じた安全教育を推進することが求められる。

(文部科学省・学校安全参考資料「『生きる力』をはぐくむ学校での安全教育」2019年３月)

学校においては，子どもたちの社会的・職業的自立に向けた「キャリア教育」の充実が課題とされています。あなたは，どのように「キャリア教育」を実践しますか。

合格答案 

総務省の調査によると，2022年のニートの数は74万人で，前年より増加している。また，新規学卒就職者の1年目の離職率が中学校卒業者31.9%，高等学校卒業者17.8%と高い背景には，子どもたちの「働くこと」に対する意識の希薄さがある。そこで，小学校第4学年の「2分の1成人式～これまでの自分・これからの自分」という学習活動の中で，自己理解・自己管理能力とキャリアプランニング能力の育成を図る。

(1)これまでの自分を知る～自己理解・自己管理能力の育成

「キャリア」とは，人が生涯の中でさまざまな役割を果たす過程で，自らの役割の価値や自分と役割との関係を見いだしていく連なりや積み重ねをいう。2分の1成人式に向けて，子どもたちにこれまでの10年間を振り返らせる。家族へのインタビューなどを通して，自らの成長を実感させるとともに，自分の性格や特徴について気づかせ，好きなことや自分のよさを生かすなど，自分らしい生活や生き方についての考えを深められるようにする。

(2)これからの自分を描く～キャリアプランニング能力の育成

キャリア教育では，将来の自分について考えさせることも重要である。そこで，「20年後の自分」を想定して，どのような職業に就き，どのような生活をしているかを発表させる。そのためには，これからの20年間，どのような努力をしなければならないかを示すドリームマップを作成させる。これによって，子どもたちが目的意識をもって進路選択・職業選択をできるような土台をつくる。

キャリア教育は，自分が描く将来の夢や職業と学業とを結び付けることにより，より一層効果的な学習となる。民間企業などとも連携して，魅力ある人材を講師として招くなどの学習活動も取り入れる。また，私自身が「教師」という職業を魅力あるものとして紹介できる一社会人であるよう，日々の研鑽に努める。

◀25字×32行(800字)

＊「自己理解・自己管理能力」とは

自分が「できること」「意義を感じること」「したいこと」について，社会との相互関係を保ちつつ，今後の自分自身の可能性を含めた肯定的な理解に基づき主体的に行動すると同時に，自らの思考や感情を律し，かつ，今後の成長のために進んで学ぼうとする力。

＊「キャリアプランニング能力」とは

「働くこと」の意義を理解し，自らが果たすべきさまざまな立場や役割との関連を踏まえて「働くこと」を位置付け，多様な生き方に関するさまざまな情報を適切に取捨選択・活用しながら，自ら主体的に判断してキャリアを形成していく力。

手取り足取り　論作文を構成しよう！

「キャリア教育」の実践

①テーマの背景 学校教育の問題点，児童生徒の実態など

ニート=74万人，就職後１年目の離職率＝中卒31.9％，高卒17.8％

②課題の指摘 本論で取り上げる課題を指摘する

：~だと考える　~が重要である　など

子どもたちの「働くこと」に対する意識の希薄さ➡向上

③課題解決のための視点 課題解決に向けて私が目指す教育の視点

：２つの視点から述べる　~に取り組む　など

自己理解・自己管理能力の育成，キャリアプランニング能力の育成

方策(1) これまでの自分を知る～自己理解・自己管理能力の育成

①論 課題解決に向けた自分の考え：~だと考える　~が重要である　など

「キャリア」という考え方

(②例 論をより説得力あるものにするための自分の経験など。なくても可)：~だった

(アンケートでは，自己分析できていない子どもたちが多かった)

③策 課題解決のための具体的な実践：~を実践する　~に取り組む　など

２分の１成人式に向けて，子どもたちにこれまでの10年間を振り返らせる

方策(2) これからの自分を描く～キャリアプランニング能力の育成

①論 課題解決に向けた自分の考え：~だと考える　~が重要である　など

将来の自分について考えさせる

(②例 論をより説得力あるものにするための自分の経験など。なくても可)：~だった

(幼いころの夢を実現したサッカーの本田圭佑選手の話は子どもたちの心に響いた)

③策 課題解決のための具体的な実践：~を実践する　~に取り組む　など

「20年後の自分」，ドリームマップの作成

①出題テーマのキーワード(言い換えも可)

キャリア教育は，自分が描く将来の夢や職業と学業とを結び付けると効果的

②別の視点からの補説

民間企業などと連携し，魅力ある人材を講師として招くなどの学習活動

③教職への抱負・決意：~に努める　~に励む　など

「教師」という職業を魅力あるものとして紹介できる一社会人であるよう，日々研鑽

試験官はココを見る！

○　キャリア教育が重視される背景を理解しているか。

○　キャリア教育のねらいを理解しているか。

○　キャリア教育を実践するための具体的な方策があるか。

序論のために

キャリア教育が重視される背景を押さえよう

総務省の2022年の労働力調査によると，15～39歳の若年無業者（ニート）は74万人，15～34歳のフリーターは132万人いるといわれています。また，厚生労働省の調査によると，新規学卒就職者（2022年３月卒）の１年目の離職率は，中学校卒業者が31.9％，高等学校卒業者が17.8％，大学卒業者が12.0％となっており，子どもたちに「働くこと」の意義を改めて考えさせ，生涯にわたる社会人・職業人としてのキャリア形成を支援する必要性が問われています。

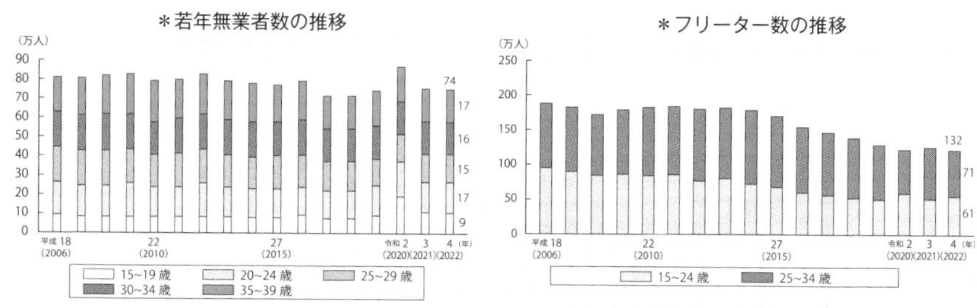

キャリア教育のねらいを確認しよう

次ページの中央教育審議会答申（2011年１月）では，キャリア教育の意義・効果として次の３つを挙げています。

＊キャリア教育の意義・効果

① キャリア教育は，一人一人のキャリア発達や個人としての自立を促す視点から，学校教育を構成していくための理念と方向性を示すものである。各学校がこの視点に立って教育の在り方を幅広く見直すことにより，教職員に教育の理念と進むべき方向が共有されるとともに，教育課程の改善が促進される。

② キャリア教育は，将来，社会人・職業人として自立していくために発達させるべき能力や態度があるという前提に立って，各学校段階で取り組むべき発達課題を明らかにし，日々の教育活動を通して達成させることを目指すものである。このような視点に立って教育活動を展開することにより，学校教育が目指す全人的成長・発達を促すことができる。

③ キャリア教育を実践し，学校生活と社会生活や職業生活を結び，関連付け，将来の夢と学業を結び付けることにより，生徒・学生等の学習意欲を喚起することの大切さが確認できる。このような取組を進めることを通じて，学校教育が抱える様々な課題への対処に活路を開くことにもつながるものと考えられる。

本論・結論のために

キャリア教育を実践するための具体的な方策を考えよう

文部科学省や国立教育政策研究所からは，各学校段階の手引やキャリア教育支援のための各種パンフレットが出されています。例えば，小学校教員向けキャリア教育推進用パンフレット「『自分に気付き，未来を築くキャリア教育』－小学校におけるキャリア教育推進のために－」には，低・中・高学年の学習活動例も示されていますので参考にしてみましょう。

そのまま使える！　とっておき資料

下記の中央教育審議会答申（2011年１月）では，発達段階に合わせて幼児期の段階からキャリア教育を実施することが提言されています。その充実方策としては８つ示されていますが，「教育課程へどう位置付けるか」「計画性・体系性をもたせるための指導計画とは」といった観点で，具体的な方策を考えてみましょう。

【キャリア教育と職業教育】

キャリア教育：一人一人の社会的・職業的自立に向け，必要な基盤となる能力や態度を育てることを通して，キャリア発達*を促す教育。普通教育，専門教育を問わず，さまざまな教育活動の中で実施される。職業教育も含まれる。

＊キャリア発達とは，社会の中で自分の役割を果たしながら，自分らしい生き方を実現していく過程。

職業教育：一定又は特定の職業に従事するために必要な知識，技能，能力や態度を育てる教育。具体の職業に関する教育を通して行われる。

【発達の段階に応じた体系的なキャリア教育の充実方策】

○　キャリア教育は，幼児期の教育や義務教育の段階から体系的に各学校段階の取組を考えていくことが重要である。また，キャリア発達は，個々の子ども・若者でそれぞれ異なるため，一人一人のキャリア発達を促すよう，きめ細かく支えていくことが必要となる。後期中等教育を修了するまでに，生涯にわたる多様なキャリア形成に共通した能力や態度を身に付けさせるとともに，これらの能力や態度の育成を通じて，とりわけ勤労観・職業観を自ら形成・確立できる子ども・若者の育成を目標とすることが必要である。高等教育については，この目標が達成されていることを前提に，推進されることが基本となる。

○　キャリア教育の充実方策としては，次の８つが考えられる。

①　各学校におけるキャリア教育に関する方針の明確化
②　各学校の教育課程への適切な位置付けと，計画性・体系性を持った展開
③　多様で幅広い他者との人間関係形成等のための場や機会の設定
④　経済・社会の仕組みや労働者としての権利・義務等についての理解の促進
⑤　体験的な学習活動の効果的な活用
⑥　キャリア教育における学習状況の振り返りと，教育活動の評価・改善の実施
⑦　教職員の意識や指導力の向上
⑧　効果的な実施のための体制整備

○　各学校段階におけるキャリア教育の推進のポイントは次のとおりである。

◇　幼児期：自発的・主体的な活動を促す。
◇　小学校：社会性，自主性・自律性，関心・意欲等を養う。
◇　中学校：自らの役割や将来の生き方・働き方等を考えさせ，目標を立てて計画的に取り組む態度を育成し，進路の選択・決定に導く。
◇　後期中等教育：生涯にわたる多様なキャリア形成に共通して必要な能力や態度を育成し，これを通じて勤労観・職業観等の価値観を自ら形成・確立する。
◇　特別支援教育：個々の障害の状態に応じたきめ細かい指導・支援の下で行う。
◇　等教育：後期中等教育修了までを基礎に，学校から社会・職業への移行を見据え，教育課程の内外での学習や活動を通じ，高等教育全般で充実する。

（中央教育審議会答申「今後の学校におけるキャリア教育・職業教育の在り方について」2011年１月31日）

「インクルーシブ教育」の考え方に基づき，2013年9月から就学先を決定する仕組みが変わりました。あなたは，どのように「インクルーシブ教育」を実践しますか。

障害のある子どもと障害のない子どもという区別をなくし，両者が共に学ぶ教育を目指すのがインクルーシブ教育の理念である。しかし，単に両者が同じ環境で学ぶことが目的ではなく，子どもたち一人一人の教育的ニーズに合わせた教育を行うことを前提としなければならない。そのために私は，早期からの教育支援の実施と，共生社会のスタートとなる学校・学級づくりに取り組む。

(1)早期からの一貫した教育支援を実施する

障害のある子どもたちにとって，障害を早期に発見し，早期から必要な支援を行うことは，自立や社会参加に大きな効果があると考えられる。教育支援は，義務教育である小学校の就学から始まるとするのではなく，乳幼児健診や就学前の療育・相談，認定こども園，幼稚園，保育所など，就学前の子どもたちと関わっている機関と適切な連携を図る。また，本人及び保護者の教育的ニーズを聴き取り，子どもたちにとって最善の教育環境は何かということを考えていく。

(2)共生社会のスタートとなる学校・学級づくりに努める

共生社会とは，誰もが相互に人格と個性を尊重し支え合い，人々の多様な在り方を相互に認め合える全員参加型の社会である。障害の有無で区別せず，同じ空間で学ぶ子どもたちには，この共生社会という概念を学級で，そして学校生活の中で体験させることが重要である。障害による「違い」はあっても，「優劣」はない，ということを学ぶ。例えば，毎日の帰りの会で「今日のぴかイチさん」を発表し，「こんなことを頑張っていた」「こんな親切なことをしてくれた」と，互いを認め合う活動を行う。

インクルーシブ教育は，共生社会の実現を目指す教育でもある。他者の存在を認めるためには，自分の存在も大切だと認める自己肯定感の涵養も必要である。私は，道徳科を中心に子どもたちに自分自身を見つめ直させ，インクルーシブ教育を推進する素地づくりに努める。

◀25字×32行（800字）

＊「インクルーシブ教育システム」

同じ場で共に学ぶことを追求するとともに，個別の教育的ニーズのある幼児児童生徒に対して，自立と社会参加を見据えて，その時点で教育的ニーズに最も的確に応える指導を提供できる，多様で柔軟な仕組みを整備することが重要である。小・中学校における通常の学級，通級による指導，特別支援学級，特別支援学校といった，連続性のある「多様な学びの場」を用意しておくことが必要である。

手取り足取り　論作文を構成しよう！

テーマ12 「インクルーシブ教育」の実践

序論

①**テーマの背景** 学校教育の問題点，児童生徒の実態など

インクルーシブ教育の理念＝障害の有無による区別をなくし，両者が共に学ぶ教育

②**課題の指摘** 本論で取り上げる課題を指摘する

：［〜だと考える］［〜が重要である］など

子どもたち一人一人の教育的ニーズに合わせた教育を行うことが前提

③**課題解決のための視点** 課題解決に向けて私が目指す教育の視点

：［２つの視点から述べる］［〜に取り組む］など

早期からの一貫した教育支援の実施，共生社会のスタートとなる学校・学級づくり

本論

方策(1) 早期からの一貫した教育支援を実施する

①**論** 課題解決に向けた自分の考え：［〜だと考える］［〜が重要である］など

障害の早期発見と早期支援は，自立や社会参加に大きな効果

（②**例** **論**をより説得力あるものにするための自分の経験など。なくても可）：［〜だった］

（難聴児のＡちゃんは，就学前からことばの教室に通っていた）

③**策** 課題解決のための具体的な実践：［〜を実践する］［〜に取り組む］など

就学前の機関と適切な連携，本人及び保護者の教育的ニーズの聴き取り

方策(2) 共生社会のスタートとなる学校・学級づくりに努める

①**論** 課題解決に向けた自分の考え：［〜だと考える］［〜が重要である］など

共生社会という概念を学級や学校生活で体験させる

（②**例** **論**をより説得力あるものにするための自分の経験など。なくても可）：［〜だった］

（交流及び共同学習で生き生きと活動していた子どもたち）

③**策** 課題解決のための具体的な実践：［〜を実践する］［〜に取り組む］など

「今日のぴかイチさん」，互いを認め合う活動

結論

①出題テーマの**キーワード**（言い換えも可）

インクルーシブ教育＝共生社会の実現を目指す教育

②別の視点からの**補説**

自己肯定感の涵養

③教職への**抱負・決意**：［〜に努める］［〜に励む］など

道徳科を中心にインクルーシブ教育を推進する素地づくり

試験官はココを見る！

○　インクルーシブ教育が進められる背景を理解しているか。
○　インクルーシブ教育のねらいを理解しているか。
○　インクルーシブ教育を実践するための具体的な方策があるか。

序論のために

インクルーシブ教育が進められる背景を押さえよう

これからの社会は，誰もが相互に人格と個性を尊重し支え合い，人々の多様な在り方を相互に認め合える全員参加型の社会である「共生社会」であることが目指されています。それは，これまで必ずしも十分に参加できるような環境になかった障害者などが，積極的に参加･貢献していくことができる社会でもあります。この「共生社会」の実現に向けて，障害のある者と障害のない者という区別をなくし，両者が共に学べる教育システムを目指すという「インクルーシブ教育」が進められていることを押さえましょう。

インクルーシブ教育のねらいを確認しよう

インクルーシブ教育のねらいは，次ページの中央教育審議会報告（2012年７月）に示されています。これを受けて，学校教育法施行令が一部改正され，従来は同法施行令第22条の３の表に規定する程度の障害のある子どもたちは，特別支援学校への就学を原則とし，例外的に「認定就学者」として小・中学校へ就学することを可能とされていましたが，2013年９月からは，障害の状態や本人の教育的ニーズなどに基づいて就学先を決定するという仕組みに改められました。障害の有無で分けないで，すべての子どもたちを「包容する＝インクルージョン」教育であり，その上で一人一人の教育的ニーズに応じた教育を行うものであるという点を確認しましょう。

本論・結論のために

インクルーシブ教育を実践するための具体的な方策を考えよう

障害のある子どもたち一人一人の教育的ニーズを把握し，適切な指導及び必要な支援を図る特別支援教育の理念を実現させていくためには，早期からの教育相談・支援，就学支援，就学後の適切な教育及び必要な教育的支援全体を一貫した「教育支援」と捉え直し，個別の教育支援計画の作成・活用の推進などを通じて，一人一人のニーズに応じた教育支援の充実を図ることが重要であるとされています。

そのまま使える！ とっておき資料

「特別支援教育」と「インクルーシブ教育」をまったくの別物として捉えるのではなく，下記の中央教育審議会報告（2012年7月）のタイトルにもあるとおり，インクルーシブ教育システムを構築するために，特別支援教育のさらなる推進が必要との認識を確認しましょう。

【インクルーシブ教育システム構築のための特別支援教育の推進】

○ 「共生社会」とは，これまで必ずしも十分に社会参加できるような環境になかった障害者等が，積極的に参加･貢献していくことができる社会である。それは，誰もが相互に人格と個性を尊重し支え合い，人々の多様な在り方を相互に認め合える全員参加型の社会である。このような社会を目指すことは，我が国において最も積極的に取り組むべき重要な課題である。

○ 障害者の権利に関する条約第24条によれば，「インクルーシブ教育システム」（inclusive education system，署名時仮訳：包容する教育制度）とは，人間の多様性の尊重等の強化，障害者が精神的及び身体的な能力等を可能な最大限度まで発達させ，自由な社会に効果的に参加することを可能とするとの目的の下，障害のある者と障害のない者が共に学ぶ仕組みであり，障害のある者が「general education system」（署名時仮訳：教育制度一般）から排除されないこと，自己の生活する地域において初等中等教育の機会が与えられること，個人に必要な「合理的配慮」が提供される等が必要とされている。

○ 特別支援教育は，共生社会の形成に向けて，インクルーシブ教育システム構築のために必要不可欠なものである。そのため，以下の①から③までの考え方に基づき，特別支援教育を発展させていくことが必要である。このような形で特別支援教育を推進していくことは，子ども一人一人の教育的ニーズを把握し，適切な指導及び必要な支援を行うものであり，この観点から教育を進めていくことにより，障害のある子どもにも，障害があることが周囲から認識されていないものの学習上又は生活上の困難のある子どもにも，更にはすべての子どもにとっても，良い効果をもたらすことができるものと考えられる。

① 障害のある子どもが，その能力や可能性を最大限に伸ばし，自立し社会参加することができるよう，医療，保健，福祉，労働等との連携を強化し，社会全体の様々な機能を活用して，十分な教育が受けられるよう，障害のある子どもの教育の充実を図ることが重要である。

② 障害のある子どもが，地域社会の中で積極的に活動し，その一員として豊かに生きることができるよう，地域の同世代の子どもや人々の交流等を通して，地域での生活基盤を形成することが求められている。このため，可能な限り共に学ぶことができるよう配慮することが重要である。

③ 特別支援教育に関連して，障害者理解を推進することにより，周囲の人々が，障害のある人や子どもと共に学び合い生きる中で，公平性を確保しつつ社会の構成員としての基礎を作っていくことが重要である。次代を担う子どもに対し，学校において，これを率先して進めていくことは，インクルーシブな社会の構築につながる。

○ 基本的な方向性としては，障害のある子どもと障害のない子どもが，できるだけ同じ場で共に学ぶことを目指すべきである。その場合には，それぞれの子どもが，授業内容が分かり学習活動に参加している実感・達成感を持ちながら，充実した時間を過ごしつつ，生きる力を身に付けていけるかどうか，これが最も本質的な視点であり，そのための環境整備が必要である。

（中央教育審議会「共生社会の形成に向けたインクルーシブ教育システム構築のための特別支援教育の推進（報告）」2012年7月23日）

通常の学級に在籍する「発達障害」のある子どもたちに，あなたはどのように対応しますか。

合格答案 

文部科学省の調査によると，公立小・中学校で通常の学級に在籍する発達障害の可能性のある子どもたちの割合は8.8％で，これを35人学級に換算すると，1学級当たり約3人となる。これらの子どもたちには，個別的かつ弾力的な指導や支援が必要である。そこで私は，学校全体の指導体制の確立と，「個別支援」と「集団指導」の充実という2つの視点で取り組む。

⑴学校全体の指導体制を確立する

各学校には，特別支援教育コーディネーターが校務分掌の一つとして位置付けられている。この特別支援教育コーディネーターを中心とする特別支援教育の充実のための校内委員会を基盤として，学校全体で発達障害のある子どもたちの教育支援に当たる体制づくりを行う必要がある。運動会や遠足といった学校行事，全校集会や日々の清掃の時間など，教室外で行われる活動については，全教職員が見守る，支援する体制で臨む。

⑵「個別支援」と「集団指導」を充実させる

発達障害のある子どもたちへの指導では，「個別支援」と「集団指導」の2つの視点が欠かせない。「個別支援」では，発達障害のある子どもたちの個別の実態に合わせて，つまずきやすいところに対して取り出し授業や補習授業を行う。「集団指導」では，発達障害のある子どもたちも含め，すべての子どもたちが互いの特性を理解し合い，助け合って共に成長しようとする集団づくり，学級づくりを行う。

発達障害のある子どもたちを理解することは，個々の教育的ニーズを把握するという意味において，教育の原点に帰ることでもある。発達障害のある子どもたちにとって分かりやすい授業，居心地のいい学級や学校は，すべての子どもたちにとって分かりやすい授業，居心地のいい学級や学校となる。私は，すべての子どもたちが共に学び，成長していく環境づくりに努める。

◀25字×32行（800字）

＊「特別支援教育コーディネーター」とは

特別支援教育コーディネーターは，各学校における特別支援教育の推進のため，主に，校内委員会・校内研修の企画・運営，関係諸機関・学校との連絡・調整，保護者からの相談窓口などの役割を担う。各学校の校長によって指名され，校務分掌に明確に位置付けるものとされている。

手取り足取り　論作文を構成しよう！

テーマ13　「発達障害」のある子どもたちへの対応

序論

①テーマの背景 学校教育の問題点，児童生徒の実態など

公立小・中学校で通常の学級に在籍する発達障害の可能性のある子どもたちの割合=8.8%

②課題の指摘 本論で取り上げる課題を指摘する

：～だと考える　～が重要である など

個別的かつ弾力的な指導や支援

③課題解決のための視点 課題解決に向けて私が目指す教育の視点

：２つの視点から述べる　～に取り組む など

学校全体の指導体制の確立，「個別支援」と「集団指導」の充実

本論

方策(1) 学校全体の指導体制を確立する

①論 課題解決に向けた自分の考え：～だと考える　～が重要である など

特別支援教育コーディネーターを中心とした校内の指導体制の確立

(②例 論をより説得力あるものにするための自分の経験など。なくても可)：～だった

（音楽会の練習で多くの教師が声を掛けたことにより成長したＡちゃん）

③策 課題解決のための具体的な実践：～を実践する　～に取り組む など

学校行事など教室外で行われる活動については，全教職員が見守る，支援する体制

方策(2)「個別支援」と「集団指導」を充実させる

①論 課題解決に向けた自分の考え：～だと考える　～が重要である など

「個別支援」と「集団指導」の２つの視点が不可欠

(②例 論をより説得力あるものにするための自分の経験など。なくても可)：～だった

（算数のつまずきでは，グループ学習のほうが理解が速かった）

③策 課題解決のための具体的な実践：～を実践する　～に取り組む など

取り出し授業や補習授業，助け合い共に成長しようとする集団・学級づくり

結論

①出題テーマのキーワード（言い換えも可）

発達障害のある子どもたちを理解すること＝教育の原点

②別の視点からの補説

発達障害のある子どもたちにとって分かりやすい授業，居心地のいい学級・学校

＝すべての子どもたちにとって分かりやすい授業，居心地のいい学級・学校

③教職への抱負・決意：～に努める　～に励む など

すべての子どもたちが共に学び，成長していく環境づくり

試験官はココを見る！

○　発達障害のある子どもたちの現状を理解しているか。
○　発達障害について正しい認識をもっているか。
○　発達障害のある子どもたちへの教育を実践するための具体的な方策があるか。

序論のために

発達障害のある子どもたちの現状を理解しよう

文部科学省の調査（2022年12月発表）によると，知的発達に遅れはないものの学習面または行動面で著しい困難を示す公立小・中学校の児童生徒の割合は8.8%，全国で約80万人と推計されています。これを35人学級に換算すると，１学級当たり約３人となります。

発達障害の定義を確認しよう

【LD（学習障害）】基本的には，全般的な知的発達に遅れはないが，聞く，話す，読む，書く，計算する又は推論する能力のうち，特定のものの習得と使用に著しい困難を示す様々な状態を指すものである。その原因として，中枢神経系に何らかの要因による機能不全があると推定されるが，視覚障害，聴覚障害，知的障害，情緒障害などの障害や，環境的な要因が直接の原因となるものではない。

【ADHD（注意欠陥多動性障害）】年齢あるいは発達に不釣合いな注意力又は衝動性・多動性を特徴とする障害であり，社会的な活動や学校生活を営む上で著しい困難を示す状態である。通常12歳になる前に現れ，その状態が継続するものであるとされている。中枢神経系に何らかの要因による機能不全があると推定されている。

【自閉症】①他者との社会的関係の形成の困難さ，②言葉の発達の遅れ，③興味や関心が狭く特定のものにこだわることを特徴とする発達の障害である。その特徴は，３歳くらいまでに現れることが多いが，成人期に症状が顕在化することもある。中枢神経系に何らかの要因による機能不全があると推定されている。

本論・結論のために

発達障害のある子どもたちへの教育を実践するための具体的な方策を考えよう

国立教育政策研究所の生徒指導リーフ「発達障害と生徒指導」では，発達障害やその傾向のある児童生徒がいる学級では，学級担任や教科担任は次の２つの視点での対応が求められるとしています。

①「個別支援（個別指導）」に基づく対応

「つまずきやすい」児童生徒に対して，個に即した助言や支援を行う，取り出し授業や補習授業を行うなど。

②「集団指導」に基づく対応

「つまずきやすい」児童生徒だけでなく，すべての児童生徒が互いの特性等を理解し合い，助け合って共に伸びていこうとする集団づくりを進める，分かりやすい授業づくりを進めるなど。

そのまま使える！ とっておき資料

発達障害のある子どもたちへの対応は，下記の文部科学省「教育支援資料」（2021年６月）や，現職教員向けの事例集などを参考にしてみましょう。

【発達障害のある子どもたちへの具体的な対応】

＊LD（学習障害）

○　読み書きに困難さが見られる場合，本人の特性に合わせた情報や教材の提供，活用方法などの配慮を行う（文章を読みやすくするために体裁を変える，拡大文字を用いた資料，振り仮名をつける，音声やコンピュータの読み上げ，聴覚情報を併用して伝える等）。

○　身体感覚の発達を促すために，身体を使うような活動を取り入れるなどの配慮を行う（体を大きく使った活動，様々な感覚を同時に使った活動等）。また，活動内容を分かりやすく説明して安心して参加できるようにする。

○　苦手な学習があることで，自尊感情が低下している場合には，成功体験を積ませ，教職員や友達，保護者から認められたりする場面を積極的に設ける（文章を理解すること等に時間がかかることを踏まえた時間延長，必要な学習活動に重点的な時間配分，音読箇所を予告し練習する時間を保障する，互いの違いを認め合うような受容的な学級の雰囲気作り，困ったときに相談できる人や場所の確保等）。

＊ADHD（注意欠陥多動性障害）

○　行動を最後までやり遂げることが困難な場合には，途中で忘れないように工夫したり，別の方法で補ったりするなどの配慮をして指導を行う（物品の管理方法の工夫，メモの使用等）。

○　注意の集中を持続することが苦手であることを考慮した学習内容の変更・調整を行う（学習内容を分割して適切な量にする等）。

○　聞き逃しや見逃し，書類の紛失等が多い場合には伝達する情報を整理して提供する（掲示物の整理整頓・精選，近づいて目を合わせての指示，メモ等の視覚情報の活用，静かで集中できる環境づくり等）。

○　好きなものと関連付けるなど興味や関心がもてるように学習活動の導入を工夫し，危険防止策を講じた上で本人が直接参加できる体験学習を取り入れるなどの配慮を行う。

○　活動に持続的に取り組むことが難しく，また不注意による紛失等の失敗や衝動的な行動が多いので，成功体験を増やすことで，大人に賞賛され，友達から認められる機会の増加に努める（十分な活動のための時間の確保，物品管理のための棚等の準備，良い面を認め合えるような受容的な学級の雰囲気作り，感情のコントロール方法の指導，困ったときに相談できる人や場所の確保等）。

＊自閉症

○　自閉症の特性である「適切な対人関係形成の困難さ」，「言語発達の遅れや一般的に用いられるときとは異なる意味での言葉の理解」，「手順や方法に関する独特のこだわり」等によって生じている，学習内容の習得の困難さを補完するための配慮をする（動作等を利用して意味を理解する，繰り返し練習をして道具の使い方を正確に覚える等）。

○　自閉症の特性により，数量や言葉等の理解が部分的であったり，偏っていたりする場合の学習内容の変更・調整を行う（理解の程度を考慮した基礎的・基本的な内容の確実な習得，社会適応に必要な技術や態度を身に付けること等）。

○　自閉症の特性を考慮し，視覚情報を活用できるようにする（写真や図面，模型，実物等の活用）。また，細かな制作等に不器用さが目立つ場合が多いことから，扱いやすい道具を用意したり，補助具を効果的に利用したりする。言葉による指示だけでは行動することが難しい場合が多いことから，学習活動の順序を分かりやすくするために活動予定表等の活用を行う。

○　自閉症の特性により，実際に体験しなければ，行動等の意味を理解することが困難であることから，実際的な体験の機会を多くする。

○　自閉症の特性により，二次的な障害として，情緒障害と同様に情緒不安や不登校，ひきこもり，自尊感情や自己肯定感の低下等の状態が起きやすいことから，それらの予防に努める。

（文部科学省「障害のある子供の教育支援の手引～子供たち一人一人の教育的ニーズを踏まえた学びの充実に向けて～」2021年6月）

あなたの学級で「いじめ」が起きたとき，どのように対応しますか。

合格答案

文部科学省の調査によると，令和４年度のいじめの認知件数は全校種合わせて68万1948件で，依然として大きな教育課題である。いじめが起きたときには，迅速かつ組織的に対処することが重要である。そこで私は，当事者となる子どもたちへの指導と，周囲の子どもたちへの働き掛けという２つの側面から，いじめに対処する。

(1)いじめは絶対に許されない行為であることを徹底する

いじめに対しては早期対応が肝心である。そこで，いじめられた子ども，いじめた子どもの双方から，ただちに事情を聞く。いじめられた子どもに対しては，全力で守り通すことを約束する。いじめた子どもに対しては，いじめは人間として絶対に許されない行為であることを徹底して指導する。また，双方の保護者に対しても，ただちに連絡して事実関係を伝えるとともに，今後の学校の組織的な対応について説明責任を果たす。

(2)いじめを仲裁・通報する勇気をもたせる

いじめは，当事者以外の子どもたちに対する働き掛けも重要である。当事者の周囲には，いじめをおもしろがる「観衆」，その様子を見て見ぬ振りをしている「傍観者」が取り巻いている。この周囲にいる子どもたちには，自分がいじめを仲裁することはできなくても，誰かに知らせる勇気をもつよう指導する。はやし立てるなどいじめに同調していた子どもたちに対しては，それらの行為はいじめに加担する行為であることを認識させる。そして，平素から子どもたち同士，子どもたちと教師の人間関係づくりに努め，風通しのよい学級経営に努める。

いじめは，教師一人で抱え込まず，学校内の「いじめの防止等の対策のための組織」を中心として，組織的に対応することが不可欠である。また，いじめの実態に応じて，警察や児童相談所など，外部の機関との連携・協力も欠かせない。いじめは重大な人権侵害であるとの認識をもって，継続的に指導に当たる。

◀25字×32行（800字）

＊いじめの定義

「この法律において『いじめ』とは，児童等に対して，当該児童等が在籍する学校に在籍している等当該児童等と一定の人的関係にある他の児童等が行う心理的又は物理的な影響を与える行為（インターネットを通じて行われるものを含む。）であって，当該行為の対象となった児童等が心身の苦痛を感じているものをいう。」（いじめ防止対策推進法第２条第１項）

手取り足取り　論作文を構成しよう！

テーマ14 「いじめ」が起きたときの対応

序論

①テーマの背景 学校教育の問題点，児童生徒の実態など

令和４年度のいじめの認知件数＝全校種合わせて68万1948件

②課題の指摘 本論で取り上げる課題を指摘する

：～だと考える　～が重要である　など

いじめが起きたときには，迅速かつ組織的に対処する

③課題解決のための視点 課題解決に向けて私が目指す教育の視点

：２つの視点から述べる　～に取り組む　など

当事者となる子どもたちへの指導，周囲の子どもたちへの働き掛け

本論

方策(1) いじめは絶対に許されない行為であることを徹底する

①論 課題解決に向けた自分の考え：～だと考える　～が重要である　など

早期対応が肝心

(②例 論をより説得力あるものにするための自分の経験など。なくても可)：～だった

（いじめたＡ君には「これぐらいはいじめではない」という意識があった）

③策 課題解決のための具体的な実践：～を実践する　～に取り組む　など

いじめられた子ども，いじめた子ども，双方の保護者への対応

方策(2) いじめを仲裁・通報する勇気をもたせる

①論 課題解決に向けた自分の考え：～だと考える　～が重要である　など

当事者以外の子どもたちに対する働き掛け

(②例 論をより説得力あるものにするための自分の経験など。なくても可)：～だった

（小学生のときにいじめを傍観していた自分をずっと後悔している）

③策 課題解決のための具体的な実践：～を実践する　～に取り組む　など

観衆や傍観者への対応，風通しのよい学級経営

結論

①出題テーマのキーワード（言い換えも可）

学校内の「いじめの防止等の対策のための組織」を中心とする組織的な対応

②別の視点からの補説

警察や児童相談所など，外部の機関との連携・協力

③教職への抱負・決意：～に努める　～に励む　など

継続的な指導

試験官はココを見る！

○　いじめの認知件数などの現状を理解しているか。
○　いじめへの対応について正しい認識をもっているか。
○　いじめに対応するための具体的な方策があるか。

序論のために

いじめの現状を理解しよう

文部科学省の令和４年度調査では，いじめの認知件数は全校種合わせて68万1948件と，全校種で増加し，前年度より６万6598件増加しています。学年別の認知件数，いじめの態様などもチェックしておきましょう。

＊いじめの認知件数の推移

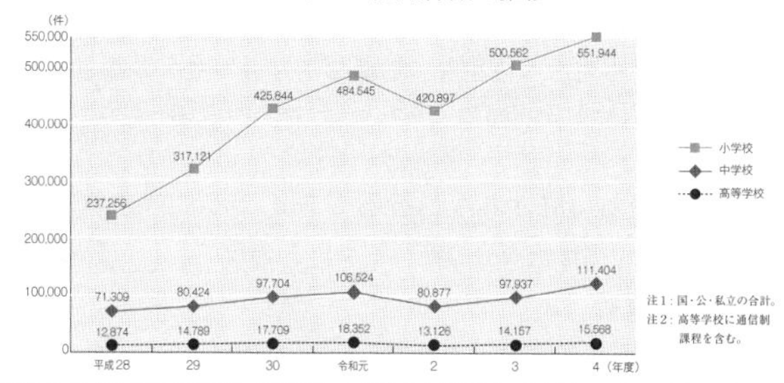

（文部科学省「令和４年度 児童生徒の問題行動・不登校等生徒指導上の諸課題に関する調査」2023年10月４日）

いじめへの対応として，３つの視点を押さえよう

いじめの問題への取り組みの視点としては,「いじめの防止（未然防止）」「早期発見」「早期対応」が不可欠であり，2013年９月に施行されたいじめ防止対策推進法においても，第１条〔目的〕，第８条〔学校及び学校の教職員の責務〕などの中でこの３つが明記されています。

＊いじめ防止対策推進法第８条〔学校及び学校の教職員の責務〕

学校及び学校の教職員は，基本理念にのっとり，当該学校に在籍する児童等の保護者，地域住民，児童相談所その他の関係者との連携を図りつつ，学校全体でいじめの防止及び早期発見に取り組むとともに，当該学校に在籍する児童等がいじめを受けていると思われるときは，適切かつ迅速にこれに対処する責務を有する。

本論・結論のために

いじめに対応するための具体的な方策を考えよう

論作文テーマでは，上記の３つの視点のうち，どれが問われているかを見極める必要があります。例えば，本テーマでは，いじめが起きた後の「早期対応」について，p.202では，いじめが起きる前の「未然防止」について問われています。それぞれの対応策については，次ページの「学校における『いじめの防止』『早期発見』『いじめに対する措置』のポイント」に示されています。

そのまま使える！ とっておき資料

下記は，2013年10月に策定された「いじめの防止等のための基本的な方針」（2017年3月最終改定）の参考資料として示されたものです。いじめが起きたときの当事者への対応及び周囲の者への働き掛けをチェックしておきましょう。

【いじめられた児童生徒又はその保護者への支援】

いじめられた児童生徒から，事実関係の聴取を行う。その際，いじめられている児童生徒にも責任があるという考え方はあってはならず，「あなたが悪いのではない」ことをはっきりと伝えるなど，自尊感情を高めるよう留意する。また，児童生徒の個人情報の取扱い等，プライバシーには十分に留意して以後の対応を行っていく。

家庭訪問等により，その日のうちに迅速に保護者に事実関係を伝える。いじめられた児童生徒や保護者に対し，徹底して守り通すことや秘密を守ることを伝え，できる限り不安を除去するとともに，事態の状況に応じて，複数の教職員の協力の下，当該児童生徒の見守りを行うなど，いじめられた児童生徒の安全を確保する。

あわせて，いじめられた児童生徒にとって信頼できる人（親しい友人や教職員，家族，地域の人等）と連携し，いじめられた児童生徒に寄り添い支える体制をつくる。いじめられた児童生徒が安心して学習その他の活動に取り組むことができるよう，必要に応じていじめた児童生徒を別室において指導することとしたり，状況に応じて出席停止制度を活用したりして，いじめられた児童生徒が落ち着いて教育を受けられる環境の確保を図る。状況に応じて，心理や福祉等の専門家，教員経験者・警察官経験者など外部専門家の協力を得る。さらに，必要に応じ，被害児童生徒の心的外傷後ストレス障害（PTSD）等のいじめによる後遺症へのケアを行う。

いじめが解消したと思われる場合でも，継続して十分な注意を払い，折りに触れ必要な支援を行うことが大切である。また，事実確認のための聴き取りやアンケート等により判明した情報を適切に提供する。

【いじめた児童生徒への指導又はその保護者への助言】

いじめたとされる児童生徒からも事実関係の聴取を行い，いじめがあったことが確認された場合，学校は，複数の教職員が連携し，必要に応じて心理や福祉等の専門家，教員･警察官経験者など外部専門家の協力を得て，組織的に，いじめをやめさせ，その再発を防止する措置をとる。

また，事実関係を聴取したら，迅速に保護者に連絡し，事実に対する保護者の理解や納得を得た上，学校と保護者が連携して以後の対応を適切に行えるよう保護者の協力を求めるとともに，保護者に対する継続的な助言を行う。

いじめた児童生徒への指導に当たっては，いじめは人格を傷つけ，生命，身体又は財産を脅かす行為であることを理解させ，自らの行為の責任を自覚させる。 なお，いじめた児童生徒が抱える問題など，いじめの背景にも目を向け，当該児童生徒の安心・安全，健全な人格の発達に配慮する。児童生徒の個人情報の取扱い等，プライバシーには十分に留意して以後の対応を行っていく。いじめの状況に応じて，心理的な孤立感・疎外感を与えないよう一定の教育的配慮の下，特別の指導計画による指導のほか，さらに出席停止や警察との連携による措置も含め，毅然とした対応をする。教育上必要があると認めるときは，学校教育法第11条の規定に基づき，適切に，児童生徒に対して懲戒を加えることも考えられる。

ただし，いじめには様々な要因があることに鑑み，懲戒を加える際には，主観的な感情に任せて一方的に行うのではなく，教育的配慮に十分に留意し，いじめた児童生徒が自ら行為の悪質性を理解し，健全な人間関係を育むことができるよう成長を促す目的で行う。

【いじめが起きた集団への働き掛け】

いじめを見ていた児童生徒に対しても，自分の問題として捉えさせる。たとえ，いじめを止めさせることはできなくても，誰かに知らせる勇気を持つよう伝える。また，はやしたてるなど同調していた児童生徒に対しては，それらの行為はいじめに加担する行為であることを理解させる。なお，学級全体で話し合うなどして，いじめは絶対に許されない行為であり，根絶しようという態度を行き渡らせるようにする。

いじめが解消している状態に至った上で，児童生徒が真にいじめの問題を乗り越えた状態とは，加害児童生徒による被害児童生徒に対する謝罪だけではなく，被害児童生徒の回復，加害児童生徒が抱えるストレス等の問題の除去，被害児童生徒と加害児童生徒をはじめとする他の児童生徒との関係の修復を経て，双方の当事者や周りの者全員を含む集団が，好ましい集団活動を取り戻し，新たな活動に踏み出すことをもって達成されるものである。全ての児童生徒が，集団の一員として，互いを尊重し，認め合う人間関係を構築できるような集団づくりを進めていくことが望まれる。

（文部科学省「学校における『いじめの防止』『早期発見』『いじめに対する措置』のポイント」）

テーマ15 子どもたちの携帯電話やスマートフォンの所有率がますます高まる中，あなたはどのように「ネット上のいじめ」に対応しますか。

合格答案 

文部科学省の調査によると，令和４年度のいじめの態様に占める「ネット上のいじめ」の割合は学年が上がるにつれて高くなり，高校生では16.5％に上る。「ネット上のいじめ」が起きる背景には，子どもたち自身がインターネットの「影の部分」に対する正しい認識をもっていないことにある。そこで私は，情報モラル教育の徹底と，道徳教育の充実という２つの視点で取り組む。

(1)情報モラル教育を徹底する

「ネット上のいじめ」を防止するためには，情報モラル教育の徹底が不可欠である。情報モラル教育は，情報社会やネットワークの特性の一側面として「影の部分」を理解した上で，情報手段をいかに上手に賢く使っていくか，そのための判断力などを身に付けさせる教育である。インターネットについては，その利便性とともに「ネット上のいじめ」をはじめ，出会い系サイトなどを通じて犯罪に巻き込まれる危険性といった「影の部分」を具体的な事例で学習させる。

(2)道徳教育を充実させる

「ネット上のいじめ」の背景には，他人の気持ちを思いやる想像力の欠如がある。そこで，道徳科の時間を使い，自分を大切にするとともに，相手を大切にすることを学ぶことが重要である。例えば，友達と面と向かって口げんかをした場合と，誰が書いたか分からない状況で，あるいはSNSなどを通じて複数の友達から悪口を書かれたり無視をされたりした場合とでは，どのような感じ方の違いがあるかをロールプレイングで体験させる。

「ネット上のいじめ」は，重大な人権侵害である。その対応には，家庭の協力も欠かせない。学級通信などを通じて，適切なフィルタリング機能の活用や家庭におけるルールづくりなどの協力を依頼する。そして，学校と家庭が一体となって「ネット上のいじめ」の根絶に取り組む。

◀25字×32行（800字）

＊情報モラル教育

「情報モラル」とは，「情報社会で適正に活動するための基となる考え方や態度」のことであり，その範囲は「他者への影響を考え，人権，知的財産権など自他の権利を尊重し情報社会での行動に責任をもつこと」「危険回避など情報を正しく安全に利用できること」「コンピュータなどの情報機器の使用による健康とのかかわりを理解すること」など多岐にわたる。その情報モラルについて学習する情報モラル教育は，「情報社会における正しい判断や望ましい態度を育てること」（心を磨く領域）と，「情報社会で安全に生活するための危険回避の方法の理解やセキュリティの知識・技術，健康への意識」（知恵を磨く領域）の２つの内容に大別できる。

手取り足取り　論作文を構成しよう！

「ネット上のいじめ」への対応

序論

①テーマの背景 学校教育の問題点，児童生徒の実態など

令和4年度のいじめの態様に占める「ネット上のいじめ」は学年が上がるにつれて高くなり，高校生で16.5%

②課題の指摘 本論で取り上げる課題を指摘する

：～だと考える　～が重要である　など

インターネットの「影の部分」に対する子どもたちの認識不足➡正しい認識をもたせる

③課題解決のための視点 課題解決に向けて私が目指す教育の視点

：2つの視点から述べる　～に取り組む　など

情報モラル教育の徹底，道徳教育の充実

本論

方策(1) 情報モラル教育を徹底する

①論 課題解決に向けた自分の考え：～だと考える　～が重要である　など

情報モラル教育の徹底

(②例 論をより説得力あるものにするための自分の経験など。なくても可)：～だった

(アンケート調査では，子どもたちはインターネットの「影の部分」を認識していなかった)

③策 課題解決のための具体的な実践：～を実践する　～に取り組む　など

具体的な事例を使った「ネット上のいじめ」の学習

方策(2) 道徳教育を充実させる

①論 課題解決に向けた自分の考え：～だと考える　～が重要である　など

自分を大切にするとともに，相手を大切にすることを学ぶ

(②例 論をより説得力あるものにするための自分の経験など。なくても可)：～だった

(不適切な書き込みをした子どもは，相手がどういう気持ちになるか考えていなかった)

③策 課題解決のための具体的な実践：～を実践する　～に取り組む　など

ロールプレイングによって「ネット上のいじめ」を疑似体験

結論

①出題テーマのキーワード（言い換えも可）

「ネット上のいじめ」＝重大な人権侵害

②別の視点からの補説

家庭の協力も不可決

③教職への抱負・決意：～に努める　～に励む　など

学校と家庭が一体となった「ネット上のいじめ」根絶のための取り組み

試験官はココを見る！

○ 「ネット上のいじめ」の現状を理解しているか。
○ 「ネット上のいじめ」への対応について正しい認識をもっているか。
○ 「ネット上のいじめ」に対応するための具体的な方策があるか。

序論のために

「ネット上のいじめ」の現状を理解しよう

「ネット上のいじめ」とは，携帯電話やパソコンを通じて，インターネット上のウェブサイトの掲示版などに，特定の子どもの悪口やひぼう･中傷を書き込んだり，メールを送ったりするなどの方法により，いじめを行うものです。文部科学省の令和２年度調査において，いじめの態様のうち「パソコンや携帯電話等で，ひぼう・中傷や嫌なことをされる」が占める割合は，小学校1.8％，中学校10.7％，高等学校19.8％と，学年が上がるにつれて高くなります。

「ネット上のいじめ」の特徴を押さえよう

「ネット上のいじめ」への対応を考える上では，次の特徴を把握しておくことが大切です。「不特定多数」「匿名性」「被害者にも加害者にもなる」「実態の把握が難しい」といったキーワードを押さえた上で，対応を考えましょう。

＊「ネット上のいじめ」の特徴

○　不特定多数の者から，絶え間なくひぼう・中傷が行われ，被害が短期間で極めて深刻なものとなる。

○　インターネットの持つ匿名性から，安易にひぼう・中傷の書き込みが行われるため，子どもが簡単に被害者にも加害者にもなる。

○　インターネット上に掲載された個人情報や画像は，情報の加工が容易にできることから，ひぼう・中傷の対象として悪用されやすい。また，インターネット上に一度流出した個人情報は，回収することが困難となるとともに，不特定多数の他者からアクセスされる危険性がある。

○　保護者や教師などの身近な大人が，子どもの携帯電話等の利用の状況を把握することが難しい。また，子どもの利用している掲示板などを詳細に確認することが困難なため，「ネット上のいじめ」の実態の把握が難しい。

本論・結論のために

「ネット上のいじめ」に対応するための具体的な方策を考えよう

「ネット上のいじめ」のほとんどは，携帯電話やスマートフォンを使って行われることを踏まえ，その正しい使い方を含めた情報モラル教育の実践方法を考えてみましょう。

そのまま使える！ とっておき資料

文部科学省の「『ネット上のいじめ』に関する対応マニュアル･事例集（学校･教員向け）」（2008年11月）では，掲示板・ブログ・プロフや，メールを使ったネット上のいじめに関する具体的な事例と対応が掲載されています。被害児童生徒，加害児童生徒及びそれぞれの保護者，周囲の児童生徒に対する対応などについて，参考にしてみましょう。

【「ネット上のいじめ」が発見された場合の児童生徒への対応】

① 被害児童生徒への対応

「ネット上のいじめ」を含めたいじめに対しては，スクールカウンセラー等を配置するなど，学校における教育相談体制の充実を図り，きめ細かなケアを行い，いじめられた子どもを守り通すことが重要です。毎日の面談の実施や，緊急連絡先の伝達を行うなど，被害児童生徒の立場に寄り添った支援が大切です。

また，学級担任だけで対応するのではなく，複数の教師で情報を共有して対応するなど，学校全体で「ネット上のいじめ」に対して取り組んで行くことが重要です。

② 加害児童生徒への対応

加害児童生徒が判明した場合には，加害者自身がいじめに遭っていて，その仕返しとして，掲示板に誹謗・中傷を書き込んだという例などもあるため，被害者からの情報だけをもとに，安易に加害者と決めつけず，「ネット上のいじめ」が起こった背景や事情についても綿密に調べるなど適切な対応が必要です。

また，「ネット上のいじめ」についても，他のいじめと異なるものではなく，決して許されないものであるということについて，粘り強い指導を行うとともに，加害児童生徒に対するケアも行う必要がある場合があります。特に「ネット上のいじめ」に関しては，加害児童生徒が軽い気持ちで書き込みを行ったり，加害生徒自身が悩みや問題を抱えていたりする場合があるため，事後の指導から受ける精神的な影響が大きいという事例も報告されています。そのため，個別の事例に応じて，十分な配慮のもとでの指導が求められます。

③ 全校児童生徒への対応

「ネット上のいじめ」等が生じた場合には，（中略）全校児童生徒への指導を行うとともに，日頃から情報モラル教育を学校全体として行い，子どもたちが「ネット上のいじめ」の加害者にも被害者にもならないように指導を充実させることが重要です。掲示板やチェーンメール等で誹謗・中傷を発見した場合には，教職員や保護者に相談するように伝えましょう。

【「ネット上のいじめ」が発見された場合の保護者への対応】

「ネット上のいじめ」を発見した場合には，被害児童生徒の保護者に迅速に連絡するとともに，家庭訪問などを行い，保護者と話合いの機会を持ち，学校の対応について説明し，その後の対応について相談しながら進めることが重要です。

加害児童生徒が明らかな場合は，その保護者に対しても，「ネット上のいじめ」は許されない行為であることを説明するとともに，「ネット上のいじめ」を再発させないために，家庭での携帯電話やインターネットの利用の在り方についての説明を行うことが必要です。

加えて，必要に応じて，保護者会を開催するなどして，学校において起きた「ネット上のいじめ」の概要や学校における対応，家庭での留意点などを説明し，また，「ネット上のいじめ」に対する学校における対応方針を伝えるなど，学校の取組に対する保護者の理解を得ることも重要となります。

（文部科学省「『ネット上のいじめ』に関する対応マニュアル・事例集（学校・教員向け）」2008年11月）

「不登校」の現状を踏まえ，あなたは「不登校」にどのように対応しますか。

合格答案

文部科学省の調査によると，令和４年度の不登校児童生徒数は小・中合わせて29万9048人で，小・中学校では10年連続で増加している。不登校は「どの子どもにも起こりうる問題」として捉える必要がある。そこで私は，未然防止のための魅力ある学級づくりと，不登校のサインを見逃さない早期発見・早期対応という２つの視点で取り組む。

(1)未然防止のための魅力ある学級づくり

不登校を未然に防ぐためには，学校が安心して楽しめる居場所であることが重要である。「みんなといると楽しい」と思えるような魅力ある学級にするためには，単なる居場所づくりではなく，子どもたち同士，教師と子どもたち同士の信頼関係に基づいた「絆づくり」を行う。悩みや不安を打ち明けられる風通しのよい学級では，不登校は生じにくい。また，「授業がおもしろいから学校が楽しい」と思わせるよう，私自身の授業力の向上にも努める。

(2)不登校のサインを見逃さない早期発見・早期対応

いきなり30日以上連続して休む子どもたちはまれで，不定期に，あるいは長期休暇明けに少しずつ休み始めるケースがほとんどである。それまで仲の良かった友達と不自然な別行動を取ったり，成績が急に下がったりと，子どもたちは不登校になる前にさまざまなサインを発している。このサインを見逃さず，早期発見・早期対応に努めることが重要である。そのためにも，学級担任が一人で抱え込まず，養護教諭やスクールカウンセラーなどと積極的に連携する。

不登校の未然防止と早期発見・早期対応のいずれにおいても大切なことは，「適切な働き掛け」である。また，不登校はその後の将来にも影響を与える「進路の問題」でもある。私は，子どもたちと信頼関係を築いた上で，常に関わり合うことを肝に銘じて指導に当たる。

◀25字×32行（800字）

＊不登校の定義

「何らかの心理的，情緒的，身体的，あるいは社会的要因・背景により，児童生徒が登校しないあるいはしたくともできない状況にあること（ただし，病気や経済的理由によるものを除く）」をいい，「年度間に連続又は断続して30日以上欠席した児童生徒のうち不登校を理由とする者」。

手取り足取り　論作文を構成しよう！

テーマ16 「不登校」への対応

序論

①テーマの背景 学校教育の問題点，児童生徒の実態など

令和４年度の不登校児童生徒数＝小・中合わせて29万9048人

②課題の指摘 本論で取り上げる課題を指摘する

：～だと考える　～が重要である　など

不登校は「どの子どもにも起こりうる問題」として捉える

③課題解決のための視点 課題解決に向けて私が目指す教育の視点

：２つの視点から述べる　～に取り組む　など

未然防止のための魅力ある学級づくり，不登校のサインを見逃さない早期発見・早期対応

本論

方策(1) 未然防止のための魅力ある学級づくり

①論 課題解決に向けた自分の考え：～だと考える　～が重要である　など

学校が安心して楽しめる居場所である

(②例 論をより説得力あるものにするための自分の経験など。なくても可)：～だった

(学校に行くのが嫌になったとき，すぐに相談できる友人がいた)

③策 課題解決のための具体的な実践：～を実践する　～に取り組む　など

「絆づくり」の場となる学級，授業力の向上

方策(2) 不登校のサインを見逃さない早期発見・早期対応

①論 課題解決に向けた自分の考え：～だと考える　～が重要である　など

不登校のサインを見逃さず，早期発見・早期対応に努める

(②例 論をより説得力あるものにするための自分の経験など。なくても可)：～だった

(朝になると必ずお腹が痛くなったＡちゃんは，その後不登校になった)

③策 課題解決のための具体的な実践：～を実践する　～に取り組む　など

養護教諭やスクールカウンセラーなどとの積極的な連携

結論

①出題テーマのキーワード（言い換えも可）

不登校の未然防止と早期発見・早期対応のいずれにおいても「適切な働き掛け」が大切

②別の視点からの補説

不登校＝「進路の問題」

③教職への抱負・決意：～に努める　～に励む　など

子どもたちと信頼関係を築いた上で，常に関わり合う

試験官はココを見る！

○　不登校の子どもたちの現状を理解しているか。
○　不登校への対応について正しい認識をもっているか。
○　不登校に対応するための具体的な方策があるか。

序論のために

不登校の現状を理解しよう

文部科学省の令和４年度調査によると，不登校児童生徒数は小学校10万5112人，中学校19万3936人，高等学校６万575人で，小学校と中学校では合わせて５万4108人増加しています。学年別の不登校児童生徒数，不登校になったきっかけなどもあわせてチェックしておきましょう。

＊不登校児童生徒数の推移

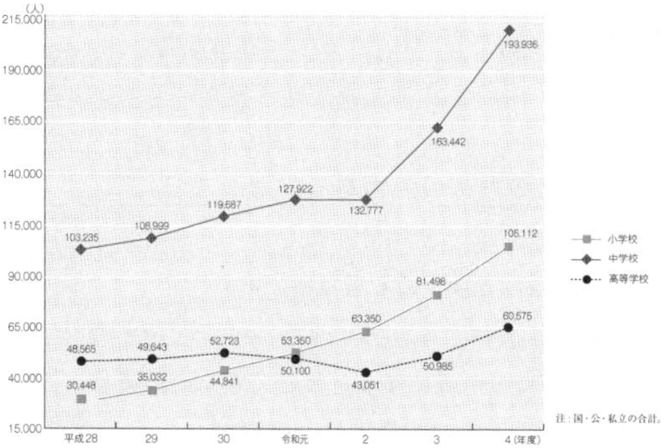

(人)
215,000
190,000
165,000
140,000
115,000
90,000
65,000
40,000
15,000
平成28　29　30　令和元　2　3　4 (年度)
小学校　中学校　高等学校
103,235　108,999　119,687　127,922　132,777　163,442　193,936
30,448　35,032　44,841　53,350　63,350　81,498　105,112
48,565　49,643　52,723　50,100　43,051　50,985　60,575
注：国・公・私立の合計。

（文部科学省「令和４年度 児童生徒の問題行動・不登校等生徒指導上の諸課題に関する調査」2023年10月４日）

なお，上記の調査は，「義務教育の段階における普通教育に相当する教育の機会の確保等に関する法律」（教育機会確保法）に係る附帯決議において，「不登校というだけで問題行動であると受け取られないよう配慮すること」とされたことを踏まえ，平成28年度調査から「児童生徒の問題行動・不登校等生徒指導上の諸課題に関する調査」と，調査名称が変更になりました（下線部分）。

不登校への対応として，３つの視点を押さえよう

不登校は「どの子どもにも起こりうる問題」として捉えた上で，「未然防止」（健全育成，「魅力ある学級づくり」），「初期対応」（早期発見・早期対応），「自立支援」（事後の対応・ケア）の３つのステップに沿って不登校対策に取り組みます。次ページの国立教育政策研究所のＱ＆Ａでは，「未然防止」「初期対応」が特に重視されています。

本論・結論のために

不登校に対応するための具体的な方策を考えよう

「登校への促しは状況を悪化させてしまう」といった誤った認識から，登校への働き掛けを一切しなかったり，児童生徒と必要な関わりをもつことを控えて適切な時期を失ったりするケースが指摘されています。文部科学省の問題行動調査においても，指導の結果，

登校するまたはできるようになった児童生徒に特に効果があった学校の措置として,「登校を促すため，電話をかけたり迎えに行くなどした」「家庭訪問を行い，学業や生活面での相談に乗るなどさまざまな指導・援助を行った」が挙げられています。

そのまま使える！ とっておき資料

国立教育政策研究所が作成した，不登校対策のためのＱ＆Ａによると，不登校対応には予防教育的な「未然防止」と「初期対応」が大切であるとしています。下記の資料を参考に，具体的な方策を考えてみましょう。

【「不登校」への対応】

従来の不登校対策（「不登校になった児童生徒に対して自立を促す」ための施策）は，欠席日数が30日を超える前後から取り組まれることが少なくありませんでした。しかし,「不登校を減らす」ためには，事が起きてから対応するという発想では間に合いません。そこで必要になるのが，**予防教育的な不登校対策（「不登校を生まない学校の取組を促す」ための施策）**です。

それは，大きく分けると「1. 未然防止」と「2. 初期対応」に分けることができます。この時，両者は大きく発想が異なる点に注意してください。

前者は，**すべての児童生徒を対象に，日々の授業や学校生活の中で，児童生徒が「学校に来ることが楽しい」と感じられるような「魅力的な学校づくり」を進めていくこと**を意味しています。その中心は,「授業づくり」であり,「集団づくり」です。単なる「居場所づくり」にとどまることなく,「絆づくり」を見据えた「授業づくり」や「集団づくり」を行っていくことが大切です。一部の「気になる児童生徒」に対して対人関係スキルを教えてあげる，教育相談をしてあげる等の発想は，ここで言う「未然防止」ではないことに注意してください。

後者は，**前年度までに休みがちであった児童生徒を中心に，安易に休ませないための対応**です。速やかに，早期発見・早期対応を行うための準備は，前年度の出欠席情報の収集から始まります。学級編成や学級開きを工夫するなどして，彼らが休まないで済むように考えます。そして，休み始めたら，即，チームで対応していきます。

上記の「未然防止」「初期対応」を行っても，なお，欠席が30 日を超える児童生徒はいます。その先は，彼らが学校復帰・社会復帰できるよう，事後の対応やケアで「3. 自立支援」を行うことになります。

大切なことは，上記の対応の順番を間違えないことです。ややもすれば学校は目の前で起きている問題への対応に目を奪われ，事後対応（＝「3. 自立支援」）中心の取組に陥りがちです。だからこそ，市町村の教育委員会には，各学校に対して，まずは「1. 未然防止」，次いで「2. 初期対応」，そして「3. 自立支援」の順に取り組むべきであることをはっきりと伝え, そうした取組の着実な実施を促すことが求められます。

＊「不登校」に取り組む際の３つのステップとその流れ

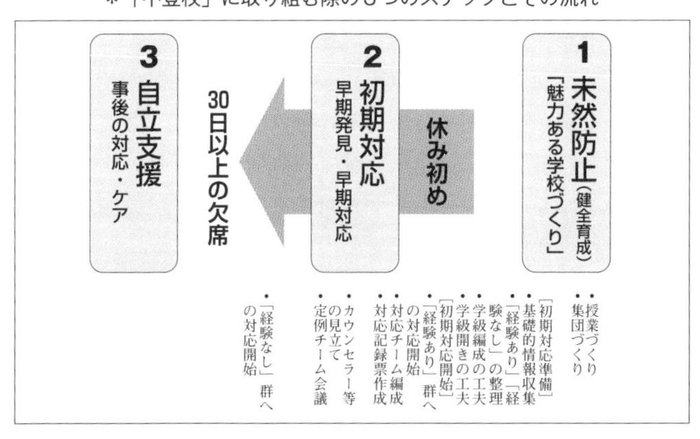

（国立教育政策研究所「不登校・長期欠席を減らそうとしている教育委員会に役立つ施策に関するＱ＆Ａ」2014年６月）

テーマ17 教室には入れなくても保健室に登校する，いわゆる「保健室登校」の子どもたちに，あなたはどのように対応しますか。

合格答案

序論

「平成28年度 保健室利用状況に関する調査」によると，小学校32.4％，中学校36.5％，高等学校36.8％で保健室登校の子どもたちが存在することが報告されている。これらの子どもたちは，文部科学省の問題行動調査では不登校児童生徒数に含まれない，「不登校予備軍」として早期に対応する必要がある。そこで私は，適切な働き掛けの継続と「チーム学校」としての組織的な対応という２つの視点で，保健室登校の子どもたちに対応する。

本論

(1)適切な働き掛けをもち続ける

保健室登校では，不登校と同じように子どもたちと関わり合い，適切な働き掛けをもち続けることが何よりも重要である。保健室にいるからといって養護教諭に任せきりにはせず，学級担任として時間の許す限り保健室に出向き，関わりを続ける。教室には入らないまでも，学校は休まない勇気を認めつつ，毎日の関わり合いの中から保健室登校に至った原因を探る。その原因を除去できたら，今日は朝の会だけ，明日は給食の時間までなど，少しずつ教室にいられる時間を長くしていく。

(2)「チーム学校」として組織的に対応する

保健室登校の対応に当たっては，決して学級担任一人で抱え込まず，「チーム学校」として組織的に対応することが重要である。養護教諭はもちろんのこと，スクールカウンセラー，生徒指導担当の他の教職員などとチームをつくり，保健室登校の原因に合わせて，適切な対応をとる。疾病が原因となっている場合は医療機関，児童虐待が疑われる場合には児童相談所，生命がおびやかされているような深刻ないじめが背景にある場合は警察への相談・報告など，ケースに応じて迅速に対応する。

結論

保健室登校への対応のカギは，日ごろの信頼関係の構築にある。不登校と同様に，子どもたちが発するサインを見逃さない。私は，子どもたちが不安や悩みを抱えたときにすぐに相談できるような人間関係づくりに努める。

◀25字×32行（800字）

＊保健室登校

対応に当たっては，養護教諭が一人で判断するのではなく，一つの教育のあり方として，学級担任はもちろんのこと，管理職，学年主任，学年職員，生徒指導主事や教育相談担当，保護者等関係者が協議した上で，決定することが重要である。受け入れに当たっては，次の事項を確認した上で実施することが大切である。

① 本人が保健室登校を望んでいるか。
② 保護者が保健室登校を理解しており，協力が得られるか。
③ 全教職員（校長，学級担任，学年主任など）の共通理解及び協力が得られるか。
④ 保健室登校に対応できる校内体制が整っているか。
⑤ 支援計画が立てられているか。

手取り足取り　論作文を構成しよう！

テーマ17 「保健室登校」への対応

序論

①テーマの背景 学校教育の問題点，児童生徒の実態など

平成28年度の保健室登校＝小学校32.4％，中学校36.5％，高等学校36.8％

②課題の指摘 本論で取り上げる課題を指摘する

：～だと考える　～が重要である　など

保健室登校＝「不登校予備軍」として早期に対応する必要

③課題解決のための視点 課題解決に向けて私が目指す教育の視点

：２つの視点から述べる　～に取り組む　など

適切な働き掛けの継続，「チーム学校」としての組織的な対応

本論

方策(1) 適切な働き掛けをもち続ける

①論 課題解決に向けた自分の考え：～だと考える　～が重要である　など

子どもたちと関わり合い，適切な働き掛けをもち続ける

(②例 論をより説得力あるものにするための自分の経験など。なくても可)：～だった

（保健室登校のＡちゃんは，学級担任が会いに来てくれるのが楽しみだったと言った）

③策 課題解決のための具体的な実践：～を実践する　～に取り組む　など

関わりを続け，少しずつ教室にいられる時間を長くしていく

方策(2) 「チーム学校」として組織的に対応する

①論 課題解決に向けた自分の考え：～だと考える　～が重要である　など

学級担任一人で抱え込まず，「チーム学校」として組織的に対応する

(②例 論をより説得力あるものにするための自分の経験など。なくても可)：～だった

（Ａちゃんの保健室登校の原因は，スクールカウンセラーとの面談で明らかになった）

③策 課題解決のための具体的な実践：～を実践する　～に取り組む　など

医療機関，児童相談所，警察などとも連携

結論

①出題テーマのキーワード（言い換えも可）

保健室登校への対応のカギは，日ごろの信頼関係の構築

②別の視点からの補説

子どもたちが発するサインを見逃さない

③教職への抱負・決意：～に努める　～に励む　など

子どもたちが不安や悩みを抱えたときにすぐに相談できるような人間関係づくり

試験官はココを見る！

○ 「保健室登校」の子どもたちの現状を理解しているか。
○ 「保健室登校」への対応について正しい認識をもっているか。
○ 「保健室登校」に対応するための具体的な方策があるか。

序論のために

「保健室登校」の現状を理解しよう

公益財団法人日本学校保健会が５年に１度実施している「保健室利用状況に関する調査」によると，全国の公立小学校の32.4%，同中学校の36.5%，同高等学校の36.8%で保健室登校している児童生徒が存在することが報告されています（調査期間は2015年10月～2016年９月）。一方，調査期間内に教室復帰した児童生徒は，小学校44.1%，中学校32.3%，高等学校43.3%にとどまっています。保健室登校の子どもたちは出席扱いとされているため，文部科学省が毎年発表している不登校児童生徒数には含まれません。したがって，いわゆる「不登校予備軍」の子どもたちは，かなりの数に上ると推測できます。

「保健室登校」への対応として，３つのポイントを押さえよう

上記の調査より,「保健室登校」の対応のポイントとして, 以下の３つを押さえましょう。

① 「保健室登校」の開始時期
小学校，中学校，高等学校ともに９月が最も多く，次いで４～６月や10月が多い。➡長期休暇明け，年度初めが要注意

② 「保健室登校」していた児童生徒が教室復帰するまでの期間（平均）
小学校50.3日，中学校：47.1日，高等学校30.3日。➡小・中学校は教室復帰に平均２カ月弱

③ 「保健室登校」していた児童生徒への教室復帰に向けた養護教諭の手立て（全校種平均）
学級担任・保護者などとの連携98.5%，校内組織で対応87.1%，関係機関との連携55.7%，個別の支援計画の策定33.0%　➡教師間の連携が重要

本論・結論のために

「保健室登校」に対応するための具体的な方策を考えよう

「保健室登校」が不登校に対する方策として効果があることは，文部科学省の過去の問題行動調査でも明らかになっています。もちろん，保健室にいるからといって養護教諭に任せきりにするのではなく，上記の③にもあるように，教師間で適切な連携をすることも必要です。

そのまま使える！　とっておき資料

下記の資料では，保健室登校は「不登校状態から再登校を目指すステップ」「教室に入りづらい生徒が不登校にならずに学校生活を送る手段」として有効な手段であると述べられていることを確認しましょう。

【保健室登校の意義】

不登校の原因は様々であり，授業についていけない，教室でからかわれている・仲間はずれにされている，学級担任等と上手くいかない等のような具体的な原因がある場合や，集団が苦手，学校に行こうとすると腹痛がする，学校に行く意味が分からないなどのように，具体的な出来事のみからは説明できない問題が原因の場合がある。そのほか，食事・睡眠などの生活習慣づくりの点で家族が十分な養育機能を果たせず，登校の重要性について保護者が十分な認識を持たないことが不登校につながっているケース，在籍する高等学校の教育内容とは関係ない進路を志望し，不登校状態となる高校生のケースなどが存在する。一方，保健室登校は，登校に対する抵抗は大きくなく，一部の教職員とコミュニケーションはとれるが，教室で授業を受けたり，クラスメートと過ごすことが困難な場合に生じやすい状態などである。不登校状態から再登校を目指すステップとして，あるいは，教室に入りづらい生徒が不登校にならずに学校生活を送る手段として，不登校問題の解決の一助となっている。

【指導のポイント】

ア　全職員が保健室登校は養護教諭と学級担任だけに任せるものではなく，校内組織の中で取り組んでいく問題であるという共通認識を持つこと。

イ　保健室にいることで安全感を得られるようにするとともに，児童生徒との信頼関係を深めることが大切である。

ウ　支援計画を立て，学級担任は毎日保健室へ来て言葉をかける，教科担当は教科指導に当たるなど，役割分担を行って対応する。

エ　長期化することは望ましくないので，その場合には指導方法の再検討が必要となることを，保護者や関係教職員が十分認識しておく必要がある。

【再登校に向けた介入（不登校への対応）】

不登校の背景がある程度明らかになった後は，家庭訪問や保護者を介して児童生徒と意思疎通を図ることが重要である。その際，本人の抱える悩み，家族・友人関係，発達障害の有無などを考慮しながら面接や話し合いを続け，本人にとって無理のないペースで介入を進める必要がある。

再登校に向けた働きかけを開始する時期や方法は，不登校の背景によって大きく異なるのが常である。そのため児童生徒によっては，受容的な面接を通じて自然に再登校の意欲がわくまで待つという対応が，かえって再登校の機会を遠ざける場合があることに注意する必要がある。

高校生の不登校に対しては，登校することにこだわらず生徒に適した進路変更も含めた相談を進め，引きこもりにならないように関係機関との連携も積極的に取り組んでいく必要がある。

（文部科学省「教職員のための子どもの健康相談及び保健指導の手引－令和３年度改訂－」2022年３月）

子どもたちの「心の居場所」となる学級運営について，あなたはどのように取り組みますか。

いじめや不登校といった問題を解決する上で，子どもたちの「心の居場所」となる学級運営は極めて重要である。しかし，教師が主導する「心の居場所づくり」では，真に子どもたちが安心して過ごせる学級をつくることはできない。そこで私は，子どもたちが主体の「絆づくり」の場としての学級運営と，社会に出てから役に立つ学級運営という２つの視点で取り組む。

(1)子どもたちが主体の「絆づくり」

「居場所づくり」とは，子どもたちが心から安心でき，自己存在感や充実感を感じられる場所を提供することを指す。私は，教師が居心地のいい空間を提供し，子どもたちがそれを享受するのではなく，子どもたち同士が自ら積極的に関わり合って人間関係を築き，より良い集団をつくる「絆づくり」を目指す。例えば，授業ではグループ学習や協働作業などを通して，互いを認め合い，支え合う学習活動を取り入れる。運動会や文化祭などの学校行事では，みんなで一致団結して取り組むよう支援し，連帯感を育む。

(2)社会に出てから役に立つ学級づくり

学級を安心して過ごせる場所にするためには，ルールづくりも必要である。「朝は必ず挨拶する」「宿題は期限を守る」「清掃の時間はみんなで取り組む」など，子どもたちが主体となって生活面，学習面での学級のルールをつくる。ルールを守る子どもたちは褒め，守れない子どもたちは，周囲の子どもたちと一緒に守れるように支援していく。日々の学校生活の中で子どもたちの規範意識を高め，社会に出たときに役立つようにする。

安心して過ごせる「心の居場所」となる学級運営は，子どもたちの健やかな成長の基盤となる。学級通信や保護者会を通して，学級運営の方針やルールを家庭にも知らせ，基本的な生活習慣の確立など協力を依頼する。そして，子どもたちが主役となる学級運営に努める。

◀25字×32行（800字）

＊「絆づくり」とは

「絆づくり」という言葉は「第２期教育振興基本計画」（2013年６月）の「４つの基本的方向性（ビジョン）」の４つ目の柱「絆づくりと活力あるコミュニティの形成」にも出てくる。すなわち，「社会のつながりの希薄化などが指摘される中にあって，学校教育内外の多様な環境から学び，相互に支え合い，そして様々な課題の解決や新たな価値の創出を促す」ことを目指したものである。

手取り足取り　論作文を構成しよう！

テーマ18 「心の居場所」となる学級運営

序論

①テーマの背景 学校教育の問題点，児童生徒の実態など

いじめや不登校といった問題

②課題の指摘 本論で取り上げる課題を指摘する

：~だと考える　~が重要である　など

教師主導の「心の居場所づくり」➡子どもたちが主体の学級に

③課題解決のための視点 課題解決に向けて私が目指す教育の視点

：2つの視点から述べる　~に取り組む　など

子どもたちが主体の「絆づくり」の場としての学級運営，社会に出てから役に立つ学級運営

本論

方策(1) 子どもたちが主体の「絆づくり」

①論 課題解決に向けた自分の考え：~だと考える　~が重要である　など

教師が提供する「居場所づくり」ではなく，子どもたちが主体の「絆づくり」を目指す

(②例 論をより説得力あるものにするための自分の経験など。なくても可)：~だった

(保健室登校だったAちゃんは，子どもたちの働き掛けによって教室に戻った)

③策 課題解決のための具体的な実践：~を実践する　~に取り組む　など

グループ学習，協働作業，学校行事

方策(2) 社会に出てから役に立つ学級づくり

①論 課題解決に向けた自分の考え：~だと考える　~が重要である　など

学級のルールづくりも必要

(②例 論をより説得力あるものにするための自分の経験など。なくても可)：~だった

(生活指導に厳しかったB先生の教えは，社会に出てから役に立つことを実感した)

③策 課題解決のための具体的な実践：~を実践する　~に取り組む　など

ルールを守る子どもたちは褒め，守れない子どもたちはみんなで支援

結論

①出題テーマのキーワード（言い換えも可）

「心の居場所」となる学級運営＝子どもたちの健やかな成長の基盤

②別の視点からの補説

家庭にも基本的な生活習慣の確立など協力を依頼

③教職への抱負・決意：~に努める　~に励む　など

子どもたちが主役となる学級運営

試験官はココを見る！

○「心の居場所づくり」が求められるようになった背景を理解しているか。
○「心の居場所」となる学級に対する正しい認識をもっているか。
○「心の居場所」となる学級運営を行うための具体的な方策があるか。

序論のために

「心の居場所づくり」が求められるようになった背景を理解しよう

2003年４月の不登校問題に関する調査研究協力者会議の報告書の中で，不登校対策の一つとして「学校は，児童生徒が不登校とならない，児童生徒にとって魅力ある学校づくりを主体的に目指すことが重要である」との考え方に基づき，学校が「心の居場所」として機能すべきであると指摘されました。今では，「心の居場所づくり」は学級運営のほか，生徒指導全般で引用されるキーワードであり，家庭における「心の居場所づくり」，地域における「心の居場所づくり」など，さらに幅広く用いられています。

「心の居場所」とは何かを押さえよう

国立政策研究所の生徒指導リーフ「『絆づくり』と『居場所づくり』」は,「居場所づくり」を次のように定義付けしています。

＊「居場所づくり」とは

児童生徒が安心できる，自己存在感や充実感を感じられる場所を提供することを指しています。すなわち,教職員が児童生徒のためにそうした「場づくり」を進めることであり，児童生徒はそれを享受する存在と言えます。

一方で，最近よく使われるようになった「絆づくり」は，次のように定義付けしています。

＊「絆づくり」とは

主体的に取り組む共同的な活動を通して，児童生徒自らが「絆」を感じ取り，紡いでいくことを指しています。「絆づくり」を進めるのは児童生徒自身であり，教職員に求められるのはそのための「場づくり」，いわば黒子の役割と言えます。

本論・結論のために

「心の居場所」となる学級運営を行うための具体的な方策を考えよう

学級運営の視点として，子どもたちと教師の信頼関係の構築，子どもたち同士の人間関係づくりの支援，学級目標や学級ルールの策定，教室環境の整備，保護者との連携などを挙げ，それぞれ具体的な方策を考えてみましょう。

そのまま使える！　とっておき資料

望ましい学級運営や学校運営について論じるときによく使われる２つのキーワード「絆づくり」と「居場所づくり」の違いを，国立教育政策研究所の生徒指導リーフは，下記のように指摘しています。前者は子どもたちが主体，後者は教師が主導している点を押さえましょう。

【「絆づくり」と「居場所づくり」】

例えば，

・課題を抱えている児童生徒に寄り添う

・人間関係に悩む児童生徒の相談にのる

・間違ったり失敗したりしても笑われない学級にする

・対人関係のトラブルが起きないよう，エクササイズやトレーニングを行う

こうした教職員の働きかけは，「居場所づくり」につながる教職員の大切な取組です。ただし，こうした働きかけを行っていけば，自然に児童生徒の間に「絆」が生まれてきたり，「社会性」が育まれたりする（つまり，「絆づくり」にもなっていく）わけではありません。

確かに，このような働きかけによって，児童生徒相互の間に「安心感」や「親密感」が生まれることでしょう。しかし，それがそのまま「絆」や「社会性」に変わるわけではありません。あくまでも，その前提，すなわち平成15年報告*の「絆づくり」の記述の前半部分，「教師や友人との心の結び付きや信頼感の中で」が整うというだけのことです。

この段階から次の段階に移る，すなわち児童生徒の間に「絆」が芽生えたり「社会性」が育まれたりする「絆づくり」が進むには，平成15年報告の記述の後半部分，**「主体的な学びを進め，共同の活動を通して」**が不可欠です。そして，**ここでの教師の役割は，児童生徒に代わって「絆づくり」を進めてあげることではなく，児童生徒主体の「絆づくり」ができるような「場」や「機会」を準備するというものになります。**

教職員がお手本を示し，児童生徒にまねをするよう促し，形の上では似たようなことができたとしても，現実場面での行動には結びつかないといった経験が少なからずあるはずです。「自発的な思いや行動」が湧き起こらなければ，「与えられたもの」「やらされているもの」にとどまるからです。それは，「絆づくり」とは似て非なる取組なのです。

（国立教育政策研究所・生徒指導リーフ「『絆づくり』と『居場所づくり』」2012年２月）

＊平成15年報告＝不登校問題に関する調査研究協力者会議「今後の不登校への対応の在り方について（報告）」（2003年４月）

具体的には児童生徒にとって，自己が大事にされている，認められている等の存在感が実感でき，かつ精神的な充実感の得られる**「心の居場所」**として，さらに，教師や友人の心の結び付きや信頼感の中で主体的な学びを進め，共同の活動を通して社会性を身に付ける**「絆づくりの場」**として，十分に機能する魅力ある学校づくりを目指すことが求められる。すべての児童生徒にとって，学校を安心感・充実感の得られるいきいきとした活動の場とし，不登校の傾向が見え始めた児童生徒に対しても，不登校状態になることを抑止できる学校であることを目指すことが重要である。

テーマ19　児童生徒の「規範意識」の低下が危惧される中，あなたはどのように子どもたちの「規範意識」を醸成しますか。

合格答案 

序論

「規範意識」とは，人間が行動したり判断したりするときに従うべき価値判断の基準を守り，それに基づいて判断したり行動しようとする意識をいう。文部科学省の調査によると，令和４年度の暴力行為の発生件数は全校種合わせて９万5426件で，全校種で増加し，とりわけ小学校が最も多くなっており，問題行動の低年齢化が浮き彫りとなっている。そこで私は,「個」の育成と「集団」の育成という２つの視点から，子どもたちの規範意識の醸成に取り組む。

本論

(1)基本的な生活習慣の確立から「個」の育成を図る

規範意識の基盤には，基本的な生活習慣を確立させることが重要である。挨拶をする，遅刻をしない，提出物の期限を守る，身だしなみを整えるといった「個」に関わる生活習慣を見直し，その確立を図る。次に，学級，あるいは学校といった「集団」にも目を向けさせ，教室内はきれいに保つ，廊下は走らない，などの学級のルールや校則を守ることを徹底させる。

(2)社会の一員という自覚から「集団」の育成を図る

規範意識を醸成する上では，「社会で許されない行為は，学校でも許されない」という認識をもたせる必要がある。例えば，喫煙や飲酒，万引きといった問題行動は，明確な法令違反であることを指導する。校則を守ることを通して，社会の一員としてルールを守ることの大切さを実感させる。また，押し付けられたルールではなく，子どもたち自身が主体的に守ることができるよう，学級会などの時間を使って子どもたちにも討議させる。

結論

規範意識の醸成の核となるのは家庭のしつけであり，家庭の協力が欠かせない。そこで，学級通信を通して協力を呼び掛ける。また「こういった規範意識のある子どもたちを育てたい」と，学校が目指す子ども像を明確に示す。そして，私自身が子どもたちの規範となるよう，指導面でも生活面でも日々の研鑽に励む。

◀25字×32行(800字)

＊暴力行為と規範意識

暴力行為を予防するためには，学校や学級のきまりを守るなどの身近なことや自分たちが住む社会の法律を守る意味と重要性などを中心に継続的指導を進めていくことが大切であり，この活動を通じて自分を律していく力と判断する力を身に付けることが教育目標となる。以下は，暴力行為の予防という視点から規範意識の育成に関わる３つの活動である。

① 人権尊重・正義感や公正さ・命の大切さ・被害者の視点などを取り上げた教育活動
② 他者とのかかわり方など社会性を身に付ける取組
③ 体験学習やボランティア活動，地域社会と連携した取組　など

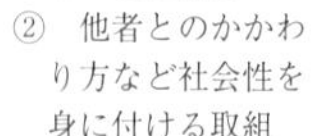

手取り足取り　論作文を構成しよう！

「規範意識」の醸成

序論

①テーマの背景 学校教育の問題点，児童生徒の実態など

令和４年度の暴力行為の発生件数＝全校種合わせて９万5426件

②課題の指摘 本論で取り上げる課題を指摘する

：〜だと考える　〜が重要である　など

小学校が最多 ➡ 問題行動の低年齢化への対応

③課題解決のための視点 課題解決に向けて私が目指す教育の視点

：２つの視点から述べる　〜に取り組む　など

「個」の育成，「集団」の育成

本論

方策⑴ 基本的な生活習慣の確立から「個」の育成を図る

①論 課題解決に向けた自分の考え：〜だと考える　〜が重要である　など

基本的な生活習慣を確立させる

（②例 論をより説得力あるものにするための自分の経験など。なくても可）：〜だった

（中学生時代の友人の言葉の乱れ，服装の乱れは問題行動の予兆だった）

③策 課題解決のための具体的な実践：〜を実践する　〜に取り組む　など

「個」に関わる生活習慣を確立し，「集団」にも目を向けさせ，学級のルールや校則を守ることを徹底

方策⑵ 社会の一員という自覚から「集団」の育成を図る

①論 課題解決に向けた自分の考え：〜だと考える　〜が重要である　など

「社会で許されない行為は，学校でも許されない」という認識をもたせる

（②例 論をより説得力あるものにするための自分の経験など。なくても可）：〜だった

（「学校の中だからいいじゃないか」といつも言い訳をしていた友人）

③策 課題解決のための具体的な実践：〜を実践する　〜に取り組む　など

子どもたち自身が主体的にルールを守ることができるような働き掛け

結論

①出題テーマのキーワード（言い換えも可）

規範意識の醸成の核となるのは家庭のしつけ，家庭の協力が不可欠

②別の視点からの補説

学校が目指す子ども像を明示

③教職への抱負・決意：〜に努める　〜に励む　など

子どもたちの規範となるよう，指導面でも生活面でも日々研鑽

試験官はココを見る！

○「規範意識」に関わる子どもたちの現状を理解しているか。
○「規範意識」に関わる学校や教師の責務について正しい認識をもっているか。
○「規範意識」を醸成するための具体的な方策があるか。

序論のために

「規範意識」に関わる子どもたちの現状を理解しよう

暴力行為を例にとると，文部科学省の令和４年度調査ではその発生件数は全校種合わせて９万5426件で，全校種で増加し，前年度より１万8985件増加した。小学校では５年連続で中学校を上回り，初めて６万件を突破しています。暴力行為の内訳や，学年別加害児童生徒数の内訳などもあわせてチェックしておきましょう。

＊暴力行為の発生件数の推移

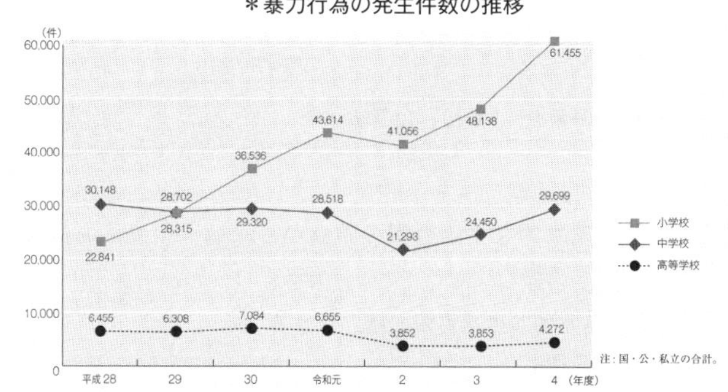

（文部科学省「令和４年度 児童生徒の問題行動・不登校等生徒指導上の諸課題に関する調査」2023年10月４日）

「規範意識」に関わる学校や教師の責務を押さえよう

子どもたちに規範意識を醸成するに当たっては，学校は重要な使命を担っています。以下の２つの法令を見てみましょう。

＊教育基本法第６条第２項〔学校教育〕

前項の学校においては，教育の目標が達成されるよう，教育を受ける者の心身の発達に応じて，体系的な教育が組織的に行われなければならない。この場合において，教育を受ける者が，学校生活を営む上で必要な規律を重んずるとともに，自ら進んで学習に取り組む意欲を高めることを重視して行われなければならない。

＊学校教育法第21条第一号〔教育の目標〕

一　学校内外における社会的活動を促進し，自主，自律及び協同の精神，規範意識，公正な判断力並びに公共の精神に基づき主体的に社会の形成に参画し，その発展に寄与する態度を養うこと。

本論・結論のために

「規範意識」を醸成するための具体的な方策を考えよう

規範意識の醸成に当たっては，次ページの旧『生徒指導提要』（2010年３月）でも示されているとおり，子どもたちの発達段階を考慮する必要があります。志望する校種の発達段階に合わせて具体的な方策を考えてみましょう。

そのまま使える！ とっておき資料

文部科学省では，学校では児童生徒に基本的な生活習慣を確立させ，規範意識に基づいた行動様式を定着させることが重要だとして，下記のとおり旧『生徒指導提要』においても規範意識を育むことの重要性を指摘しています。

【小学校における指導の在り方】

小学校における規範意識の醸成は，その後の学校生活を送る上での基礎となることから重要な課題となっています。小学校では，学級担任が児童の学校生活のほとんどの場面にかかわることから，児童理解の充実を図っていくことが生徒指導上の要点となります。また，学級担任が児童の心や行動の実態を十分に把握していなければ，一人一人の児童に規範意識の内面化を実現していくことは困難であると思われます。

しかし，現代社会において，個々の児童の心や行動が見えにくい状況は確実に広がっています。学校と家庭との緩衝材であった地域社会の機能は低下し，地域内における保護者同士の交流は，減少傾向にある状況が見られます。だからこそ，学校は，家庭や地域住民と積極的に連携・協力し，教員は児童の実態を把握し，児童理解を深めることが必要です。一方，学級担任の思い込みや抱え込みに陥ることなく，学級運営と生徒指導が相互補完し合い学校全体としての生徒指導となっていることが重要です。

児童の規範意識の醸成は，家庭におけるしつけが核となります。しかしながら，それを社会に生きる人間の生き方として深めていく役割を学校は担っています。これからの生徒指導では，個々の学級で取り組むだけではなく，学年や学校全体として取り組むことが大切です。また，小学校１年生では，入学してくる幼稚園や保育所との連携を，６年生では進学先の中学校との連携を図り，規範意識の醸成に努めることが重要です。

【中学校における指導の在り方】

中学校では，問題行動の多様化・複雑化・深刻化が進行し，規範意識の低下など，深刻な状況にあります。生徒指導では，中学生の特徴と思春期の理解を基本とし，「個の育成」と規範意識の向上のために「集団の育成」の観点を踏まえた取組が必要です。

規範意識の育成において学校生活は，規律や社会的ルールを学ぶ場であるという共通認識に立ち，学習環境の整備や学校内の規律の維持に取り組むことが必要です。そのためには，教職員の共通理解の下，一貫性のある指導に日々当たるとともに，生徒個々が規則を守ることの必要性を考える機会をつくることも大切です。例えば，特別活動の時間や生徒会活動等の自治的活動を活性化させることは有効な方策であると思われます。

規則違反や問題行動に対しては，すべての教職員が指導できる校内体制をつくり，継続的な指導を続けることが必要です。また，家庭に対しても情報を発信し，家庭と学校が生徒に社会的ルールや責任を身に付けさせることを共通の目的として取り組むことも必要です。さらには，学校教育と家庭教育が役割分担を明確にし，相互に連携して取り組むことや，地域社会や様々な人材とのネットワークを活かした指導をしていくことが求められています。

【高等学校における指導の在り方】

高等学校では，個人の自由と責任や権利と義務の意義についての自覚を一層深める指導とともに，規範意識の向上が重要な課題となっています。そのために，学校においては，日常的に「社会で許されない行為は，学校でも許されない」といった毅然とした指導方針を示すことが必要です。

具体的には，喫煙は「未成年者喫煙禁止法」に違反していること，万引きは刑法では「窃盗罪」に当たることなど，生徒の問題行動と関係法規との関係を明確にし，生徒に対して「社会の一員」としての責任と義務を指導していくことが重要です。また，校則について，生徒会活動などの特別活動をはじめとするあらゆる教育活動において考えさせたり，討議させたりするなど自律性を高める工夫も重要です。高等学校の生徒指導が義務教育と大きく異なる点は，「退学」「停学」といった法的効果を伴う懲戒処分が校長に認められていることです。しかしながら，懲戒処分は，生徒の社会的自己指導能力を育成するための手段の一つとして，教育的見地に基づいて行われなければならないものです。

（文部科学省旧『生徒指導提要』2010年３月）

テーマ20 「児童虐待」の現状を踏まえ，あなたはどのように「児童虐待」に対応しますか。

合格答案 

序論

全国の児童相談所が令和４年度に対応した児童虐待の相談件数は21万9170件で，前年度より1510件増加し，３年連続で20万件を超えて過去最多を更新した。また，被虐待者の年齢別では，小・中学生合わせると半数以上に上る。こういった状況からも，学校や教師は，職務上，児童虐待を発見しやすい立場にあることを再確認し，児童虐待の早期発見に努めなればならない。そこで私は，児童生徒理解の徹底と，「チーム学校」としての対応の２つの視点で，児童虐待に取り組む。

本論

(1)虐待のサインを見逃さない児童生徒理解を徹底する

虐待を受けている子どもたちは，心や体に現れるサインを発している。不自然な外傷が見られる，服装や身なりがおかしい，家に帰りたがらないなど，「いつもと様子が違う」と気づくためには，子どもたちの発達状況，友達関係などを把握しておく必要がある。そこで，日ごろから子どもたちと積極的に触れ合い，不安や悩みをすぐに相談できるような信頼関係を築いておく。

(2)教職員が一丸となって「チーム学校」として対応する

虐待の疑いをもったら，迅速かつ組織的に対応することが不可欠である。学級担任は一人で抱え込まず，ただちに複数の教職員で情報収集に努める。スクールカウンセラーや学校医など，心理的・医療的な面から専門家の助言も仰ぎ，「チーム学校」として対応に当たる。虐待の疑いがある場合には，本人，保護者，周囲の人たちに聴き取りを行うが，虐待の確証が得られなくても，速やかに児童相談所に通告する。

結論

児童虐待は，子どもたちの命に関わる重大事案であり，その命を守ることが最優先である。学校は学校だよりやホームページなどを通して，家庭や地域社会にも児童虐待撲滅の啓発を行う。教師一人一人が「疑わしきは通告と連携」という認識を再確認し，子どもたちの命は絶対に守るという強い意志の下，子どもたちを見守る。

◀25字×32行（800字）

＊児童虐待の定義

① 児童の身体に外傷が生じ，又は生じるおそれのある暴行を加えること。

② 児童にわいせつな行為をすること又は児童をしてわいせつな行為をさせること。

③ 児童の心身の正常な発達を妨げるような著しい減食又は長時間の放置，保護者以外の同居人による前２号又は次号に掲げる行為と同様の行為の放置その他の保護者としての監護を著しく怠ること。

④ 児童に対する著しい暴言又は著しく拒絶的な対応，児童が同居する家庭における配偶者に対する暴力（配偶者（婚姻の届出をしていないが，事実上婚姻関係と同様の事情にある者を含む。）の身体に対する不法な攻撃であって生命又は身体に危害を及ぼすもの及びこれに準ずる心身に有害な影響を及ぼす言動をいう。）その他の児童に著しい心理的外傷を与える言動を行うこと。（児童虐待の防止等に関する法律第２条）

手取り足取り　論作文を構成しよう！

テーマ20「児童虐待」への対応

序論

①テーマの背景 学校教育の問題点，児童生徒の実態など

令和４年度の児童虐待の相談件数=21万9170件，３年連続で20万件を超えて過去最多を更新

②課題の指摘 本論で取り上げる課題を指摘する

：～だと考える　～が重要である　など

学校や教師は児童虐待の早期発見に努めなければならない

③課題解決のための視点 課題解決に向けて私が目指す教育の視点

：２つの視点から述べる　～に取り組む　など

児童生徒理解の徹底，「チーム学校」として対応

本論

方策(1) 虐待のサインを見逃さない児童生徒理解を徹底する

①論 課題解決に向けた自分の考え：～だと考える　～が重要である　など

虐待のサインに気づくために，子どもたちの発達状況，友達関係などを把握

(②例 論をより説得力あるものにするための自分の経験など。なくても可)：～だった

(体育の時間に隠れて着替えていたＡちゃんは，体にできたあざを隠していた)

③策 課題解決のための具体的な実践：～を実践する　～に取り組む　など

不安や悩みをすぐに相談できるような信頼関係の構築

方策(2) 教職員が一丸となって「チーム学校」として対応する

①論 課題解決に向けた自分の考え：～だと考える　～が重要である　など

虐待の疑いをもったら，迅速かつ組織的に対応

(②例 論をより説得力あるものにするための自分の経験など。なくても可)：～だった

(複数の教職員の情報を寄せ集めて初めて虐待の様相が明らかになった)

③策 課題解決のための具体的な実践：～を実践する　～に取り組む　など

専門家からの助言，「チーム学校」として対応，虐待の確証が得られなくても児童相談所に通告

結論

①出題テーマのキーワード（言い換えも可）

児童虐待＝子どもたちの命に関わる重大事案

②別の視点からの補説

家庭や地域社会にも児童虐待撲滅の啓発

③教職への抱負・決意：～に努める　～に励む　など

「疑わしきは通告と連携」

試験官はココを見る！

○　児童虐待の現状を理解しているか。
○　児童虐待に関わる学校や教師の責務について正しい認識をもっているか。
○　児童虐待に対応するための具体的な方策があるか。

序論のために

児童虐待の現状を理解しよう

こども家庭庁の調査によると，令和４年度中に児童相談所が対応した児童虐待相談の対応件数は21万9170件で，前年度に比べ１万1510件増加しています。また，被虐待者の年齢別では，小･中学生が約半数を占めます。こういった状況からも，学校や教師は，職務上，児童虐待を発見しやすい立場にあることを自覚し，児童虐待の早期発見に努めなければならないことを確認しましょう。

児童虐待に関わる学校や教師の責務を押さえよう

学校や教師の責務については，「早期発見」と「通告」の２つを関係法令とともに押さえましょう。

＊児童虐待の防止等に関する法律第５条第１項〔児童虐待の早期発見等〕

学校，児童福祉施設，病院，都道府県警察，婦人相談所，教育委員会，配偶者暴力相談支援センターその他児童の福祉に業務上関係のある団体及び学校の教職員，児童福祉施設の職員，医師，歯科医師，保健師，助産師，看護師，弁護士，警察官，婦人相談員その他児童の福祉に職務上関係のある者は，児童虐待を発見しやすい立場にあることを自覚し，児童虐待の早期発見に努めなければならない。

＊児童虐待の防止等に関する法律第６条第１項〔児童虐待に係る通告〕

児童虐待を受けたと思われる児童を発見した者は，速やかに，これを市町村，都道府県の設置する福祉事務所若しくは児童相談所又は児童委員を介して市町村，都道府県の設置する福祉事務所若しくは児童相談所に通告しなければならない。

本論・結論のために

児童虐待に対応するための具体的な方策を考えよう

児童虐待への対応では，「早期発見」が最初のカギを握ります。学校生活で現れる子どもたちの虐待のサインを見逃さないようにしましょう。

＊子どもの体に現れるサイン

○不自然な外傷が見られる。　○これまでなかったような行為･行動やその跡が見られる。○服装・身なりにおかしな点が見られる。○体格・身体の変化に不自然な点がある。

＊子どもの行動に現れるサイン

○明らかな「問題行動」が現れる。○放課後いつまでも学校に残りたがる。家に帰りたがらない。○教職員との関係で不自然な反応を見せる。○子ども同士の関係で，トラブルを生じやすい。○以前と違った様子が見られる。○その他（動物虐待，食べ物への強い執着など）

そのまま使える！　とっておき資料

児童虐待に関わる学校や教師の責務の中で重要な点は，児童虐待を発見しやすい立場にあることを自覚し，児童虐待の早期発見に努めなければならないこと，児童虐待を受けたと思われる児童を発見した者は，速やかに児童相談所などに通告しなければならないことです。下記の文部科学省手引き（2020年６月）や研修教材で確認しておきましょう。

【学校・教職員の役割，責務】

学校・教職員においては，虐待の早期発見・早期対応に努めるとともに，市町村（虐待対応担当課）や児童相談所等への通告や情報提供を速やかに行うことが求められます。

児童虐待防止法によって学校・教職員に求められる主な役割は，以下の①～④の４点ですが，虐待の有無を調査・確認したりその解決に向けた対応方針の検討を行ったり，保護者に指導・相談・支援したりするのは権限と専門性を有する児童相談所や市町村（虐待対応担当課）です。このことから，学校・教職員としては，（中略）関係機関の役割や専門性を念頭に置きつつ，学校としての役割を果たすようにしてください。（中略）

①　虐待の早期発見に努めること（努力義務）【第５条第１項】
②　虐待を受けたと思われる子供について，市町村（虐待対応担当課）や児童相談所等へ通告すること（義務）【第６条】
③　虐待の予防・防止や虐待を受けた子供の保護・自立支援に関し，関係機関への協力を行うこと（努力義務）【第５条第２項】
④　虐待防止のための子供等への教育に努めること（努力義務）【第５条第５項】

このほか，児童虐待防止法第13条の４により，児童相談所や市町村（虐待対応担当課）から虐待に係る子供又は保護者その他の関係者に関する資料又は情報の提供を求められた場合，必要な範囲で提供することができるとされています。

さらに，学校等及びその設置者においては，「児童虐待防止対策に係る学校等及びその設置者と市町村・児童相談所との連携の強化について」（平成31年2月28日初等中等教育局長等通知）にあるように，保護者から情報元（虐待を認知するに至った端緒や経緯）に関する開示の求めがあった場合は，情報元を保護者に伝えないこととするとともに，児童相談所等と連携しながら対応する必要があります。また，学校が保護者から威圧的な要求や暴力の行使等を受ける可能性がある場合は，即座に設置者に連絡すると同時に，設置者と連携して速やかに児童相談所，警察等の関係機関，弁護士等の専門家と情報共有し，対応を検討すること等が重要です。

（文部科学省「学校・教育委員会等向け　虐待対応の手引き」2020年６月改訂版）

【通告までの流れ】

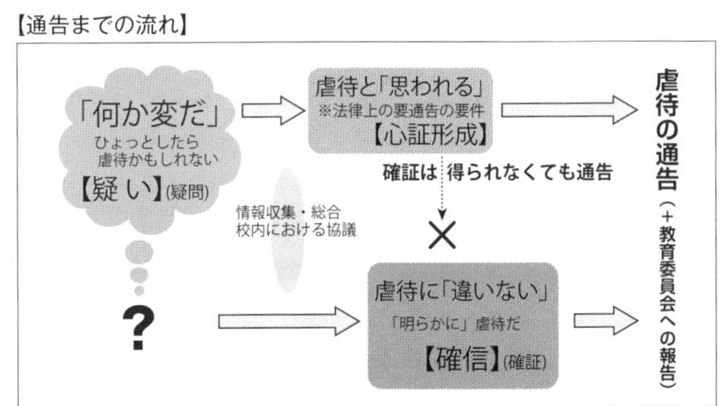

（文部科学省・研修教材「児童虐待防止と学校」）

これからの子どもたちに求められる「生きる力」を，あなたはどのように育成しますか。

合格答案 

　子どもたちが生きる21世紀は，競争と技術革新が絶え間なく起こる「知識基盤社会」である。この変化の激しい社会を生き抜くための基盤となる力が「生きる力」であるが，「知・徳・体」の３つの要素をバランスよく育成することにはまだまだ課題がある。そこで私は，「確かな学力」の定着と，人間関係形成能力の育成という２つの視点から，子どもたちに「生きる力」を育成する。

⑴「確かな学力」を定着させる

「確かな学力」とは，知識や技能に加え，思考力・判断力・表現力などまでを含むもので，学ぶ意欲を重視した，これからの子どもたちに求められる学力である。「確かな学力」は，「生きる力」を知の側面から支える。身に付けた基礎的・基本的な知識・技能を，活用する力へとつなげるために，子どもたちが自ら学び，自ら考えることができるような問題解決的な授業を行う。また，ディベートやグループ学習など主体的・対話的で深い学びを通して，物事を多様な観点から考察する力を育成する。

⑵人間関係形成能力を育成する

「生きる力」の残りの２つの要素は，「豊かな人間性」（徳）と「健やかな体」（体）である。グローバル社会の中で多種多様な考え方をもつ人たちと共に生きていくためには，相手を思いやる心と同時に，自分の存在を認める自己肯定感を育む必要がある。学級をグローバル社会の縮図として，子どもたちが互いを大切にし，コミュニケーション能力を発揮して助け合い，高め合うことができるような学級運営を行う。また，「健全な精神は健全な身体に宿る」との古の教訓に従い，基本的な生活習慣の確立や食育・体育の充実によって，健やかな体を育む。

「生きる力」は，子どもたちの社会的自立の基盤となるものである。その力が，子どもたちの能力や特性に応じた進路選択を可能にする。私は，子どもたち一人一人の可能性を広げることができるような教育を実践する。

◀25字×32行（800字）

＊「人間関係形成能力」とは

　他者の個性を尊重し，自己の個性を発揮しながら，さまざまな人々とコミュニケーションを図り，協力・共同して物事に取り組む能力。自他の理解能力：自己理解を深め，他者の多様な個性を理解し，互いに認め合うことを大切にして行動していく力と，コミュニケーション能力：多様な集団・組織の中でコミュニケーションや豊かな人間関係を築きながら，自己の成長を果たしていく能力からなる。なお，中央教育審議会答申「今後の学校におけるキャリア教育・職業教育の在り方について」（2011年１月）では，「人間関係形成・社会形成能力」と示されている。

手取り足取り　論作文を構成しよう！

テーマ21 「生きる力」の育成

序論

①テーマの背景 学校教育の問題点，児童生徒の実態など

変化の激しい「知識基盤社会」を生き抜くための基盤＝「生きる力」

②課題の指摘 本論で取り上げる課題を指摘する

：～だと考える　～が重要である　など

「知・徳・体」の３つの要素をバランスよく育成することが課題

③課題解決のための視点 課題解決に向けて私が目指す教育の視点

：２つの視点から述べる　～に取り組む　など

「確かな学力」の定着，人間関係形成能力の育成

本論

方策(1)「確かな学力」を定着させる

①論 課題解決に向けた自分の考え：～だと考える　～が重要である　など

「確かな学力」＝「生きる力」を知の側面から支える

（②例 論をより説得力あるものにするための自分の経験など。なくても可）：～だった

（理科に対する学習意欲を失っていたとき，実生活と関連した理科の授業で興味をもった）

③策 課題解決のための具体的な実践：～を実践する　～に取り組む　など

問題解決的な授業，主体的・対話的で深い学び

方策(2) 人間関係形成能力を育成する

①論 課題解決に向けた自分の考え：～だと考える　～が重要である　など

「豊かな人間性」（徳）と「健やかな体」（体）

（②例 論をより説得力あるものにするための自分の経験など。なくても可）：～だった

（骨折した友達をみんなで援助したことが，生きた教材となった）

③策 課題解決のための具体的な実践：～を実践する　～に取り組む　など

自己肯定感の育成，基本的な生活習慣の確立，食育・体育の充実

結論

①出題テーマのキーワード（言い換えも可）

「生きる力」＝子どもたちの社会的自立の基盤

②別の視点からの補説

子どもたちの能力や特性に応じた進路選択が可能

③教職への抱負・決意：～に努める　～に励む　など

子どもたち一人一人の可能性を広げることができるような教育を実践

試験官はココを見る！

○ 「生きる力」が求められるようになった背景を理解しているか。
○ 「生きる力」について正しい認識をもっているか。
○ 「生きる力」を育成するための具体的な方策があるか。

序論のために

「生きる力」が求められるようになった背景を理解しよう

「生きる力」が求められるようになった背景は，平成20・21年版学習指導要領の実施に当たって文部科学省が発行したパンフレット「生きる力」に端的に示されています。

＊「知識基盤社会」における「生きる力」

現在，私たちを取り巻く社会経済のあらゆる面が大きく変化しており，知識が社会・経済の発展の源泉となる「知識基盤社会」が本格的に到来しようとしています。これまでは，大量生産・流通・消費などのニーズに対応するため，与えられた情報を，できるだけ多く短期間に理解し，再生し，反復することが期待されていました。しかし，競争と技術革新が絶え間なく起こる「知識基盤社会」では，幅広い知識と柔軟な思考力に基づく新しい知や価値を創造する能力が求められるようになります。

また，このような知識基盤社会の到来やグローバル化の進展により，アイディアなど知識そのものや人材をめぐる国際競争が加速するとともに，異なる文化との共存や国際協力の必要性が増大しています。

そのため，これからの社会を生きる子どもたちは，自ら課題を発見し解決する力，コミュニケーション能力，物事を多様な観点から考察する力（クリティカル･シンキング），様々な情報を取捨選択できる力などが求められると考えられます。

このような社会の構造的な変化の中，次代を担う子どもたちの「生きる力」をはぐくむことは，より一層重要となっています。

「生きる力」とは何かを押さえよう

「生きる力」とは，いかに社会が変化しようと，自ら課題を見付け，自ら学び，自ら考え，主体的に判断し，行動し，よりよく問題を解決する資質や能力など，「確かな学力」「豊かな心」「健やかな体」の３つからなる力です（p.68の図を参照）。

本論・結論のために

「生きる力」を育成するための具体的な方策を考えよう

「生きる力」を構成する３つの要素ごとに，具体的な方策を考えてみましょう。

①「確かな学力」＝学び合いの充実，言語活動の充実，体験的な学習の充実など
②「豊かな人間性」＝思いやりの心の育成，自己肯定感の育成など
③「健やかな体」＝基本的な生活習慣の形成，食育の充実など

そのまま使える！ とっておき資料

平成29～31年版学習指導要領では，「生きる力」の理念は変わらないとされています。その改訂の骨子を示した中央教育審議会答申（2016年12月）で示された「生きる力」の理念の内容を参考にした上で，その育成の方策を考えてみましょう。

【学校教育を通じて育てたい姿と「生きる力」の理念の具体化】

○　子供たちにどのような力を育むのかを議論するに当たって，まず踏まえるべきは，教育基本法をはじめとした教育法令が定める教育の目的や目標である。特に，教育基本法に定める教育の目的を踏まえれば，学校教育においては，個人一人一人の「人格の完成」と，「平和で民主的な国家及び社会の形成者として必要な資質」を備えた心身ともに健康な国民の育成に向けて，子供たちの資質・能力を育むことが求められる。

○　また，同じく教育基本法第２条は，教育の目的を実現するため，知・徳・体の調和のとれた発達を基本としつつ，個人の自立，他者や社会との関係，自然や環境との関係，我が国の伝統や文化を基盤として国際社会を生きる日本人という観点から，具体的な教育目標を定めているところである。

○　こうした教育基本法が目指す教育の目的や目標に基づき，先に見た子供たちの現状や課題を踏まえつつ，2030年とその先の社会の在り方を見据えながら，学校教育を通じて子供たちに育てたい姿を描くとすれば，以下のような在り方が考えられる。

・社会的・職業的に自立した人間として，我が国や郷土が育んできた伝統や文化に立脚した広い視野を持ち，理想を実現しようとする高い志や意欲を持って，主体的に学びに向かい，必要な情報を判断し，自ら知識を深めて個性や能力を伸ばし，人生を切り拓いていくことができること。

・対話や議論を通じて，自分の考えを根拠とともに伝えるとともに，他者の考えを理解し，自分の考えを広げ深めたり，集団としての考えを発展させたり，他者への思いやりを持って多様な人々と協働したりしていくことができること。

・変化の激しい社会の中でも，感性を豊かに働かせながら，よりよい人生や社会の在り方を考え，試行錯誤しながら問題を発見・解決し，新たな価値を創造していくとともに，新たな問題の発見・解決につなげていくことができること。

○　こうした姿は，前章において述べたとおり，変化の激しい社会を生きるために必要な力である「生きる力」を，現在とこれからの社会の文脈の中で改めて捉え直し，しっかりと発揮できるようにすることで実現できるものであると考えられる。言い換えれば，これからの学校教育においては，「生きる力」*の現代的な意義を踏まえてより具体化し，教育課程を通じて確実に育むことが求められている。

＊**「生きる力」**

変化の激しいこれからの社会を生きていくために必要な資質・能力の総称。

（中央教育審議会答申「21世紀を展望した我が国の教育の在り方について」2006年７月19日）

（中央教育審議会答申「幼稚園，小学校，中学校，高等学校及び特別支援学校の学習指導要領等の改善及び必要な方策等について」 2016年12月21日）

テーマ22 子どもたちに「思考力・判断力・表現力」を身に付けさせるために，あなたはどのように取り組みますか。

合格答案

思考力・判断力・表現力は，「確かな学力」を構成する重要な要素の一つである。しかし，全国学力・学習状況調査の結果によると，基礎的・基本的な知識・技能の習得には一定の成果が認められているが，これらの知識・技能を活用して解く思考力・判断力・表現力を測る問題には課題があると指摘されている。そこで私は，言語活動の充実をその解決策として掲げ，国語科とそれ以外の教科における指導の２つの側面から述べる。

⑴基盤となる国語科の指導を充実させる

思考力・判断力・表現力の基盤となるのは「言語」であり，国語科がその要となる。国語科では，「読む」「書く」はもちろんのこと，「話す」「聞く」まで含めた４技能を相互に関連させて指導する。例えば，本を読み，感想文を書いた後で，みんなの前で発表し，お互いの感想について話し合う。また,「〇〇新聞をつくろう」といった題材を設定し，取材，執筆，話し合いまで，グループごとに活動させる。

⑵各教科で思考力・判断力・表現力を育成する

思考力・判断力・表現力を育成するための言語活動の充実は，すべての教科で行う必要がある。例えば，理科では子どもたち自身が仮説を立てた後で観察・実験を行い，その結果を自ら分析する。これを整理したものを発表したり，子どもたち同士でさらに分析したりする。これにより，言語活動を充実させることができるとともに，問題解決能力を身に付けさせることもできる。

結論

思考力・判断力・表現力を身に付けることは，すなわち「生きる力」を身に付けることにつながる。子どもたちが自ら学び，自ら考えたことを表現し，他人に的確に伝えることができるようにすることは，これからのグローバル化社会を生きる子どもたちにとっては欠かせない力である。私は，子どもたちの知的好奇心を刺激し続けるような学習活動の開発に努める。

◀25字×32行（800字）

＊全国学力・学習状況調査から見る「思考力・判断力・表現力」

平成30年度調査の小学校国語のA問題（主として「知識」に関する問題）の平均正答率は70.9%，B問題（主として「活用」に関する問題）の平均正答率は54.8%。同様に，中学校国語のA問題の平均正答率は76.4%，B問題の平均正答率は61.7%と，国語だけ見ても，「知識」に関する問題よりも「活用」に関する問題，すなわち思考力・判断力・表現力を測る問題には課題が見られた。

なお，平成31（令和元）年度調査から，A問題とB問題は一体的に出題されている。

手取り足取り　論作文を構成しよう！

テーマ22 「思考力・判断力・表現力」の育成

序論

①テーマの背景 学校教育の問題点，児童生徒の実態など

思考力・判断力・表現力＝「確かな学力」を構成する重要な要素の一つ

②課題の指摘 本論で取り上げる課題を指摘する

：［〜だと考える］［〜が重要である］など

全国学力・学習状況調査における課題点➡「活用」に関する問題に課題がある

③課題解決のための視点 課題解決に向けて私が目指す教育の視点

：［2つの視点から述べる］［〜に取り組む］など

国語科指導の充実，各教科で思考力・判断力・表現力の育成

本論

方策⑴ 基盤となる国語科の指導を充実させる

①論 課題解決に向けた自分の考え：［〜だと考える］［〜が重要である］など

思考力・判断力・表現力の基盤となる「言語」は，国語科が要

（②例 論をより説得力あるものにするための自分の経験など。なくても可）：［〜だった］

（算数が苦手だったＡちゃんは，実は文章題の意味を理解していないことが分かった）

③策 課題解決のための具体的な実践：［〜を実践する］［〜に取り組む］など

４技能を相互に関連させた指導，発表，話し合い，グループごとの活動

方策⑵ 各教科で思考力・判断力・表現力を育成する

①論 課題解決に向けた自分の考え：［〜だと考える］［〜が重要である］など

思考力・判断力・表現力を育成するための言語活動の充実は，すべての教科で行う

（②例 論をより説得力あるものにするための自分の経験など。なくても可）：［〜だった］

（理科の観察・実験の後の話し合い，分析，発表などが言語活動の充実につながった）

③策 課題解決のための具体的な実践：［〜を実践する］［〜に取り組む］など

理科の観察・実験における言語活動の充実＝問題解決能力の育成

結論

①出題テーマのキーワード（言い換えも可）

思考力・判断力・表現力を身に付けること＝「生きる力」を身に付けること

②別の視点からの補説

グローバル化社会を生きる子どもたちにとっては欠かせない力

③教職への抱負・決意：［〜に努める］［〜に励む］など

子どもたちの知的好奇心を刺激し続けるような学習活動の開発

試験官はココを見る！

○「思考力・判断力・表現力」の育成が求められる背景を理解しているか。
○「思考力・判断力・表現力」について正しい認識をもっているか。
○「思考力・判断力・表現力」を育成するための具体的な方策があるか。

序論のために

「思考力・判断力・表現力」の育成が求められる背景を理解しよう

全国学力・学習状況調査や，OECD生徒の学習到達度調査（PISA）などの学力調査によると，基礎的・基本的な知識・技能の習得については，個別には課題のある事項もあるものの，全体としては一定の成果が認められています。しかし，これらの知識・技能を活用して解く思考力・判断力・表現力を測る問題には課題のある点が指摘されています。

「思考力・判断力・表現力」とは何かを押さえよう

思考力・判断力・表現力は，「確かな学力」を構成する要素の一部で（p.68の図を参照），学校教育法第30条第２項に規定された学力の３つの要素の１つでもあり，平成29～31年版学習指導要領の「総則」では，これからの子どもたちに育成を目指す資質・能力の３つの柱の１つとして示されています。

＊子どもたちに育成を目指す資質・能力の３つの柱

⑴ 知識及び技能が習得されるようにすること。
⑵ 思考力，判断力，表現力等を育成すること。
⑶ 学びに向かう力，人間性等を涵養すること。

（平成29年版小学校学習指導要領，2017年３月31日告示）

本論・結論のために

「思考力・判断力・表現力」を育成するための具体的な方策を考えよう

新学習指導要領の改訂の方向性を示した中央教育審議会答申（2016年12月）は，思考力・判断力・表現力などを「将来の予測が困難な社会の中でも，未来を切り拓いていくために必要な力」であるとしています。その思考力・判断力・表現力を身に付けさせるために，具体的にどのような学習活動があるか，考えてみましょう。

そのまま使える！　とっておき資料

平成29～31年版学習指導要領の解説書では，思考力・判断力・表現力の育成について，下記のように説明しています。志望する校種・教科では，どのような学習活動があるか，具体的に考えてみましょう。

【思考力・判断力・表現力等の育成】

児童が「理解していることやできることをどう使うか」に関わる「思考力，判断力，表現力等」は，社会や生活の中で直面するような未知の状況の中でも，その状況と自分との関わりを見つめて具体的に何をなすべきかを整理したり，その過程で既得の知識や技能をどのように活用し，必要となる新しい知識や技能をどのように得ればよいのかを考えたりしたりするなどの力であり，変化が激しく予測困難な時代に向けてますますその重要性は高まっている。また，（中略）「思考力，判断力，表現力等」を発揮することを通して，深い理解を伴う知識が習得され，それにより更に「思考力，判断力，表現力等」も高まるという相互の関係にあるものである。

学校教育法第30条第２項において，「思考力，判断力，表現力等」とは，「知識及び技能」を活用して課題を解決するために必要な力と規定されている。この「知識及び技能を活用して課題を解決する」という過程については，中央教育審議会答申が指摘するように，大きく分類して次の三つがあると考えられる。

・物事の中から問題を見いだし，その問題を定義し解決の方向性を決定し，解決方法を探して計画を立て，結果を予測しながら実行し，振り返って次の問題発見・解決につなげていく過程
・精査した情報を基に自分の考えを形成し，文章や発話によって表現したり，目的や場面，状況等に応じて互いの考えを適切に伝え合い，多様な考えを理解したり，集団としての考えを形成したりしていく過程
・思いや考えを基に構想し，意味や価値を創造していく過程

各教科等において求められる「思考力，判断力，表現力等」を育成していく上では，こうした学習過程の違いに留意することが重要である。このことは，第１章総則第２の２⑴に示す言語能力，情報活用能力及び問題発見・解決能力，第１章総則第２の２⑵に示す現代的な諸課題に対応して求められる資質・能力の育成を図る上でも同様である。

（『小学校学習指導要領解説　総則編』2017年７月）

※『中学校学習指導要領解説　総則編』（2017年７月），『高等学校学習指導要領解説　総則編』（2018年７月）にも同様の記述あり

テーマ23 「言語能力」の確実な育成のために，あなたはどのように取り組みますか。

合格答案 

平成29～31年版学習指導要領では言語能力の確実な育成が掲げられている。その背景には，国内外の学力調査によって，子どもたちには思考力・判断力・表現力に課題があることが指摘されたことがある。正しく言語を活用することは，「確かな学力」を身に付ける上でも，他者と適切な人間関係を構築する上でも必須である。そこで私は，知的活動の充実と，コミュニケーション能力の育成という２つの視点から取り組む。

本論

(1)各教科・領域で知的活動を充実する

論理や思考に関する知的活動は，「事実などを正確に理解し，他者に的確に分かりやすく伝えること」「事実などを解釈するとともに，考えを伝え合うことで，自分の考えや集団の考えを発展させること」からなると考える。国語科では，「読む」「書く」「話す」「聞く」の４技能を確実に定着させる。理科では，観察・実験の見通しを立てさせ，結果をまとめて発表させる。社会科では，グループで地域の伝統芸能について調べ学習を行い，レポートをまとめて校内に掲示するなどの活動を行う。

(2)コミュニケーション能力を育成する

言語は，他者とコミュニケーションを図る重要な手段の一つである。上記のグループ学習や調べ学習といった主体的・対話的で深い学びを通して，友達と連携・協力をしながら学ぶ楽しさを味わわせる。友達や教師など，日常的に関わっている人物だけではなくて，校外学習では地域社会の人たちと触れ合う機会を設ける。また，研究発表やレポート作成は，完成して終わりにするのではなく，互いに評価し合い，認め合う活動につなげる。

言語能力の確実な育成は，「生きる力」の３つの側面のうち「確かな学力」と「豊かな人間性」の育成に直結する。また，授業だけの取り組みにとどまらず，平素の言葉遣いなどにも気を配る必要がある。私は，単なる知識ではなく，生きて働く言語能力を育成する。

◀25字×32行（800字）

＊言語能力の確実な育成

平成29～31年版学習指導要領では学習指導要領の改訂では，教育内容の主な改善事項として次の６つが示され，言語能力の確実な育成はそのトップに挙げられている。

① 言語能力の確実な育成 ➡ p.154~157
② 理数教育の充実 ➡ p.158~161
③ 伝統や文化に関する教育の充実
④ 道徳教育の充実 ➡ p.70~73
⑤ 体験活動の充実 ➡ p.162~165
⑥ 外国語教育の充実 ➡ p.74~77

手取り足取り　論作文を構成しよう！

テーマ23「言語能力」の確実な育成

序論

①テーマの背景 学校教育の問題点，児童生徒の実態など

国内外の学力調査で，思考力・判断力・表現力に課題

②課題の指摘 本論で取り上げる課題を指摘する

：～だと考える　～が重要である　など

正しい言語の活用＝「確かな学力」の育成，他者との適切な人間関係を構築する上でも必須

③課題解決のための視点 課題解決に向けて私が目指す教育の視点

：２つの視点から述べる　～に取り組む　など

知的活動の充実，コミュニケーション能力の育成

本論

方策(1) 各教科・領域で知的活動を充実する

①論 課題解決に向けた自分の考え：～だと考える　～が重要である　など

論理や思考に関する知的活動＝分かりやすく伝えること，考えを発展させること

(②例 論をより説得力あるものにするための自分の経験など。なくても可)：～だった

（相手に伝えようと努力することで，より自分の考えが深まった）

③策 課題解決のための具体的な実践：～を実践する　～に取り組む　など

国語科＝４技能の定着，理科＝観察・実験の見通し，発表，社会科＝調べ学習

方策(2) コミュニケーション能力を育成する

①論 課題解決に向けた自分の考え：～だと考える　～が重要である　など

言語は，他者とコミュニケーションを図る重要な手段の一つ

(②例 論をより説得力あるものにするための自分の経験など。なくても可)：～だった

（社会科での取材活動がきっかけとなり，地域の人々と交流する機会が増えた）

③策 課題解決のための具体的な実践：～を実践する　～に取り組む　など

主体的・対話的で深い学びを通して，友達と連携・協力して学ぶ楽しさ

結論

①出題テーマのキーワード（言い換えも可）

言語能力の確実な育成＝「生きる力」の「確かな学力」と「豊かな人間性」の育成に直結

②別の視点からの補説

平素の言葉遣いなどにも配慮

③教職への抱負・決意：～に努める　～に励む　など

単なる知識ではなく，生きて働く言語能力を育成

試験官はココを見る！

○「言語能力」の確実な育成が求められるようになった背景を理解しているか。
○「言語能力」について正しい認識をもっているか。
○「言語能力」の確実な育成のための具体的な方策があるか。

序論のために

「言語能力」の確実な育成が求められるようになった背景を理解しよう

全国学力・学習状況調査やOECD生徒の学習到達度調査（PISA）などの学力調査の結果は，いずれも知識・技能の活用など思考力・判断力・表現力に課題があることを示しています。こうした背景から，各学校で子どもたちの思考力・判断力・表現力を育成するために，基礎的・基本的な知識・技能の習得とともに，観察・実験やレポートの作成，論述といったそれぞれの教科の知識･技能を活用する学習活動を充実させることを重視する必要性が指摘されています。

「言語能力」とは何かを押さえよう

平成29～31年版学習指導要領の改訂の方向性を示した中央教育審議会答申(2016年12月)は，「言語活動」を構成する資質・能力を下記のように示しています。

＊「言語能力」を構成する資質・能力

(知識・技能)

言葉の働きや役割に関する理解，言葉の特徴やきまりに関する理解と使い分け，言葉の使い方に関する理解と使い分け，言語文化に関する理解，既有知識（教科に関する知識，一般常識，社会的規範等）に関する理解が挙げられる。

特に，「言葉の働きや役割に関する理解」は，自分が用いる言葉に対するメタ認知に関わることであり，言語能力を向上する上で重要な要素である。

(思考力・判断力・表現力等)

テクスト（情報）を理解したり，文章や発話により表現したりするための力として，情報を多面的・多角的に精査し構造化する力，言葉によって感じたり想像したりする力，感情や想像を言葉にする力，言葉を通じて伝え合う力，構成・表現形式を評価する力，考えを形成し深める力が挙げられる。

(学びに向かう力・人間性等)

言葉を通じて，社会や文化を創造しようとする態度，自分のものの見方や考え方を広げ深めようとする態度，集団としての考えを発展・深化させようとする態度，心を豊かにしようとする態度，自己や他者を尊重しようとする態度，自分の感情をコントロールして学びに向かう態度，言語文化の担い手としての自覚が挙げられる。

本論・結論のために

「言語能力」の確実な育成のための具体的な方策を考えよう

言語能力の確実な育成は，国語科だけではなく，各教科，道徳科，特別活動などの各領域においても充実しなければならないことを踏まえた上で，それぞれにおいてどのような方策が考えられるかを検討してみましょう。

そのまま使える！ とっておき資料

平成29～31年版学習指導要領の解説書では，言語能力の育成について下記のように説明しています。志望する校種・教科ではどのような学習活動があるか，具体的に考えてみましょう。

【言語活動の充実】

言葉は，児童の学習活動を支える重要な役割を果たすものであり，**全ての教科等における資質・能力の育成や学習の基盤となるもの**である。教科書や教師の説明，様々な資料等から新たな知識を得たり，事象を観察して必要な情報を取り出したり，自分の考えをまとめたり，他者の思いを受け止めながら自分の思いを伝えたり，学級で目的を共有して協働したりすることができるのも，言葉の役割に負うところが大きい。したがって，言語能力の向上は，児童の学びの質の向上や資質・能力の育成の在り方に関わる重要な課題として受け止め，重視していくことが求められる。

言語能力を育成するためには，第１章総則第３の１(2)や各教科等の内容の取扱いに示すとおり，**全ての教科等においてそれぞれの特質に応じた言語活動の充実を図ることが必要**であるが，特に**言葉を直接の学習対象とする国語科の果たす役割は大きい**。今回の改訂に当たっては，中央教育審議会答申において人間が認識した情報を基に思考し，思考したものを表現していく過程に関する分析を踏まえ，創造的・論理的思考の側面，感性・情緒の側面，他者とのコミュニケーションの側面から言語能力とは何かが整理されたことを踏まえ，国語科の目標や内容の見直しを図ったところである。言語能力を支える語彙の段階的な獲得も含め，発達の段階に応じた言語能力の育成が図られるよう，国語科を要としつつ教育課程全体を見渡した組織的・計画的な取組が求められる。

また，外国語科及び外国語活動は，学習対象とする言語は異なるが，言語能力の向上を目指す教科等であることから，国語科と共通する指導内容や指導方法を扱う場面がある。そうした指導内容や指導方法を効果的に連携させることによって，言葉の働きや仕組みなどの言語としての共通性や固有の特徴への気付きを促し，相乗効果の中で言語能力の効果的な育成につなげていくことが重要である。

（『小学校学習指導要領解説　総則編』2017年７月）

※『中学校学習指導要領解説　総則編』（2017年７月），『高等学校学習指導要領解説　総則編』（2018年７月）にも同様の記述あり

「理数教育」の充実のために，あなたはどのように取り組みますか。

これからの「知識基盤社会」の時代においては，科学技術の発展・拡充が不可欠である。そこで活躍できる人材を育てるために，理数教育の充実は喫緊の課題であると考える。一方，国内外の学力調査の結果を見ると，子どもたちは理数教育に対する学習意欲が低いことが指摘されている。そこで私は，生きて働く理数教育の実践と，個別最適な学びの充実という２つの視点で取り組む。

⑴生きて働く理数教育を実践する

TIMSS 2019によると，「算数・数学，理科を勉強すると，日常生活に役立つ」と回答した日本の中学生の割合は，国際平均より低い。子どもたちには，理数教育が自分たちの生活や将来的な職業選択と密接な関連があることを理解させる必要がある。そこで，数学科では体験的活動を取り入れ，理科では観察・実験を充実させることにより，子どもたちに理数教育を身近に感じさせる。また，地元企業のエンジニアを講師として招き，科学としての数学や理科のおもしろさを伝える。

⑵個別最適な学びを充実させる

TIMSS 2019では，小学校の理科，中学校の数学で習熟度の低い子どもたちの割合が増加する一方，習熟度の高い子どもたちの割合が減少したが，理数教育は一般的には習熟度が二極化しやすい。そのため，個別最適な学びを実践することが重要である。授業における挙手の様子，宿題などの提出物などから学習意欲を見るとともに，確認テストで理解度を測る。学習意欲が低い，理解度の低い子どもたちには個別指導や補充的な学習を行う。理解度の高い子どもたちには，発展的な学習を実施する。

理数教育を充実させることは，思考力・判断力・表現力を育成することにもつながる。科学的な見方や考え方，論理的に思考する力を身に付けることによって，子どもたちの「生きる力」を知の側面から支える。私は，子どもたちの知的意欲を刺激する授業づくりに努める。

◀25字×32行（800字）

＊「TIMSS」とは

IEAによる国際数学・理科教育動向調査。調査の目的は，初等中等教育段階における児童生徒の算数・数学及び理科の教育到達度を国際的な尺度によって測定し，児童生徒の学習環境条件などの諸要因との関係を，参加国／地域間におけるそれらの違いを利用して組織的に研究にすること。対象は，小学校第４学年，中学校第２学年。TIMSS2019には，小学校は58カ国・地域（約31万人），中学校は39カ国・地域（約23万人）が参加した。

手取り足取り　論作文を構成しよう！

「理数教育」の充実

①テーマの背景 学校教育の問題点，児童生徒の実態など

「知識基盤社会」の時代では，科学技術の発展・拡充が不可欠

②課題の指摘 本論で取り上げる課題を指摘する

：～だと考える　～が重要である　など

国内外の学力調査の結果から，子どもたちは理数教育に対する学習意欲が低い➡向上

③課題解決のための視点 課題解決に向けて私が目指す教育の視点

：2つの視点から述べる　～に取り組む　など

生きて働く理数教育の実践，個別最適な学びの充実

方策(1) 生きて働く理数教育を実践する

①論 課題解決に向けた自分の考え：～だと考える　～が重要である　など

理数教育が自分たちの生活や将来的な職業選択と密接な関連があることを理解させる

(②例 論をより説得力あるものにするための自分の経験など。なくても可)：～だった

（出張講義で理科のおもしろさに目覚めたA君は，理系の大学に進学した）

③策 課題解決のための具体的な実践：～を実践する　～に取り組む　など

数学科では体験的活動，理科では観察・実験の充実，科学としての数学や理科のおもしろさ

方策(2) 個別最適な学びを充実させる

①論 課題解決に向けた自分の考え：～だと考える　～が重要である　など

個別最適な学びを充実させる

(②例 論をより説得力あるものにするための自分の経験など。なくても可)：～だった

（中学校の習熟度別授業で，苦手だった数学のおもしろさが分かった）

③策 課題解決のための具体的な実践：～を実践する　～に取り組む　など

個別指導，補充的な学習，発展的な学習の実施

①出題テーマのキーワード（言い換えも可）

理数教育の充実＝思考力・判断力・表現力の育成

②別の視点からの補説

子どもたちの「生きる力」を知の側面から支える

③教職への抱負・決意：～に努める　～に励む　など

子どもたちの知的意欲を刺激する授業づくり

試験官はココを見る！

○ 「理数教育」の充実が求められるようになった背景を理解しているか。
○ 「理数教育」の充実について正しい認識をもっているか。
○ 「理数教育」の充実のための具体的な方策があるか。

序論のために

「理数教育」の充実が求められるようになった背景を理解しよう

「令和４年度 全国学力・学習状況調査」では，理科の学習に対する興味・関心などは算数・数学と比べて小学校より中学校で顕著に下がること，TIMSS 2019では，数学，理科を勉強すると，日常生活に役立つと思う中学生が国際平均と比較して少ないなどの課題点が指摘されています。これらの理数教育に対する積極性の低さは，以前から指摘された課題でもあり，平成29～31年版学習指導要領の改訂の柱の一つとして「理数教育の充実」が掲げらています。

「理数教育」の充実に関する改訂のポイントを押さえよう

平成29～31年版学習指導要領では，「理数教育」の充実として，下記のような改善点が掲げられています。

＊「理数教育」の充実に基づく改善点

○ 平成20・21年版学習指導要領の改訂において２～３割程度授業時数を増加し充実させた内容を平成29～31年版学習指導要領でも維持した上で，日常生活等から問題を見いだす活動（小：算数，中：数学）や見通しをもった観察・実験（小中：理科）などの充実によりさらに学習の質を向上させる。
○ 必要なデータを収集・分析し，その傾向を踏まえて課題を解決するための統計教育の充実（小：算数，中：数学，高：数学），自然災害に関する内容の充実（小中：理科）を行う。
○ 将来，学術研究を通じた知の創出をもたらすことができる創造性豊かな人材の育成を目指し，新たな探究的科目として，「理数探究基礎」及び「理数探究」を新設（高：理数）

本論・結論のために

「理数教育」の充実を実施する具体的な方策を考えよう

平成29～31年版学習指導要領では，算数・数学科は日常生活や社会の事象や数学の事象から問題を見いだし主体的に取り組む数学的活動の充実，理科は観察・実験などを通じて，科学的に探究する学習活動における指導の充実，理科を学ぶことの意義や有用性の実感及び理科への関心を高める観点から，日常生活や社会との関連を重視することが掲げられています。具体的な学習活動例を考えてみましょう。

そのまま使える！ とっておき資料

理科に関する4回目の調査が行われた「令和4年度 全国学力・学習状況調査」や，TIMSS2019の教科に関する調査や質問紙調査からは，下記のような結果が得られています。具体的な方策を考える上で，参考にしてみましょう。

【「令和4年度 全国学力・学習状況調査」の結果】

＊教科（理科）に関する調査（3年に1回実施）

〈小学校〉

○ 学習指導要領で重視されている問題解決の力を踏まえて初めて出題した「問題の見いだし」（身の回りの生物や物の溶け方に関すること）については，気付いたことを基に分析して解釈し，適切な問題を見いだすことに課題が見られる。

○ 観察，実験などに関する技能については，実験の過程や得られた結果を適切に記録したものを選ぶことはできている。一方，自然の現象（水の状態変化）については，知識を日常生活に関連付けて理解することに引き続き課題が見られる。

〈中学校〉

○ 学習指導要領において科学的に探究する学習が重視されていることを踏まえ，探究の過程における検討や改善を問う設問について，他者の考えの妥当性を検討したり，実験の計画が適切か検討して改善したりすることに課題が見られた分野がある（力の働き，天気の変化等）。

○ 過去に課題が見られた実験の計画における条件の制御については，改善の状況が見られる。

＊質問紙調査

○ 理科に関する興味・関心等に関する質問に肯定的に回答した割合は，平成30年度調査と比べて特に中学校の生徒で増加している。

○「自ら考えた予想や仮説をもとに，観察，実験の計画を立てることができるような指導を行ったか」との質問に肯定的に回答した小・中学校の割合は，平成30年度調査と比べて増加している。

○「理科の指導として，観察や実験の結果を整理し考察する指導を行ったか」との質問に肯定的に回答した小・中学校の割合は90％を超えている。

○「理科の授業で観察や実験の結果をもとに考察しているか」との質問に肯定的に回答した児童生徒の割合は約80％であり，平成30年度調査と比べて特に中学校の生徒で増加している。

○「将来，理科や科学技術に関係する職業に就きたいと思うか」との質問に肯定的に回答した小学校の児童の割合は約25％，中学校の生徒の割合は約20％となっており，平成30年度調査と比べて横ばいである。

【TIMSS 2019の結果】

＊教科（算数・数学，理科）に関する調査

○ 教科の平均得点については，小学校・中学校いずれも，算数・数学，理科ともに，引き続き高い水準を維持している。TIMSS2015に比べ，小学校理科においては平均得点が有意に低下しており，中学校数学においては平均得点が有意に上昇している。

＊質問紙調査

○ 小学校・中学校いずれも，算数・数学，理科ともに，算数・数学，理科の「勉強は楽しい」と答えた児童生徒の割合は増加している。小学校理科について「勉強は楽しい」と答えた児童の割合は，引き続き国際平均を上回っているが，小学校算数，中学校数学及び中学校理科について「勉強は楽しい」と答えた児童生徒の割合は，国際平均を下回っている。

「体験活動」の充実のために，あなたはどのように取り組みますか。

合格答案 

体験活動の充実は，「第４期教育振興基本計画」で示された16の目標のうち「豊かな心の育成」においても重要な課題である。一方，全国学力・学習状況調査やPISAなどの国内外の学力調査において，体験活動が豊富であるほど，意欲・関心や規範意識，学力が高くなるとの指摘もある。そこで私は，各教科における体験活動の充実と，自他の大切さに気づく宿泊体験活動の実施という２つの視点で取り組む。

本論

(1)各教科における体験活動を充実させる

体験活動は，職場体験活動やボランティア活動だけではなく，各教科の授業の中でも取り入れることが必要である。例えば，理科の実験では子どもたち自身が仮説を立ててから観察・実験を行い，その結果を整理し，考察し，まとめ，表現する。図画工作科では，作品をつくって終わりではなく，子どもたち同士で感想を発表し合い，互いの作品の良いところを認め合う。これらは，いずれも思考力・判断力・表現力の育成にもつながる。

(2)自他の大切さに気づく宿泊体験活動を実施する

例えばいじめは，人間関係がうまくつくれない，規範意識が欠如している，ささいなことでも感情をコントロールできないなどが要因となっていると考えることができる。そこで，仲間と一緒に宿泊を伴う農業体験や漁業体験活動を実施する。友達と協力して米をつくる，魚をつかまえるといった活動から，仲間と協力して一つのことをやり遂げる達成感，コミュニケーションの楽しさ，集団規律を守ることの大切さを身に付けさせる。

結論

体験活動は，「生きる力」を構成する３つの要素のいずれにとっても重要である。「豊かな人間性」と「健康・体力」の育成にとってはもちろんのこと，体験活動を通して身に付けた思考力･判断力･表現力は，「確かな学力」の育成にとっても欠かせない。私は，子どもたちにとって，「生きる力」の糧となる体験活動の充実に努める。

◀25字×32行（800字）

＊体験活動の充実

中央教育審議会答申（2008年１月）では，学校教育においては下記の３つの活動を重点的に推進するよう提言している。

① 自己が明確になり，自覚されるようになる小学校の時期においては，自然の偉大さや美しさに出会ったり，身近な学校の仲間とのかかわりを深めたりする自然の中での集団宿泊活動

② 大人が社会で責任を果たしていることに気付き，進路を自分の問題として考え始める中学校の時期においては，職場での体験を通して社会の在り方を垣間見ることにより勤労観・職業観をはぐくむ職場体験活動

③ 自分と他者や社会との関係について考えを深める高等学校の時期においては，人に尽くしたり社会に役立つことのやりがいを感じることで，自分の将来展望や社会における自分の役割について考えを深めることが期待できる奉仕体験活動や就業体験活動

手取り足取り　論作文を構成しよう！

「体験活動」の充実

①テーマの背景 学校教育の問題点，児童生徒の実態など

体験活動が豊富であるほど，意欲・関心や規範意識，学力が高い傾向

②課題の指摘 本論で取り上げる課題を指摘する

：~だと考える　~が重要である　など

「第４期教育振興基本計画」においても重要な課題

③課題解決のための視点 課題解決に向けて私が目指す教育の視点

：２つの視点から述べる　~に取り組む　など

各教科における体験活動の充実，自他の大切さに気づく宿泊体験活動の実施

方策(1) 各教科における体験活動を充実させる

①論 課題解決に向けた自分の考え：~だと考える　~が重要である　など

各教科の授業の中で体験活動を取り入れる

（②例 論をより説得力あるものにするための自分の経験など。なくても可）：~だった

（「風呂の湯はどうして上のほうが温かいか」という実験は，今でも覚えている）

③策 課題解決のための具体的な実践：~を実践する　~に取り組む　など

理科の観察・実験，図画工作科の創作・発表＝思考力・判断力・表現力の育成

方策(2) 自他の大切さに気づく宿泊体験活動を実施する

①論 課題解決に向けた自分の考え：~だと考える　~が重要である　など

いじめは，人間関係がうまくつくれない，規範意識の欠如などが要因

（②例 論をより説得力あるものにするための自分の経験など。なくても可）：~だった

（他人の気持ちを思いやることができなくてトラブルに発展する子どもたち）

③策 課題解決のための具体的な実践：~を実践する　~に取り組む　など

仲間と一緒に宿泊を伴う農業体験，漁業体験活動を実施

①出題テーマのキーワード（言い換えも可）

体験活動＝「生きる力」を構成する３つの要素のいずれにとっても重要

②別の視点からの補説

「確かな学力」の育成にも不可欠

③教職への抱負・決意：~に努める　~に励む　など

「生きる力」の糧となる体験活動の充実

試験官はココを見る！

○ 「体験活動」の充実が求められるようになった背景を理解しているか。
○ 「体験活動」の充実について正しい認識をもっているか。
○ 「体験活動」の充実のための具体的な方策があるか。

序論のために

「体験活動」の充実が求められるようになった背景を理解しよう

体験活動の充実は，学校教育法第21条「教育の目標」，いじめ防止対策推進法第15条「学校におけるいじめの防止」にも規定されています。また，「子どものころの体験が豊富な大人ほど，意欲・関心や規範意識が高い人が多い」といった規範意識や道徳心の育成，「自然の中で遊んだことや自然観察をしたことがあると回答している児童生徒のほうが理科の平均正答率が高い傾向が見られる」「クラブ活動などのさまざまな学校の活動が行われているほど読解力の得点が高い傾向がある」といった学力との相関関係についても指摘されています。

「体験活動」とは何かを押さえよう

次ページの中央教育審議会答申（2013年１月）では，「体験活動」を「体験を通じて何らかの学習が行われることを目的として，体験する者に対して意図的・計画的に提供される体験」と定義し，下記の３つに分類しています。

＊「体験活動」の分類

① 生活・文化体験活動：放課後に行われる遊びやお手伝い，野遊び，スポーツ，部活動，地域や学校における年中行事
② 自然体験活動：登山やキャンプ，ハイキングなどといった野外活動，星空観察や動植物観察といった自然・環境に係る学習活動
③ 社会体験活動：ボランティア活動や職場体験活動，インターンシップ

本論・結論のために

「体験活動」の充実のための具体的な方策を考えよう

文部科学省の「体験活動事例集－豊かな体験活動の推進のために－」（2002年１月）では，以下のような事例を紹介しています。タイトルから具体的な方策をイメージしてみましょう。

○ ボランティア活動など社会奉仕に関わる体験活動：お年寄りとの交流体験と地域清掃活動／子どもヘルパー活動／ボランティアバンクの活動
○ 自然に関わる体験活動：自然生態園を中心とした環境学習／ウミガメの保護観察活動を通して命や環境問題について学ぼう／地域環境を生かした里山保護活動
○ 勤労生産に関わる体験活動：地域の先生との米作り体験活動／地域産業を生かした漁労・水産物加工・職場体験活動／ふるさとから学び未来を拓く勤労生産体験活動
○ 職場や就業に関わる体験活動：先輩や地域の「プロ」とかかわりながら，人間としての行き方を考える活動／地域に学ぶ「トライやる・ウィーク」
○ 文化や芸術に関わる体験活動：楮から和紙をすき，手づくりの卒業証書にする活動／地域文化の継承活動（地域に学び，学びを地域にかえす営み）
○ 交流にかかわる体験活動：はなのき活動（ふれあい活動，奉仕活動，なかよし活動）／地域施設と連携した保育体験活動・特別養護老人ホーム体験活動
○ その他の体験活動：地域との交流を図る『地域に学ぶ体験学習』

そのまま使える！ とっておき資料

下記の中央教育審議会答申（2013年1月）では，体験活動の定義や，学校で体験活動を取り入れる際の留意点が示されています。具体的な方策を考える上での参考にしてみましょう。

【体験活動の定義】

○ 体験活動は，意図的かどうかを問わず，直接自然や人・社会等とかかわる活動を行うことにより，五感を通じて何かを感じ，学ぶ取組を広く包含している。体験活動の定義については，平成19年の中央教育審議会答申において，主として「体験を通じて何らかの学習が行われることを目的として，体験する者に対して意図的・計画的に提供される体験」とされており，特に社会教育や学校教育の場で提供される場合は，教育的な目的・効果を考慮して体験活動を進めている。（中略）

また，体験活動そのものを目的とする場合と，体験活動を手段として何かを学び取らせる場合を区別しながら，議論することが必要である。

【学校における子どもの体験活動の推進】

○ 学校教育法では「小学校においては，（略）教育指導を行うに当たり，児童の体験的な学習活動，特にボランティア活動など社会奉仕体験活動，自然体験活動その他の体験活動の充実に努めるものとする。この場合において，社会教育関係団体その他の関係団体及び関係機関との連携に十分配慮しなければならない。」（中学校，高等学校，中等教育学校，特別支援学校にも準用）とされており，また，学習指導要領では，「集団宿泊活動やボランティア活動，自然体験活動などの豊かな体験を通して児童の内面に根ざした道徳性の育成が図られるよう配慮しなければならない」とされており，各学校において，発達の段階を踏まえ，教育課程に計画的・効果的に体験活動を組み込むことにより，今後，より一層体験活動を充実していくことが必要である。

○ 学校教育における自然体験活動等については，長期の集団宿泊活動により，人間的に大きな成長が見られることなど効果がある一方で，学校から遠く離れた所に行かないと実施できないと考えられていることや，費用負担の問題，大人社会の体験活動への理解不足，教員の多忙感の増加等の懸念が，大きな課題であるとの意見があった。また，職場体験活動については，学校側が地域の企業に体験活動の依頼をしても断られる場合などもあり，活動場所の確保に苦慮している事例もみられる。

○ 学校教育の中に体験活動を取り入れる際には，指導内容の増加，授業時数の増加という現状の中で，子どもや教員・家庭の過重な負担とならないようにするなど，学校現場の状況を十分把握して検討する必要がある。地域内の学校間での連携や，教育委員会が企画・調整するなどして，より効率的に体験活動の場の確保が十分になされるような取組が期待される。また，職場体験活動については，例えばＰＴＡなど地域コミュニティがコーディネート機能を担っている事例もあり，地域全体の協働により，学校の取組を支援していくことも重要と考えられる。

○ また，理科における実験，図画工作，美術における創作活動，生活，保健体育，技術・家庭，総合的な学習の時間その他の各教科等における様々な活動のような，学校の授業中にできる体験活動は，知識・技能の活用や問題探求等のきっかけとなるほか，子どもが自分自身の興味関心・得意分野を見つける重要な機会となっており，将来のキャリア形成にも大きく影響するという指摘もあるので，「体験的に学ぶ」という観点からのアプローチも重要である。

今後，教育内容・方法が問題解決型，協働型・双方向型の学習をより重視していく中で，各教科等においても，体験的な学習を適切に取り入れ，子どもの学びを深める取組が進められることが期待される。

（中央教育審議会答申「今後の青少年の体験活動の推進について」2013年1月21日）

「GIGA スクール構想」を踏まえて，あなたは ICT の活用にどのように取り組みますか。

「GIGA スクール構想」において ICT は，Society5.0 の時代を生きる子どもたちにとってペンやノートと並ぶマストアイテムとされている。1人1台という端末環境は，子どもたちが変化を前向きに受け止め，持続可能な社会の創り手として，社会の形成に参画できるようにするための新たな時代の「スタンダード」である。私は，情報活用能力の育成と，個別最適な学びの実現という2つの視点から，ICT の活用に取り組む。

(1)情報活用能力の育成

高度な情報化社会を生きるためには，コンピュータなどで情報を得たり，整理・比較したり，得た情報を分かりやすく発信・共有したりする情報活用能力が求められる。私は，ICT を活用した主体的・対話的で深い学びを実践することで，情報活用能力を育成する。例えば国語では，グループで1つの和歌を選び，その情景や作者について調べ，和歌の意味を解釈させて，デジタル発表資料を作成して発表させる。子どもたちが主体となり情報をまとめることで，国語の知識を得るだけではなく，情報活用能力も得られるような授業を展開する。

(2)個別最適な学びの実現

1人1台の端末を活用すれば，従来の一斉授業では難しかった，子どもたちの理解度や個性に合わせた個別最適な学びも可能になる。例えば，授業中に端末を通じて小テストを実施し，その場で解答を確認することで，一人ひとりの理解度を瞬時に，正確に把握することができる。また，発達障害のある子どもたちには，音声や動画など，特性に応じた教材を活用することもできる。

結論

ICT は，文字通り日進月歩の変化を遂げる。一方で，どんなに最先端の ICT 機器を使うとしても，教育を実践するのは機械ではなく，教師である私自身である。ICT 教育の導入に当たっても，子どもたちに寄り添い，分かる授業を行うという教師の本分を最優先に実践していく。

◀25字×32行（800字）

＊「GIGA スクール構想」の目的とは

①1人1台端末と，高速大容量の通信ネットワークを一体的に整備することで，特別な支援を必要とする子どもを含め，多様な子どもたちを誰一人取り残すことなく，公正に個別最適化され，資質・能力が一層確実に育成できる教育環境を実現する，②これまでのわが国の教育実践と最先端の ICT のベストミックスを図ることにより，教師・児童生徒の力を最大限に引き出す，ことを目的とする。特に，「GIGA スクール構想」におけるハード・ソフト・人材を一体とした整備を加速することで，災害や感染症の発生などによる学校の臨時休業などの緊急時においても，ICT の活用によりすべての子どもたちの学びを保障できる環境を早急に実現することを目指している。

手取り足取り　論作文を構成しよう！

「GIGAスクール構想」を踏まえたICTの活用

①テーマの背景 学校教育の問題点，児童生徒の実態など

Society5.0の時代では，ICTはペンやノートと並ぶマストアイテム

②課題の指摘 本論で取り上げる課題を指摘する

：~~だと考える~~　~~が重要である~~ など

1人1台の端末環境＝社会の形成に参画できるようにするための新たな時代の「スタンダード」

③課題解決のための視点 課題解決に向けて私が目指す教育の視点

：2つの視点から述べる　~に取り組む など

情報活用能力の育成，個別最適な学びの実現

方策(1) 情報活用能力の育成

①論 課題解決に向けた自分の考え：~だと考える　~が重要である など

高度な情報化社会を生きるためには，情報活用能力が求められる

(②例 論をより説得力あるものにするための自分の経験など。なくても可)：~だった

(コロナ禍におけるオンライン授業では，子どもたちの満足度は想像以上に高かった)

③策 課題解決のための具体的な実践：~を実践する　~に取り組む など

ICTを活用した主体的・対話的で深い学びの実践（デジタル発表資料の作成・発表）

方策(2) 個別最適な学びの実現

①論 課題解決に向けた自分の考え：~だと考える　~が重要である など

子どもたちの理解度や個性に合わせた個別最適な学びも可能

(②例 論をより説得力あるものにするための自分の経験など。なくても可)：~だった

(コロナ禍では，子どもたちの習熟度に合わせた自宅学習教材を作成した)

③策 課題解決のための具体的な実践：~を実践する　~に取り組む など

端末を通じた小テスト，発達障害のある子どもたちの特性に応じた教材の活用

①出題テーマのキーワード（言い換えも可）

ICTは日進月歩

②別の視点からの補説

教育を実践するのは機械ではなく，教師である私自身

③教職への抱負・決意：~に努める　~に励む など

子どもたちに寄り添い，分かる授業を行うという教師の本分を最優先に実践

試験官はココを見る！

○ 「GIGAスクール構想」が2021年４月に前倒し実施された背景を理解しているか。
○ ICTの活用について正しい認識をもっているか。
○ 情報活用能力を育成するための具体的な方策があるか。

序論のために

「GIGAスクール構想」が前倒し実施されるようになった背景を理解しよう

「GIGAスクール構想」のGIGAは，Global and Innovation Gateway for Allの頭文字をとったもので，ICTの活用によりすべての子どもたちの学びを保障できる環境の実現を目指しています。当初は2023年度に達成するとされていた端末整備は，新型コロナウイルス感染症による臨時休業措置の期間に，オンライン授業や家庭学習におけるICTを使った指導の必要性が急速に高まったことなどから，2021年４月に前倒し実施されました。

「情報活用能力」とは何かを押さえよう

中央教育審議会答申「幼稚園，小学校，中学校，高等学校及び特別支援学校の学習指導要領等の改善及び必要な方策等について」(2016年12月)では，情報活用能力は「世の中の様々な事象を情報とその結び付きとして捉えて把握し，情報及び情報技術を適切かつ効果的に活用して，問題を発見・解決したり自分の考えを形成したりしていくために必要な資質・能力」と定義されました。また，情報活用能力は，各教科等において育むことを目指す資質・能力と同様に，「知識及び技能」「思考力，判断力，表現力等」「学びに向かう力，人間性等」の３つの柱によって捉えていくことが提言され，以下のように整理されています。

○ 知識及び技能（何を理解しているか，何ができるか）

情報と情報技術を活用した問題の発見・解決等の方法や，情報化の進展が社会の中で果たす役割や影響，技術に関する法・制度やマナー，個人が果たす役割や責任等について，情報の科学的な理解に裏打ちされた形で理解し，情報と情報技術を適切に活用するために必要な技能を身に付けていること。

○ 思考力，判断力，表現力等（理解していること，できることをどう使うか）

様々な事象を情報とその結びつきの視点から捉え，複数の情報を結びつけて新たな意味を見いだす力や問題の発見・解決等に向けて情報技術を適切かつ効果的に活用する力を身に付けていること。

○ 学びに向かう力，人間性等（どのように社会・世界と関わりよりよい人生を送るか）

情報や情報技術を適切かつ効果的に活用して情報社会に主体的に参画し，その発展に寄与しようとする態度等を身に付けていること。

本論・結論のために

子どもたちに情報活用能力を身に付けさせるための具体的な方策を考えよう

上記を踏まえた上で，各教科や特別活動などの教育活動において，子どもたちに情報活用能力を身に付けさせるための具体的な方策を考えてみましょう。

そのまま使える！　とっておき資料

まずは,「GIGAスクール構想」とは何か，その目的と特長をしっかりと押さえる必要があります。その上で, ICTを活用した具体的な学習例についてイメージしてみましょう。

GIGAスクール構想

☑ 1人1台端末と，高速大容量の通信ネットワークを一体的に整備することで，特別な支援を必要とする子供を含め，**多様な子供たちを誰一人取り残すことなく，公正に個別最適化され，資質・能力が一層確実に育成できる**教育環境を実現する

☑ これまでの我が国の教育実践と最先端のICTのベストミックスを図ることにより，**教師・児童生徒の力を最大限に引き出す**

これまでの教育実践の蓄積

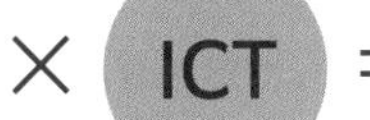

＝ 学習活動の一層の充実
主体的・対話的で深い学びの視点からの授業改善

	「1人1台端末」ではない環境		「1人1台端末」の環境
一斉学習	・教師が大型提示装置等を用いて説明し，子供たちの興味関心意欲を高めることはできる	学びの深化	・教師は授業中でも一人一人の反応を把握できる ➡子供たち一人一人の反応を踏まえた，双方向型の一斉授業が可能に
個別学習	・全員が同時に同じ内容を学習する(一人一人の理解度等に応じた学びは困難)	学びの転換	・各人が同時に別々の内容を学習 ・個々人の学習履歴を記録 ➡一人一人の教育的ニーズや，学習状況に応じた個別学習が可能
共同学習	・意見を発表する子供が限られる	学びの転換	・一人一人の考えをお互いにリアルタイムで共有 ・子供同士で双方向の意見交換が可能に ➡各自の考えを即時に共有し，多様な意見にも即時に触れられる

ICTの活用により充実する学習の例

☑ **調べ学習**　課題や目的に応じて，インターネット等を用い，様々な情報を主体的に収集・整理・分析

☑ **表現・制作**　推敲しながらの長文の作成や，写真・音声・動画等を用いた多様な資料・作品の制作

☑ **遠隔教育**　大学・海外・専門家との連携，過疎地・離島の子供たちが多様な考えに触れる機会，入院中の子供と教室をつないだ学び

☑ **情報モラル教育**　実際に情報・情報技術を活用する場面(収集・発信など)が増えることにより，情報モラルを意識する機会の増加

（文部科学省リーフレット「GIGAスクール構想の実現へ」）

テーマ27 学習指導要領で示された「特別活動」の目標を踏まえて，あなたはどのように「特別活動」を実践しますか。

合格答案 

文部科学省の調査では，令和４年度のいじめの認知件数，暴力行為の発生件数は，ともに小学校での増加が目立つ結果となった。これらの問題行動の背景には，人や社会との関わりを築く人間関係形成能力が身に付いていないことが挙げられる。そこで私は，「個」の成長と「集団」としての成長という２つの視点から，「特別活動」の充実に取り組む。

⑴「個」の成長～自己有用感を育成する

「特別活動」の究極的な目標は，「自己の生き方についての考えを深め，自己を生かす能力を養う」ことである。そのためには，子どもたち一人一人が「自己有用感」をもつことが大切だと考える。「自己有用感」は，誰かの役に立てたという成就感や，誰かから必要とされているという満足感である。例えば，異学年交流で６年生が１年生の給食の準備や清掃を手伝ったり，遠足で手をつないで歩いたりする活動によって，自分が必要とされていることや役に立っていることを実感させる。

⑵「集団」としての成長～規範意識を醸成する

「特別活動」の目標には，「集団の一員としてよりよい生活や人間関係を築こうとする自主的，実践的な態度を育てる」ことが含まれる。学級や学校を集団，社会として見立て，ルールを守って生活することの大切さや，物事の善悪に対する正しい価値観をもつことが重要である。例えば，児童会活動を使って「いじめ防止」について子どもたちで話し合わせる。いじめに対する意見を募集し，それを集約して「いじめゼロ宣言」を策定したり，「いじめゼロ週間」の実施につなげたりしていく。

「特別活動」を通して，心身ともに健全な子どもたちを育成することは，「生きる力」の育成にもつながる。学校のホームページや学校公開などを通して，家庭や地域社会の協力も仰ぐ。私は，「特別活動」が子どもたちの自主的な学びとなるように支援していく。

◀25字×32行（800字）

＊平成 29 ～ 31 年版学習指導要領の「特別活動」の内容

小学校＝①学級活動，②児童会活動，③クラブ活動，④学校行事（儀式的行事／文化的行事／健康安全・体育的行事／遠足・集団宿泊的行事／勤労生産・奉仕的行事）

中学校＝①学級活動，②生徒会活動，③学校行事（儀式的行事／文化的行事／健康安全・体育的行事／旅行・集団宿泊的行事／勤労生産・奉仕的行事）

高等学校＝①ホームルーム活動，②生徒会活動，③学校行事（儀式的行事／文化的行事／健康安全・体育的行事／旅行・集団宿泊的行事／勤労生産・奉仕的行事）

手取り足取り　論作文を構成しよう！

テーマ27「特別活動」の実践

序論

①テーマの背景 学校教育の問題点，児童生徒の実態など

令和４年度のいじめの認知件数，暴力行為の発生件数＝小学校での増加が目立つ

②課題の指摘 本論で取り上げる課題を指摘する

：～だと考える　～が重要である　など

人や社会との関わりを築く人間関係形成能力が身に付いていない➡「特別活動」の充実

③課題解決のための視点 課題解決に向けて私が目指す教育の視点

：２つの視点から述べる　～に取り組む　など

「個」の成長，「集団」としての成長

本論

方策(1)「個」の成長～自己有用感を育成する

①論 課題解決に向けた自分の考え：～だと考える　～が重要である　など

子どもたち一人一人が「自己有用感」をもつ

(②例 論をより説得力あるものにするための自分の経験など。なくても可)：～だった

(総合的な学習の時間で定期的に訪問する老人ホームの高齢者の喜んだ顔が忘れられない)

③策 課題解決のための具体的な実践：～を実践する　～に取り組む　など

異学年交流で，６年生が１年生の世話をする➡自己有用感を実感

方策(2)「集団」としての成長～規範意識を醸成する

①論 課題解決に向けた自分の考え：～だと考える　～が重要である　など

学級や学校を集団，社会として見立て，ルールを守ること，善悪に対する正しい価値観

(②例 論をより説得力あるものにするための自分の経験など。なくても可)：～だった

(毎月１回の「朝の挨拶運動」は，児童会活動で子どもたちからの発案で始まった)

③策 課題解決のための具体的な実践：～を実践する　～に取り組む　など

「いじめゼロ宣言」の策定，「いじめゼロ週間」の実施

結論

①出題テーマのキーワード(言い換えも可)

「特別活動」を通して，心身ともに健全な子どもたちの育成＝「生きる力」の育成

②別の視点からの補説

家庭や地域社会の協力

③教職への抱負・決意：～に努める　～に励む　など

子どもたちの自主的な学びとなるよう支援

試験官はココを見る！

○ 「特別活動」が重視される背景を理解しているか。
○ 「特別活動」の特質や教育的意義について正しい認識をもっているか。
○ 「特別活動」を行うための具体的な方策があるか。

序論のために

「特別活動」が重視される背景を理解しよう

いじめや暴力行為が依然として大きな教育課題であることから,「望ましい集団活動を通して，心身の調和のとれた発達と個性の伸長を図り，集団の一員としてよりよい生活や人間関係を築こうとする自主的，実践的な態度を育てるとともに，自己の生き方についての考えを深め，自己を生かす能力を養う」ことを目的とする「特別活動」がますます重視されています。

「特別活動」の特質や教育的意義を押さえよう

国立政策研究所の指導資料「楽しく豊かな学級･学校生活をつくる特別活動（小学校編）」では,「特別活動」の特質や教育的意義を次のように示しています。

＊「特別活動」の特質とは

○ 集団活動であること：よりよい生活や人間関係を築くために，目標やその達成の方法や手段などを決め，みんなで役割を分担してその実現を目指す協働的な集団活動です。
○ 自主的な活動であること：自ら楽しく豊かな学級や学校の生活をつくりたいという課題意識をもって，指示待ちではなく，自分たちで問題を見付けたり話し合ったりして解決するなど,「児童による，児童のための活動」です。
○ 実践的な活動であること：楽しく豊かな学級や学校の生活づくりのための諸問題を話し合ったり，話合いで決めたことに友達と協力して取り組み，反省を次に生かしたりするなど具体的に実践する活動です。

＊「特別活動」の教育的意義とは

○ 自分たちで生活の諸問題を解決しようとするたくましい児童が育ちます。
○ 児童相互，児童と教師との人間的な触れ合いが深まります。
○ 友達と協力して，チームで活動しようとする児童が育ち，いじめ問題等の未然防止に役立ちます。
○ 切磋琢磨できるよりよい人間関係が育ち，効果的に学力を向上するための土壌づくりになります。
○ 共生社会の担い手としての豊かな人間性や社会性を身に付けることができます。

本論・結論のために

「特別活動」を行うための具体的な方策を考えよう

学習指導要領に示された学級活動／ホームルーム活動，児童会活動／生徒会活動，学校行事，クラブ活動（小学校のみ）の内容の中から，具体的な方策を考えてみましょう。

そのまま使える！ とっておき資料

国立政策研究所の生徒指導リーフ「特別活動と生徒指導」では，「特別活動」は生徒指導にとっても最も重要な教育活動の場であるとして，下記の３つのポイントを挙げています。学級活動やホームルーム活動，児童会活動や生徒会活動の具体的な実践を考える上で参考にしてみましょう。

【生徒指導にとって最も重要な教育活動の場】

特別活動の主たる目標は，望ましい集団活動を通して，自主的，実践的な態度を育成することや，自己の生き方についての考えや自覚を深め，自己を生かす能力を養うこと――こうした目標を持つ特別活動の取組は，児童生徒の健全育成を目指す生徒指導の実践そのものと言うことができます。

特別活動の指導において重視したい指導・支援には，次のようなものがあります。

① 児童生徒に「自己存在感」を与える

② 教師と児童生徒の信頼関係及び児童生徒相互の「共感的な人間関係」を育てる

③ 「自己決定」の場や機会をより多く用意し，児童生徒が自己実現の喜びを味わうことができるようにする

これらは，生徒指導を行う際に強調される３つのポイントと重なっています。こうしたことから，特別活動は教育課程における生徒指導の中核的な活動と言えます。

【特別活動において生徒指導の面から重視したい取組例】

① すべての児童生徒に「自己存在感」を与える取組として

- ○ 一人一人の児童生徒が，学級・ホームルームのよりよい生活づくりに貢献できるよう，係活動や学級・ホームルーム組織の中で，自分のよさや得意なことを生かして活動できるようにする取組（学級活動・ホームルーム活動）
- ○ 運動会（体育祭）などの「学校行事への協力」の活動の中で，児童生徒が役割を分担し，それぞれの個性をよりよく生かしたり，発揮したりして活躍できるようにする取組（児童会・生徒会活動）
- ○ 文化的な活動やボランティア活動などに，学校や地域の一員として主体的に参加し，自分らしさを発揮して貢献できるようにする取組（学校行事）　など

② すべての児童生徒相互の「共感的な人間関係」を育てる取組として

- ○ 学級・ホームルームとして取り組むことや自分が取り組みたい目標や内容などを決める際，また実際の活動場面やその振り返りの際に，互いのよさを認め合い相互の信頼を高め合えるようにする取組（学級活動・ホームルーム活動）
- ○ 児童会・生徒会が主催する異年齢交流活動などにおいて，上級生が下級生のことを思いやり，下級生が上級生を尊敬しながら集会活動などを楽しめるようにする取組（児童会・生徒会活動）
- ○ 遠足や修学旅行等のグループ活動で，考え方や性別などの違いを超えて，互いに協力できるようにする取組（学校行事）　など

③ 「自己決定」の場や機会を設け，すべての児童生徒に自己実現の喜びを味わわせる取組として

- ○ 学校や家庭でのよりよい生活や学習の在り方について，その方法や内容などのアイデアについて情報交換をし合い，自分に合った具体的な実践課題を決め，努力して改善が図られるようにする取組（学級活動・ホームルーム活動）
- ○ 上級生によるクラブの紹介や見学などをもとに，自分に合っていると思ったり挑戦してみたいと思ったりするクラブを決め，目標をもって参画できるようにする取組（クラブ活動）
- ○ 集団宿泊活動などに学級・ホームルームや自己の目標をもって参加し，達成感を味わえるようにする取組（学校行事）　など

（国立教育政策研究所・生徒指導リーフ「特別活動と生徒指導」2012年６月）

テーマ28 「これからの時代の教師に求められる資質能力」を挙げ，あなたはその能力を具体的にどのように活用しますか。

合格答案

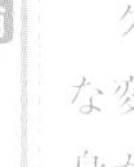

序論

グローバル化や情報通信技術の進展など，社会の急激な変化に対応できる子どもたちを育むためには，教師自身がこれらの変化に柔軟に対応することが求められる。また，いじめや不登校への対応，特別支援教育の充実など，学校に期待される役割は高度化，多様化している。私は，これからの時代の教師に求められる資質能力として，教育の専門家としての高度な知識・技能と，総合的な人間力の２つを挙げ，以下のように活用していく。

本論

(1)教科や教職に関する専門的な知識・技能を活用する

教師は「教育のプロ」としての自覚をもつことが必要である。なかでも，「教師は授業で勝負する」といわれるように，教科の専門性や授業力は，教師の資質能力の中では根幹をなすものであると考える。高度な専門的知識・技能を習得するために，常に私は学び続け，身に付けた知識・技能を授業の中で子どもたちにフィードバックする。また，子どもたちの理解度を細かく確認し，発展的な学習や補充的な学習につなげる。

(2)総合的な人間力で子どもたちを指導する

「人間力」には，豊かな人間性や社会性，コミュニケーション力，組織的に対応する力，連携・協働する力などが含まれる。また，社会人としての常識や教養，礼儀作法なども重要である。これらを兼ね備えた人間として魅力ある教師となることが，子どもたちにとって「生きた教材」となる。課題を解決するに当たり，私が他の教師や家庭，地域社会と連携し，組織的に対応する姿を見せることは，子どもたちに集団社会の一員としての自覚をもたせ，仲間の素晴らしさを教えることにもつながる。

結論

これからの時代の教師に求められる資質能力は，時代の変化に対応した「流行」の資質能力である。一方，教職に対する使命感，子どもたちに対する深い愛情など，いつの時代にも求められる「不易」の資質能力もある。私は，この２つの資質能力を兼ね備えた教師を目指す。

25字×32行（800字）

＊「不易」と「流行」の資質能力

「不易」＝教育者としての使命感，人間の成長・発達についての深い理解，幼児・児童・生徒に対する教育的愛情，教科などに関する専門的知識，広く豊かな教養，これらに基づく実践的指導力

「流行」＝地球的視野に立って行動するための資質能力（地球，国家，人間などに関する適切な理解，豊かな人間性，国際社会で必要とされる基本的な資質能力），変化の時代を生きる社会人に求められる資質能力（課題探求能力にかかわるもの，人間関係に関する資質能力，社会の変化に適応するための知識及び技能），教員の職務から必然的に求められる資質能力（幼児・児童・生徒や教育の在り方についての適切な理解，教職に体する愛着，誇り，一体感，教科指導，生徒指導のための知識，技能及び態度）

手取り足取り　論作文を構成しよう！

「これからの時代の教師に求められる資質能力」の活用

①テーマの背景 学校教育の問題点，児童生徒の実態など

グローバル化，情報通信技術の進展，いじめや不登校への対応，特別支援教育の充実

②課題の指摘 本論で取り上げる課題を指摘する

：～だと考える　～が重要である　など

教師自身がこれらの変化に柔軟に対応できる力

③課題解決のための視点 課題解決に向けて私が目指す教育の視点

：２つの視点から述べる　～に取り組む　など

教育の専門家としての高度な知識・技能，総合的な人間力

方策(1) 教科や教職に関する専門的な知識・技能を活用する

①論 課題解決に向けた自分の考え：～だと考える　～が重要である　など

「教師は授業で勝負する」＝教科の専門性や授業力は教師の資質能力の根幹

(②例 論をより説得力あるものにするための自分の経験など。なくても可)：～だった

(高校時代の英語の恩師は「歩く英語辞典」と異名をもつほどの高い専門性)

③策 課題解決のための具体的な実践：～を実践する　～に取り組む　など

身に付けた知識・技能を子どもたちにフィードバック，発展的・補充的な学習

方策(2) 総合的な人間力で子どもたちを指導する

①論 課題解決に向けた自分の考え：～だと考える　～が重要である　など

人間力＝豊かな人間性や社会性，コミュニケーション力，組織的に対応する力，連携・協働する力など

(②例 論をより説得力あるものにするための自分の経験など。なくても可)：～だった

(記憶に残る恩師は，厳しくも温かい指導をしてくれた部活動の顧問)

③策 課題解決のための具体的な実践：～を実践する　～に取り組む　など

他の教師や家庭，地域社会と連携し，組織的に対応する姿を見せる

①出題テーマのキーワード(言い換えも可)

これからの時代の教師に求められる資質能力＝「流行」の資質能力

②別の視点からの補説

いつの時代にも求められる資質能力＝「不易」の資質能力

③教職への抱負・決意：～に努める　～に励む　など

「不易」と「流行」の資質能力を兼ね備えた教師

試験官はココを見る！

○ 「これからの時代の教師に求められる資質能力」が重視されるようになった背景を理解しているか。
○ 「これからの時代の教師に求められる資質能力」について正しい認識をもっているか。
○ 「これからの時代の教師に求められる資質能力」を生かすための具体的な方策があるか。

序論のために

「これからの時代の教師に求められる資質能力」が重視されるようになった背景を理解しよう

グローバル化や情報通信技術の進展など，社会の急激な変化に対応できる子どもたちを育むことが，これからの時代の教師には求められています。また，いじめや不登校への対応，特別支援教育の充実など，学校に期待される役割も高度化，多様化しています。これらの状況を踏まえた上で，「これからの時代の教師に求められる資質能力」を考えてみましょう。

「これからの時代の教師に求められる資質能力」とは何かを押さえよう

下記の中央教育審議会答申（2015年12月）では，「これからの時代の教員に求められる資質能力」として，３つ挙げています。

＊これからの時代の教員に求められる資質能力

- ◆ これまで教員として不易とされてきた資質能力に加え，自律的に学ぶ姿勢を持ち，時代の変化や自らのキャリアステージに応じて求められる資質能力を生涯にわたって高めていくことのできる力や，情報を適切に収集し，選択し，活用する能力や知識を有機的に結びつけ構造化する力などが必要である。
- ◆ アクティブ・ラーニング[＊1]の視点からの授業改善，道徳教育の充実，小学校における外国語教育の早期化・教科化，ICTの活用，発達障害を含む特別な支援を必要とする児童生徒等への対応などの新たな課題に対応できる力量を高めることが必要である。
- ◆ 「チーム学校」[＊2]の考えの下，多様な専門性を持つ人材と効果的に連携・分担し，組織的・協働的に諸課題の解決に取り組む力の醸成が必要である。

＊１　アクティブ・ラーニング：p.82～85を参照。
＊２　「チーム学校」（チームとしての学校）：p.94～97を参照。

（中央教育審議会答申「これからの学校教育を担う教員の資質能力の向上について」2015年12月21日）

本論・結論のために

「これからの時代の教師に求められる資質能力」を生かすための具体的な方策を考えよう

出題テーマでは，身に付けた資質能力をどのように生かすかについて論じることが求められています。実際の教育活動や指導場面と結び付けて考えてみましょう。

そのまま使える！　とっておき資料

下記の中央教育審議会答申（2012年８月）では，「教員に求められる資質能力」として３項目挙げられています。これらの資質能力が教壇に立ったときにどのように役立つか，また，これらの資質能力を身に付けるためにはどのような努力をしなければいけないのか，具体的にイメージしてみましょう。

【教員に求められる資質能力】

1．進展し続ける社会と求められる人材の変化

グローバル化
情報通信技術の進展
少子高齢社会
急速に進展し続ける社会
社会が求める人材の変化
21世紀を生き抜くための力の育成
思考力・判断力・表現力
これらを育むための新たな学び

幼稚園から高校の段階
生きる力
生涯にわたる学習の基礎となる「自ら学び，考え，行動する力」

大学教育の段階
課題探求能力
「答えのない問題」に最善解を導くことができる力

2．学校に期待される役割と教員に求められる資質能力

高度化する課題
ＩＣＴ活用の要請
特別支援教育の充実の要請
生徒指導の諸課題への対応 いじめ，不登校等
複雑化する課題
社会全体の高学歴化
外国人児童生徒への対応
変化する学校に期待される役割

教員に求められる資質能力

○　教職に対する責任感，探究力，教職生活全体を通じて自主的に学び続ける力
・使命感　・責任感　・教育的愛情

○　専門職としての高度な知識・技能
・教科や教職に関する高度な専門的知識
・新たな学びを展開できる実践的指導力
・教科指導，生徒指導，学級経営等を的確に実践できる力

○　総合的な人間力
・豊かな人間性や社会性
・コミュニケーション力
・同僚とチームで対応する力
・地域等と連携・協働する力

初任段階の教員が抱える課題
○　学校現場が抱える高度化，複雑化した課題に採用後，即座に対応しなければならない。
○　新たな学びを支える指導力が求められる。

初任段階の教員育成のための学校現場の状況の変化
・大量退職時代の到来，学校の小規模化により，仕組みや人材の不足。
・多忙化や諸課題への対応により，時間の確保が不十分。

実践的指導力の強化

社会の変化に応じた知識・技能の絶えざる刷新
教員養成の修士レベル化
学び続ける教員像の確立

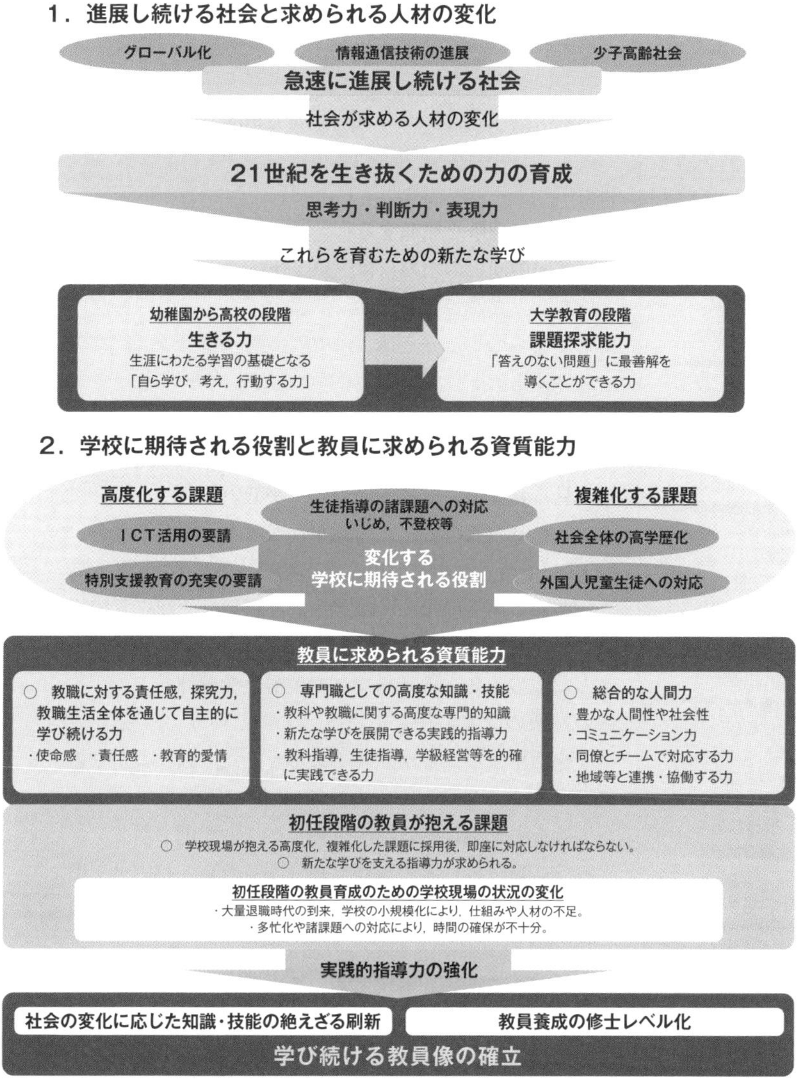

（中央教育審議会答申「教職生活の全体を通じた教員の資質能力の総合的な向上方策について」2012年８月28日）

テーマ29 「授業力」を向上させるために，あなたはどのように取り組みますか。

合格答案 

序論

「令和５年度 全国学力・学習状況調査」の質問紙調査の結果によると，児童生徒に対して，習得・活用及び探究の学習過程を見通した指導方法の改善及び工夫をした学校では，教科の平均正答率が高い傾向が見られる。すなわち，子どもたちの学力の向上には，教師の授業力の向上が不可欠の要素である。そこで私は，児童生徒理解の徹底と，PDCA サイクルを活用した指導の実践で授業力の向上に取り組む。

本論

(1)児童生徒理解を徹底する

授業力の向上のためには，児童生徒理解の徹底が不可欠である。ここでの理解は，学習の達成状況の把握だけにとどまらない。子どもたちの学習意欲や学習習慣を，宿題の提出状況，授業中の挙手の様子，学習日誌，テストの結果などから読み取り，授業の組み立てや指導の改善に役立てる。子どもたちにもっと学習したいという意欲が見られない，テストの平均点が低いといった場合には，私自身の指導方法に問題がなかったかを振り返る。

(2) PDCA サイクルを活用した指導を実践する

授業力の向上のためには，念入りに教材研究をして授業計画を立て（＝P），授業を実施した後は（＝D），子どもたちのテストの結果などで理解度を確認し（＝C），次の授業の改善に役立てる（＝A）という PDCA サイクルを活用することが重要である。また，独りよがりの判断とならないように，「C」の評価では，先輩教師や管理職などに積極的に授業を見てもらい，アドバイスをもらう。自分の授業の課題点が分かったら，校内外で開催される研修に積極的に参加し，授業力を磨く。

結論

授業力の向上は，子どもたちにとって「分かる授業」を展開できて初めて実現する。そのためにも「先生，今日の授業はよく分からなかったよ」と，子どもたちが遠慮なく言える信頼関係を構築する。自分の授業を日々振り返って研鑽に努め，学び続ける教師を目指す。

◀25字×32行（800字）

＊「PDCA サイクル」とは

PDCA サイクルとは，Plan（計画），Do（実施），Check（評価），Action（改善）を意味し，日常の授業，単元などの指導，学校における教育活動全体などのさまざまな段階で繰り返されながら展開されるもの。

Plan ＝学校における教育課程の編成や，それに基づいた各教科などの学習指導の目標や内容のほか，評価規準や評価方法など，評価の計画も含めた指導計画や指導案の組織的な作成。

Do ＝指導計画を踏まえた教育活動の実施。

Check ＝児童生徒の学習状況の評価，それを踏まえた授業や指導計画などの評価。

Action ＝評価を踏まえた授業改善や個に応じた指導の充実，指導計画などの改善。

手取り足取り　論作文を構成しよう！

「授業力」の向上

①テーマの背景 学校教育の問題点，児童生徒の実態など

習得・活用及び探究の学習過程を見通した指導方法の改善及び工夫をした学校では，教科の平均正答率が高い傾向

②課題の指摘 本論で取り上げる課題を指摘する

：～だと考える　～が重要である など

子どもたちの学力の向上＝教師の授業力の向上が不可欠の要素

③課題解決のための視点 課題解決に向けて私が目指す教育の視点

：２つの視点から述べる　～に取り組む など

児童生徒理解の徹底，PDCAサイクルを活用した指導の実践

方策(1) 児童生徒理解を徹底する

①論 課題解決に向けた自分の考え：～だと考える　～が重要である など

児童生徒理解の徹底が不可欠

(②例 論をより説得力あるものにするための自分の経験など。なくても可)：～だった

(いかにおもしろい授業をするかによって，学習塾の子どもたちの学習態度が違った)

③策 課題解決のための具体的な実践：～を実践する　～に取り組む など

学習の達成状況，学習意欲や学習習慣の把握➡授業の組み立てや指導の改善

方策(2) PDCAサイクルを活用した指導を実践する

①論 課題解決に向けた自分の考え：～だと考える　～が重要である など

授業力の向上にPDCAサイクルを活用

(②例 論をより説得力あるものにするための自分の経験など。なくても可)：～だった

(学習塾のクラスの平均点が低かったのは，私の教え方に問題があると指摘された)

③策 課題解決のための具体的な実践：～を実践する　～に取り組む など

先輩教師や管理職からのアドバイス，研修への参加

①出題テーマのキーワード（言い換えも可）

「分かる授業」を展開できて初めて授業力の向上が実現

②別の視点からの補説

子どもたちが「分からなかったよ」と遠慮なく言える信頼関係の構築

③教職への抱負・決意：～に努める　～に励む など

自分の授業を日々振り返って研鑽に努め，学び続ける教師

試験官はココを見る！

○ 「授業力」の向上が求められる背景を理解しているか。
○ 「授業力」について自分なりの認識をもっているか。
○ 「授業力」を向上するための具体的な方策があるか。

序論のために

「授業力」の向上が求められる背景を理解しよう

「令和５年度 全国学力・学習状況調査」の質問紙調査では，「課題の解決に向けて，自分で考え，自分から取り組むことができている授業」「自らの考えがうまく伝わるよう，資料や文章，話の組立てなどを工夫して，発言や発表を行うことができている授業」「自分の考えを相手にしっかりと伝えることができている，あるいは自分の考えを深めたり広げたりすることができている学級やグループでの話合いなどの活動」には，学力との相関関係があることが報告されています。

「授業力」に関する自分なりの認識をもとう

「授業力」には明確な定義はありません。東京都教育委員会は，教員の資質能力のうち，特に実際の授業の場面において具体的に発揮されるものを「授業力」とし，以下の６つの構成要素からなるものと示しています。

＊東京都教育委員会の「授業力」

① 使命感，熱意，感性：豊かな感性を身に付け，教員の職責を自覚し，困難な状況・課題に挑む姿勢
② 児童・生徒理解：一人一人の児童・生徒を大事にしようとする愛情
③ 統率力：児童・生徒の集団をまとめ，リードする力。児童・生徒を惹きつける力
④ 指導技術（授業展開）：「わかる授業」「もっと学習したくなる授業」を実現する技能
⑤ 教材解釈，教材開発：教科や関連する学問等に関する深い識見
⑥ 「指導と評価の計画」の作成・改善：常に良い授業を求めていく，改善の意欲

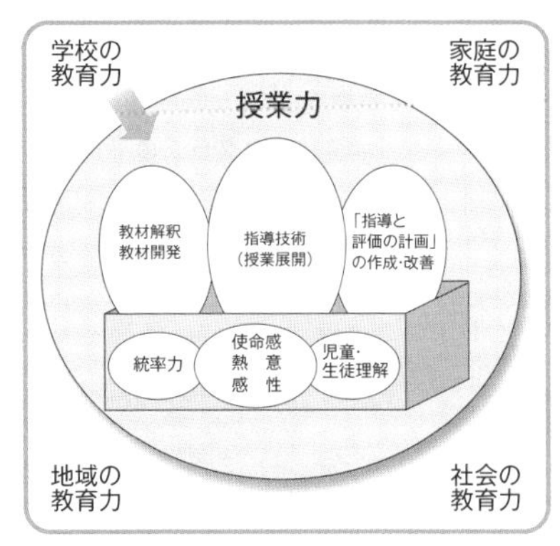

本論・結論のために

「授業力」を向上するための具体的な方策を考えよう

「授業力」とは何か，自分なりに定義付けをしたら，その力を向上させる具体的な方策を考えてみましょう。

そのまま使える！　とっておき資料

東京都教育委員会では，「授業力向上」のために下記の自己診断シートを活用しています。「授業力」を構成する６つの要素ごとに，どのような力が求められているかを確認しましょう。

【使命感，熱意，感性】
① 授業改善を目指し，研修に進んで取り組んでいる。
② 学習のねらいをすべての児童・生徒に達成させようとしている。
③ 教材研究を行って授業に臨んでいる。
④ ものごとに対する幅広い関心をもっている。
⑤ 心と体の調子を整えて授業を行っている。
⑥ 明るく前向きに児童・生徒に接している。
⑦ 学習にふさわしい環境づくりを心がけている。
【児童・生徒理解】
⑧ 児童・生徒一人一人の学習意欲を把握している。
⑨ 児童・生徒一人一人の本時の学習の達成状況を把握しようとしている。
⑩ 児童・生徒一人一人の変化を把握しようとしている。
⑪ 児童・生徒一人一人のこれまでの学習状況を把握している。
⑫ 児童・生徒一人一人の発達段階，友達関係，家庭状況等を的確に把握している。
⑬ 児童・生徒一人一人に気を配り，言葉かけをしている。
⑭ 児童・生徒の発言や行動を共感的に受け止めている。
【統率力】
⑮ 児童・生徒の反応や変容に気付き，授業に生かしている。
⑯ 学習意欲を高めることを意識して言葉かけをしている。
⑰ 基本的な学習ルールを定着させている。
⑱ 的確な指示を出して集団を動かしている。
⑲ 学習のねらいを明確に示し，学習に見通しをもたせている。
⑳ 学習状況に応じて適時・的確な判断を行っている。
【指導技術】
㉑ 児童・生徒に学習の準備について的確に指示している。
㉒ 授業の始めに学習のねらいを児童・生徒に明確に示している。
㉓ 個に応じた指導を行っている。
㉔ 児童・生徒の主体的な学習を促す工夫を行っている。
㉕ 教材・教具を効果的に活用している。
㉖ 発問の工夫をしている。
㉗ 児童・生徒の反応を生かしながら授業を構成している。
㉘ 分かりやすい説明をしている。
㉙ 効果的な板書をしている。
㉚ 授業のまとめを工夫している。
【教材解釈，教材開発】
㉛ 教科等の専門的知識を深めている。
㉜ 日頃から教材に関連する幅広い情報を収集している。
㉝ 学習のねらいを明確に把握して教材解釈や教材開発をしている。
㉞ 児童・生徒の実態を考慮して教材解釈や教材開発をしている。
㉟ 学校・地域の特色を考慮して教材解釈や教材開発をしている。
㊱ 生活との関連を意識して教材解釈や教材開発をしている。
㊲ 児童・生徒に興味・関心をもたせるための教材解釈や教材開発をしている。
【「指導と評価の計画」の作成・改善】
㊳ 時数，活動内容，学習形態等の指導計画を立てている。
㊴ 場面や方法を明確にした評価計画を立てている。
㊵ 計画を立てる際に児童・生徒の実態を考慮している。
㊶ 計画に基づき，児童・生徒の評価を行っている。
㊷ 指導計画が適切であったかを振り返っている。
㊸ 評価計画が適切であったかを振り返っている。
㊹ 振り返りを基に，問題点を明確にして次の計画に生かしている。

（東京都教育委員会「授業力自己診断シート」）

「指導と評価の一体化」について，あなたはどのように取り組みますか。

学力は，知識の量のみで捉えるのではなく，学習指導要領に示す基礎的・基本的な内容を確実に身に付けたかどうか，自ら学び自ら考える力などの「生きる力」が育まれているかどうかによって捉える必要がある。このため，「指導と評価の一体化」がますます重要視されてきている。そこで私は，PDCA サイクルの確実な実施と，個人内評価の積極的な活用の２つの視点から，指導と評価の一体化に取り組む。

(1) PDCA サイクルを確実に実施する

PDCA サイクルを授業に当てはめると，教材研究や授業計画＝P，授業＝D，確認テストや定期テスト＝C ということになる。指導と評価を一体化させるためには，この後の改善＝A が最も重要である。自分が行った授業により，テストの結果や子どもたちの反応から理解度が足りないと感じたら，もう一度教材研究に立ち戻って授業計画を見直し，改善点を次の授業に生かす。その結果を踏まえ，また次の改善に生かしていくという繰り返しが，PDCA サイクルでは重要である。

(2)個人内評価を積極的に活用する

子どもたち一人一人に学習指導要領が示す内容が確実に身に付いたかどうかを見るためには，目標に準拠した評価である絶対評価に加え，個人内評価を積極的に活用する必要がある。個人内評価とは，評価基準を子どもたち個人に置くため，一人一人の良い点や可能性，進歩の状況などを評価することができる。個々に設定された基準に対し，子どもたちがどの程度がんばったか，努力の程度を評価し，その後の学習意欲にもつなげていく。

評価は，教師が自らの指導を振り返る絶好の機会である。同時に，子どもたちにとっても自らの学習の理解度を確認する良い機会でもある。私は，子どもたちが「学びがい」を感じることができるような指導と評価を工夫する。

◀25字×32行（800字）

*「絶対評価」と「個人内評価」

「絶対評価」は目標に準拠した評価。理解度を直接的に評価できるが，評価者の主観が介入しやすい。また，集団内の位置が分からない。

「個人内評価」は，評価基準を学習者個人に置くため，学習者の努力を直接的に反映できる。一方，評価者の主観が介入しやすく，理解度を直接反映させることができない。また，集団内の位置が分かりにくい。

手取り足取り　論作文を構成しよう！

テーマ30 「指導と評価の一体化」への取り組み

序論 ①テーマの背景 学校教育の問題点，児童生徒の実態など

学力＝基礎的・基本的な内容の定着度と「生きる力」で測る

②課題の指摘 本論で取り上げる課題を指摘する
：～だと考える　～が重要である　など

「指導と評価の一体化」がますます重要視

③課題解決のための視点 課題解決に向けて私が目指す教育の視点
：2つの視点から述べる　～に取り組む　など

PDCAサイクルの確実な実施，個人内評価の積極的な活用

本論 方策⑴ PDCAサイクルを確実に実施する

①論 課題解決に向けた自分の考え：～だと考える　～が重要である　など

PDCAサイクルの中では，改善＝Aが最も重要

（②例 論をより説得力あるものにするための自分の経験など。なくても可）：～だった

（家庭教師としてやみくもに演習量を増やしても，生徒の成績は伸びなかった）

③策 課題解決のための具体的な実践：～を実践する　～に取り組む　など

テストの結果や子どもたちの反応を見てPDCAサイクルを繰り返す

方策⑵ 個人内評価を積極的に活用する

①論 課題解決に向けた自分の考え：～だと考える　～が重要である　など

絶対評価に加え，個人内評価を積極的に活用する

（②例 論をより説得力あるものにするための自分の経験など。なくても可）：～だった

（テストの結果だけを反映したような評価では，生徒の学習意欲は上がらなかった）

③策 課題解決のための具体的な実践：～を実践する　～に取り組む　など

子どもたち一人一人の努力の程度を評価し，その後の学習意欲につなげる

結論 ①出題テーマのキーワード（言い換えも可）

評価＝教師が自らの指導を振り返る絶好の機会

②別の視点からの補説

子どもたちにとっても自らの学習の理解度を確認する良い機会

③教職への抱負・決意：～に努める　～に励む　など

子どもたちが「学びがい」を感じるような指導と評価を工夫

試験官はココを見る！

○「指導と評価の一体化」が求められる背景を理解しているか。
○「指導と評価の一体化」について正しい認識をもっているか。
○「指導と評価の一体化」を実践するための具体的な方策があるか。

序論のために

「指導と評価の一体化」が求められる背景を理解しよう

現在，各教科については，学習状況を分析的に捉える「観点別学習状況の評価」と総括的に捉える「評定」とを，学習指導要領に定める「目標に準拠した評価」（＝絶対評価）として実施しています。学習評価を行うに当たっては，子どもたち一人一人に学習指導要領の内容が確実に定着するよう，学習指導の改善につなげていくことが重要であることから「指導と評価の一体化」が求められています。

「指導と評価の一体化」とは何かを押さえよう

文部科学省は，「指導と評価の一体化」について，以下のように述べています。

＊指導と評価の一体化

学校の教育活動は，計画，実践，評価という一連の活動が繰り返されながら，児童生徒のよりよい成長を目指した指導が展開されている。すなわち，指導と評価とは別物ではなく，評価の結果によって後の指導を改善し，さらに新しい指導の成果を再度評価するという，指導に生かす評価を充実させることが重要である（いわゆる指導と評価の一体化）。評価は，学習の結果に対して行うだけでなく，学習指導の過程における評価の工夫を一層進めることが大切である。また，児童生徒にとって評価は，自らの学習状況に気付き，自分を見つめ直すきっかけとなり，その後の学習や発達を促すという意義がある。

自ら学び自ら考える力などの「生きる力」は，日々の教育活動の積み重ねによって児童生徒にはぐくまれていくものであり，その育成に資するよう，日常の指導の中で，評価が児童生徒の学習の改善に生かされることが重要である。また目標に準拠した評価においては，児童生徒の学習の到達度を適切に評価し，その評価を指導に生かすことが重要である。そのため評価活動を，評価のための評価に終わらせることなく，指導の改善に生かすことによって，指導の質を高めることが一層重要となる。

本論・結論のために

「指導と評価の一体化」を実践するための具体的な方策を考えよう

PDCAサイクルでは，「計画」=P，「指導」＝D，「評価」＝Cに当たりますが，指導と評価を一体化させるためにはその後の「改善」＝Aが重要となります。これらが一連のサイクルの中で行われるような方策を考えてみましょう。

そのまま使える！　とっておき資料

平成29～31年版学習指導要領に基づく学習評価に関する基本的な考え方について，中央教育審議会の報告（2019年１月）は，下記のように示しています。具体的にどのようにPDCAサイクルを回していくかを考えてみましょう。

【学習評価の基本的な枠組み】

○　学習評価は，学校における教育活動に関し，児童生徒の学習状況を評価するものである。

現在，各教科の評価については，学習状況を分析的に捉える「観点別学習状況の評価」と，これらを総括的に捉える「評定」の両方について，学習指導要領に定める目標に準拠した評価として実施するものとされており，観点別学習状況の評価や評定には示しきれない児童生徒一人一人のよい点や可能性，進歩の状況については，「個人内評価」として実施するものとされている（下図参照）。

また，外国語活動や総合的な学習の時間，特別の教科である道徳，特別活動についても，それぞれの特質に応じ適切に評価することとされている。

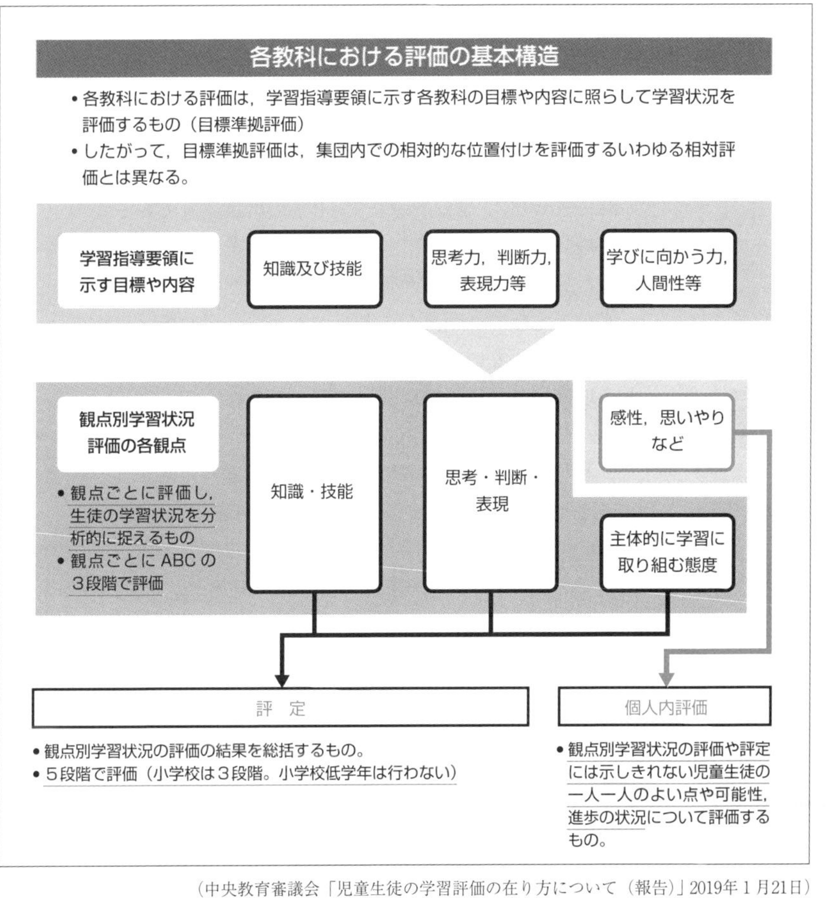

（中央教育審議会「児童生徒の学習評価の在り方について（報告）」2019年１月21日）

テーマ31 「教師のモラル」の低下が危惧されています。あなたは「教師のモラル」の向上に向けて，どのような努力をしますか。

合格答案

序論

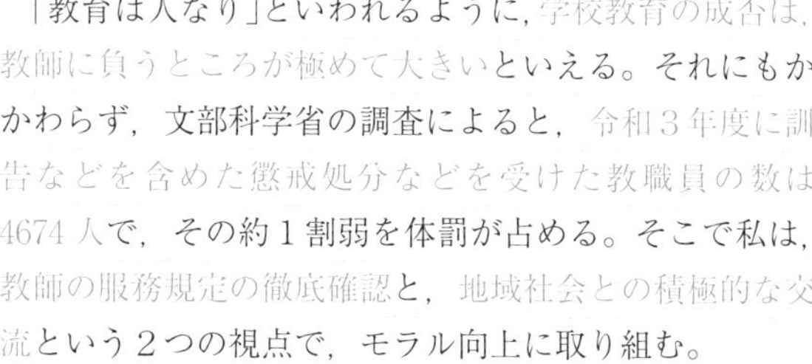

「教育は人なり」といわれるように，学校教育の成否は，教師に負うところが極めて大きいといえる。それにもかかわらず，文部科学省の調査によると，令和３年度に訓告などを含めた懲戒処分などを受けた教職員の数は4674人で，その約１割弱を体罰が占める。そこで私は，教師の服務規定の徹底確認と，地域社会との積極的な交流という２つの視点で，モラル向上に取り組む。

本論

⑴教師の服務規定を遵守する

教師の服務違反がなくならない原因の一つに，教職教養で学習した職務上・服務上の義務に関する知識が，実際に生きて働いていない点が考えられる。そこで私は，ただ法令の条文を暗記するだけではなくて，なぜそういった義務が課されているのかまで学習し直す。体罰を例に取ると，「学校教育法第11条で禁止されているからだめ」だけではなくて，体罰により，子どもたちに力による解決への志向を助長させ，いじめや暴力行為などの連鎖を生む恐れがあることまで考える。そして，自治体から出されている研修資料などで具体的な事例を学ぶ。

⑵地域社会と積極的に交流する

「学校の常識は社会の非常識」という批判を耳にしたことがある。学校は地域社会の中にあり，教師は学校という組織の中で働く一員であることを自覚する必要がある。地域で行われる祭りや運動会などには積極的に参加して交流を図り，地域社会と一緒に子どもたちを育てているという自覚をもつ。教育委員会が実施する民間企業などへの派遣研修にも参加し，外から学校を見る機会をつくり，その後の教育活動へとつなげる。

結論

「教育は人なり」は，「教師は子どもたちの手本たれ」と読み替えることもできる。自分が手本とならなければ子どもたちに規範意識を醸成することはできない。教師としてのモラルの確立は，信頼される教師になるための必須条件であると肝に銘じ，その向上に努める。

◀25字×32行(800字)

＊体罰

体罰は，違法行為であるのみならず，児童生徒の心身に深刻な悪影響を与え，教員等及び学校への信頼を失墜させる行為である。

体罰により正常な倫理観を養うことはできず，むしろ児童生徒に力による解決への志向を助長させ，いじめや暴力行為などの連鎖を生む恐れがある。もとより教員等は指導に当たり，児童生徒一人一人をよく理解し，適切な信頼関係を築くことが重要であり，このために日頃から自らの指導の在り方を見直し，指導力の向上に取り組むことが必要である。懲戒が必要と認める状況においても，決して体罰によることなく，児童生徒の規範意識や社会性の育成を図るよう，適切に懲戒を行い，粘り強く指導することが必要である。（文部科学省「体罰の禁止及び児童生徒理解に基づく指導の徹底について（通知）」2013年3月13日）

手取り足取り　論作文を構成しよう！

「教師のモラル」の向上

①テーマの背景 学校教育の問題点，児童生徒の実態など

令和３年度に訓告などを含めた懲戒処分などを受けた教職員=4674人

②課題の指摘 本論で取り上げる課題を指摘する

：～だと考える　～が重要である　など

学校教育の成否は，教師に負うところが極めて大きい

③課題解決のための視点 課題解決に向けて私が目指す教育の視点

：２つの視点から述べる　～に取り組む　など

教師の服務規定の遵守，地域社会との積極的な交流

方策(1) 教師の服務規定を遵守する

①論 課題解決に向けた自分の考え：～だと考える　～が重要である　など

職務上・服務上の義務に関する知識を実際に生きて働かせる

(②例 論をより説得力あるものにするための自分の経験など。なくても可)：～だった

(懲戒処分を受けた教師の大半は，やってはいけないことと認識していた)

③策 課題解決のための具体的な実践：～を実践する　～に取り組む　など

なぜ職務上・服務上の義務が課されているかまで学習し直す

方策(2) 地域社会と積極的に交流する

①論 課題解決に向けた自分の考え：～だと考える　～が重要である　など

学校は地域社会の中にあり，教師は学校という組織の中で働く一員であることを自覚する

(②例 論をより説得力あるものにするための自分の経験など。なくても可)：～だった

(「学校の常識は社会の非常識」と批判された新聞報道)

③策 課題解決のための具体的な実践：～を実践する　～に取り組む　など

地域社会と積極的な交流，民間企業などへの派遣研修にも参加

①出題テーマのキーワード（言い換えも可）

「教育は人なり」＝「教師は子どもたちの手本たれ」

②別の視点からの補説

自ら手本となって子どもたちの規範意識を醸成

③教職への抱負・決意：～に努める　～に励む　など

教師としてのモラルの確立＝信頼される教師になるための必須条件

試験官はココを見る！

○ 「教師のモラル」の低下が問われるようになった背景を理解しているか。
○ 教師に課せられた職務上，服務上の義務について正しい認識をもっているか。
○ 「教師のモラル」を向上させるための具体的な方策があるか。

序論のために

「教師のモラル」の低下が問われるようになった背景を理解しよう

文部科学省の調査によると，令和３年度に訓告などを含めた懲戒処分などを受けた教職員の数は4674人で，このうち法律に基づく懲戒処分（免職，停職，減給，戒告）を受けた教職員の数は702人に上ります。また，2013年３月にその禁止について改めて文部科学省から通知が出された体罰については343人と，全体の約１割弱を占めています。こうした状況を踏まえ，教師のモラルの低下が問われていることを押さえましょう。

＊訓告等を含めた懲戒処分などを受けた教職員の事由別割合

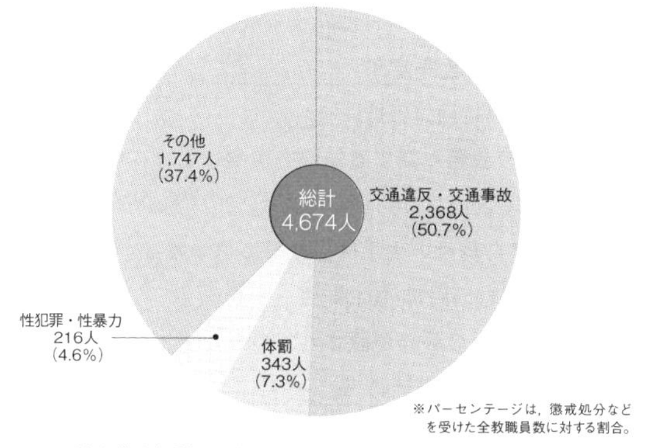

（文部科学省「令和３年度 公立学校教職員の人事行政状況調査」）

教師に課せられた職務上，服務上の義務を押さえよう

教師には，「総合的な人間力」が求められるとされますが，その中には豊かな人間性や社会性，常識と教養，礼儀作法，対人関係能力，コミュニケーション能力のほか，高い倫理観も求められます。教師に課せられた職務上，服務上の義務を法的根拠とともに確認しておきましょう（次ページを参照）。

本論・結論のために

「教師のモラル」を向上させるための具体的な方策を考えよう

まずは，次ページの法令遵守が基本となりますが，各自治体が策定している不祥事防止のための啓発用資料，体罰防止ガイドラインなどを参考にしてみましょう。

例）北海道教育委員会「教職員の不祥事防止のために（改訂版）」（一般職員用）
　　大阪府教育委員会「不祥事予防に向けて　自己点検《チェックリスト・例》改訂版」

そのまま使える！　とっておき資料

下記は，教師の職務や服務に関連する法令をまとめたものです。教師にはどのような義務が課されているか，確認しておきましょう。

【教師の「職務上」の義務】

教師が職務を遂行するに当たって守るべき義務。

服務の宣誓	地方公務員法第31条
法令等及び上司の職務上の命令に従う義務	地方公務員法第32条
職務に専念する義務	地方公務員法第35条

【教師の「服務上」の義務】

職務の遂行の有無にかかわらず職員たる身分を有する限り守るべき義務。

信用失墜行為の禁止	地方公務員法第33条
守秘義務	地方公務員法第34条
政治的行為の制限	地方公務員法第36条，教育公務員特例法第18条
争議行為等の禁止	地方公務員法第37条
営利企業等の従事制限	地方公務員法第38条，教育公務員特例法第17条

【分限処分と懲戒処分】

分限処分は道義的責任を問わないが，公務の能率向上のため，身分上の変動で行使される。

懲戒処分は道義的責任を問題にし，服務義務違反に対する制裁として行われる。

分限処分	地方公務員法第28条 降任，免職：①勤務実績が良くない場合，②心身の故障のため，職務の遂行に支障があり，またはこれに堪えない場合，③職に必要な適格性を欠く場合，④職制もしくは定数の改廃または予算の減少により廃職または過員を生じた場合 休職：①心身の故障のため，長期の休養を要する場合，②刑事事件で起訴された場合
懲戒処分	地方公務員第29条 免職，停職，減給，戒告：①法律，条例，地方公共団体の規則もしくは地方公共団体の定める規程に違反した場合，②職務上の義務に違反し，又は職務を怠った場合，③全体の奉仕者たるにふさわしくない非行のあった場合

【体罰の禁止】

＊学校教育法11条〔懲戒と体罰〕

校長及び教員は，教育上必要があると認めるときは，文部科学大臣の定めるところにより，児童，生徒及び学生に懲戒を加えることができる。ただし，体罰を加えることはできない。

「新型コロナウイルス感染症」の拡大により，学校や学校を取り巻く環境は大きく様変わりしました。新たな感染症に備え，あなたは子どもたちにどのような力を身に付けさせ，具体的にどう対応しますか。

合格答案 

新型コロナウイルス感染症の拡大時には，全国の国公私立学校の約９割が臨時休業措置をとったが，学校だけでなく経済や社会の仕組み，生活習慣など，あらゆるものが一変した。子どもたちは，こうした変化の激しい予測のつかない世界で生きていかなければならない。そこで私は「生きる力」の育成と，地域社会とのネットワーク構築という２つの視点から取り組む。

⑴「生きる力」を身に付けさせる

新型コロナウイルスのような未知のウイルスと闘うためには，文字通り「生きる力」を身に付けさせる必要がある。「知・徳・体」の３つの要素のうち，「体」＝健康や体力が必要であることはいうまでもないが，「徳」＝豊かな人間性，「知」＝確かな学力も重要である。困難な状況だからこそ，他人と強調し，他人を思いやる心が必要である。また，長期間にわたる家庭学習による学習意欲の低下や学力の格差を生じさせないようにするためには，自分で課題を見付け，自ら学び，行動する「確かな学力」も不可欠である。これらを学校の教育活動全体を通して身に付けさせる。

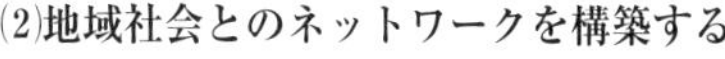

⑵地域社会とのネットワークを構築する

新型コロナウイルス感染症では，地域社会全体で感染の拡大防止に取り組むことの重要性が喚起された。特別活動の時間に，医療機関や保健所から専門家を招いて話を聞くなど，地域の安全・安心がどのように保たれているのかを考えさせ，自分の健康や命を守ることは，地域の保健・安全の確保につながることを理解させる。同時に，地域社会と緊急時の医療･救援体制などについてネットワークを構築していく。

結論

学校が地域のセンター的機能としての役割を果たすためには，家庭を含む地域社会との信頼関係の構築が不可欠である。私は，教師としてこのことを自覚し，有事だけではなく日ごろから地域社会全体と連携を図る。

◀25字×32行（800字）

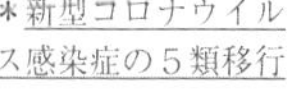

＊新型コロナウイルス感染症の５類移行

新型コロナウイルス感染症は2023年５月８日，「５類感染症」に移行した。これにより，従来の感染症対策を一律に講じるのではなく，学校教育活動の継続を前提とした上で感染拡大を防止していくため，学校においては，時々の感染状況に応じた感染症対策を講じていくことが重要となる。

手取り足取り　論作文を構成しよう！

テーマ32 新たな感染症への対応

序論

①テーマの背景 学校教育の問題点，児童生徒の実態など

全国の国公私立学校の９割が臨時休業措置，経済や社会の仕組み，生活習慣など，あらゆるものが一変

②課題の指摘 本論で取り上げる課題を指摘する

：～だと考える　～が重要である　など

子どもたちは，変化の激しい予測のつかない世界で生きていかなければならない

③課題解決のための視点 課題解決に向けて私が目指す教育の視点

：２つの視点から述べる　～に取り組む　など

「生きる力」の育成，地域社会とのネットワーク構築

本論

方策⑴「生きる力」を身に付けさせる

①論 課題解決に向けた自分の考え：～だと考える　～が重要である　など

新型コロナウイルスのような未知のウイルスと闘うためには，「生きる力」が必要

（②例 論をより説得力あるものにするための自分の経験など。なくても可）：～だった

（臨時休業措置が解除になった後に不登校になった子どもたち）

③策 課題解決のための具体的な実践：～を実践する　～に取り組む　など

「知・徳・体」を学校の教育活動全体を通して身に付けさせる

方策⑵ 地域社会とのネットワークを構築する

①論 課題解決に向けた自分の考え：～だと考える　～が重要である　など

地域社会全体で感染の拡大防止に取り組むことの重要性

（②例 論をより説得力あるものにするための自分の経験など。なくても可）：～だった

（総合的な学習の時間で地域の医療従事者の体験談を聞く機会）

③策 課題解決のための具体的な実践：～を実践する　～に取り組む　など

自分の健康や命を守る＝地域の保健・安全の確保，地域社会とのネットワーク構築

結論

①出題テーマのキーワード（言い換えも可）

学校＝地域のセンター的機能としての役割

②別の視点からの補説

家庭を含む地域社会との信頼関係の構築が不可欠

③教職への抱負・決意：～に努める　～に励む　など

日ごろから地域社会全体と連携

試験官はココを見る！

○ 新型コロナウイルス感染症が拡大してからの状況を理解しているか。
○ 新たな感染症の拡大防止のために，学校が備えるべき対応を把握しているか。
○ 学校が教育活動を継続するために，具体的な方策があるか。

序論のために

新型コロナウイルス感染症が拡大してからの状況と，学校がとった主な対応を理解しよう

日本では，国内での感染拡大の可能性があった初期である2020年３月２日から，政府の要請により全国で一斉臨時休業が行われました。その後春季休業を経て，４月７日に東京，神奈川，埼玉，千葉，大阪，兵庫，福岡の７都県に対して緊急事態宣言が行われたことや，同月16日に全都道府県が緊急事態措置の対象となったことなどを受け，全国の国公私立学校の約９割が５月末まで臨時休業を行いました。修学旅行や体育祭・文化祭などの学校行事，部活動なども軒並み中止となり，子どもたちは自宅学習を与儀なくされましたが，４月16日時点では「同時双方向型のオンライン指導を通じた家庭学習」を実施している学校はわずか５％にとどまり，教科書や紙の教材，既存のテレビ放送などを活用した家庭学習をさせる学校が大半でした。これによる子どもたちの学習意欲の低下や，学力の格差が生じることが危惧されました。

本論・結論のために

新たな感染症に備え，子どもたちに身に付けさせたい力を考えよう

新型コロナウイルス感染症は2023年５月8日，「５類感染症」に移行しましたが，感染の再拡大や新たな感染症に対する備えは引き続き必要です。

＊学校における感染症対策の考え方

〈学校の役割〉

校長を責任者とし，保健主事・養護教諭・各学級担任等とともに，学校医・学校歯科医・学校薬剤師等と連携した保健管理休制を構築します。

その上で，児童生徒等への指導のほか，健康観察や，給食時間や休み時間，登下校時の見守りなど，教員業務支援員（スクール・サポート・スタッフ）や地域学校協働本部による支援等，地域の協力を得ながら学校全体として取り組むことが重要です。

〈家庭との連携〉

学校内での感染拡大を防止するためには，外部からウイルスを持ち込まないことが重要であり，そのためには各家庭の協力が不可欠となります。

このため，学校における感染症対策について，保護者の理解が得られるよう，ＰＴＡ等と連携しつつ，学校からも積極的な情報発信を心掛け，家庭の協力を呼び掛けることが重要です。

（「学校における新型コロナウイルス感染症に関する衛生管理マニュアル」2023.5.8～）

そのまま使える！ とっておき資料

下記は，新型コロナウイルス感染症の「５類感染症」への移行に伴い，文部科学省が示した学校教育活動の在り方に関する考え方です。子どもたちの「学び」を継続するための基本的な考え方として，必ず確認しておきましょう。

【これからの学校教育の在り方】

１．一人一台端末をはじめとするデジタル技術を一層活用した個別最適な学びと協働的な学びの実現

GIGAスクール構想により一人一台端末の整備が行われ，デジタル技術やクラウド環境を十全に活用した，これまでとは異なる優れた学びの姿を実現する取組が広がりを見せつつある。今後，学校教育活動を展開するに当たっては，各学校等において蓄積された多様な教育実践の工夫を活かしつつ，上記の優れた取組を取入れながら，さらなる進化を図っていくことが必要であって，そうした中で，児童生徒一人一人の学習進度や興味･関心等に応じたきめ細かな学習や，多様な意見を共有しながら考えを深める学習といった「**個別最適な学び**」と「**協働的な学び**」を一体的に充実していくことが重要であること。（中略）

２．児童生徒が多様な他者と交流する豊かな体験活動の充実

学校教育は，学校ならではの児童生徒同士の関わり合いや教師と児童生徒との関わり合い等を基盤として実施されるものであり，児童生徒が多様な他者と交わる活動や多様な体験活動を通じて，人間関係の形成や社会性を涵養し，全人的な成長の機会を確保することが必要であり，こうした機会の充実を図っていくことが重要であること。

また学習指導要領において，学校として目指す資質・能力を児童生徒にどのように育成していくのかを教育課程において明確にし，家庭や地域など社会との連携及び協働によりその実現を図っていく「**社会に開かれた教育課程**」の実現が重要である旨を明記していることからも，学校教育活動の展開に当たっては，家庭や地域と連携協力を図っていくことが重要であること。その際，教育委員会においては，必要に応じ，社会教育担当等の関係部署とも連携し，学校の取組を支援することが考えられる。

⑴　学校内における授業や学校行事等について

各学校においては，（中略）これまで制限されてきた学校における様々な教育活動の再開を検討することが必要であること。その再開に当たっては，コロナ禍に行われた活動の工夫や見直しの内容，（中略）単にコロナ禍以前の姿に戻るのではなく，それぞれの教育的意義を改めて捉え直した上で，児童生徒の資質・能力の育成に真に必要な活動を中心にその在り方を検討していくことが求められること。（中略）

また，学校での教育活動に当たっては，家庭や地域の協力を得つつ，多様な体験活動を取り入れ，児童生徒の成長の機会を確保することも重要であること。

⑵　学校外における地域と連携した多様な体験活動について

児童生徒の体験活動を充実するためには，学校教育活動において体験活動を行うことに加え，それ以外の場面においても，地域における団体等とも連携しながら，体験活動を推進し，地域の方々を始め多様な他者と協働しながら教育活動を行うことが重要であること。

３．留意点

これらの取組を進めるに当たっては，新型コロナウイルス感染症の感染拡大を防止するため，児童生徒の健康観察や，換気の確保や手指衛生といった日常的な対応については，継続して実施することが有効であること。

また，基礎疾患を有する児童生徒への十分な配慮や，児童生徒が感染の有無やマスクの着用の有無によって差別・偏見・いじめ・誹謗中傷などの対象にならぬよう，引き続き十分な配慮・注意が必要であること。

（文部科学省「新型コロナウイルス感染症の５類感染症への移行後の学校教育活動について（周知）」2023年４月28日）

〔事例対応型〕A子の保護者から，「うちのA子が算数の『習熟度別指導』のクラス分けで，学習進度の遅い『こつこつコース』になったのが納得できません。どうして学習進度の速い『ぐんぐんコース』ではないのでしょうか」と連絡がありました。あなたはどのように対応しますか。

「習熟度別指導」とは，児童生徒一人一人の理解や習熟の程度に合わせてグループを編成し，きめ細かな指導により「確かな学力」の定着・向上を図ることを目的とする。A子の保護者からの連絡内容を見る限り，その導入に当たってグループ編成の基準やねらいが明確に伝わっていないことが考えられる。そこで私は，習熟度別指導の趣旨やグループ編成に関する適切な説明と，今後の指導内容の積極的な開示の２点で対応する。

⑴習熟度別指導の趣旨やグループ編成に関する適切な説明

初めに，A子の保護者の話を傾聴する。習熟度別指導の導入に際し，私の説明が不十分であったことが分かれば真摯に謝罪する。その上で，習熟度別指導のねらいやグループ編成の基準について説明する。特に後者については，理解度確認テストの結果を基にA子とも面談したことを伝える。「こつこつコース」で基礎・基本を固めてから，次学期では「ぐんぐんコース」に進みたいというA子の希望もあり，総合的に判断した結果，「こつこつコース」になった経緯を説明する。

⑵今後の指導内容の積極的な開示

「ぐんぐんコース」「こつこつコース」の指導内容を理解してもらうことが重要である。両コースは，同じ教科書を使用するが，子どもたちの理解度に応じて発展的な問題や補充的な問題を使っていることを伝える。授業参観などで両コースの指導を見学する機会をつくり，子どもたちが生き生きと授業に参加している様子，少人数指導であるために教師がきめ細かく対応できている様子などを実感してもらう。また，子どもたちや保護者による授業評価やアンケートを実施し，結果も公開する。

習熟度別指導は，教師と子どもたち及び保護者との間に信頼関係があって初めて成り立つ。子どもたちに「分かる喜び」を感じさせることがその目的である。私は，子どもたちの学びの意欲を刺激する授業づくりに努める。

◀25字×32行(800字)

＊習熟の程度に応じた指導

児童が，基礎的・基本的な知識及び技能の習得も含め，学習内容を確実に身に付けることができるよう，児童や学校の実態に応じ，個別学習やグループ別学習，繰り返し学習，学習内容の習熟の程度に応じた学習，児童の興味・関心等に応じた課題学習，補充的な学習や発展的な学習などの学習活動を取り入れることや，教師間の協力による指導体制を確保することなど，指導方法や指導体制の工夫改善により，個に応じた指導の充実を図ること。（新小学校学習指導要領「総則」）

 テーマ33 〔事例対応型〕「習熟度別指導」のクラス分けに納得できない保護者への対応

序論

①**テーマの背景** 学校教育の問題点，児童生徒の実態など

習熟度別指導の目的＝きめ細かな指導により「確かな学力」の定着・向上

②**課題の指摘** 本論で取り上げる課題を指摘する

：［～だと考える］［～が重要である］など

グループ編成の基準やねらいが明確に伝わっていない可能性

③**課題解決のための視点** 課題解決に向けて私が目指す教育の視点

：［２つの視点から述べる］［～に取り組む］など

習熟度別指導の趣旨やグループ編成に関する適切な説明，今後の指導内容の積極的な開示

本論

方策⑴ 習熟度別指導の趣旨やグループ編成に関する適切な説明

①**論** 課題解決に向けた自分の考え：［～だと考える］［～が重要である］など

保護者の話を傾聴，説明が不十分であった場合は謝罪

（②**例** **論**をより説得力あるものにするための自分の経験など。なくても可）：［～だった］

（Ａ子本人との会話）

③**策** 課題解決のための具体的な実践：［～を実践する］［～に取り組む］など

習熟度別指導のねらいやグループ編成の基準，コース決定の経緯を説明

方策⑵ 今後の指導内容の積極的な開示

①**論** 課題解決に向けた自分の考え：［～だと考える］［～が重要である］など

「ぐんぐんコース」「こつこつコース」の指導内容を理解してもらう

（②**例** **論**をより説得力あるものにするための自分の経験など。なくても可）：［～だった］

（「ぐんぐんコース」「こつこつコース」の子どもたちの感想）

③**策** 課題解決のための具体的な実践：［～を実践する］［～に取り組む］など

授業見学の機会の設置，授業評価やアンケートの実施，結果の公開

結論

①出題テーマの**キーワード**（言い換えも可）

習熟度別指導＝教師，子どもたち，保護者との信頼関係の上に成り立つ

②別の視点からの**補説**

子どもたちに「分かる喜び」を感じさせることが目的

③教職への**抱負・決意**：［～に努める］［～に励む］など

子どもたちの学びの意欲を刺激する授業づくり

試験官はココを見る！

○ 提示された事例に正しく対応しているか。
○ 「習熟度別指導」の意義について正しい認識をもっているか。
○ 「習熟度別指導」を実践するための具体的な方策があるか。

序論のために

提示された事例に正しく対応しているか

事例対応型の出題テーマの場合は，具体的な指導場面などが提示され，その対応や指導上の留意点が問われます。児童生徒に対する生徒指導の場面のほか，本問のように保護者対応に関する出題テーマも見られます。本問の場合は，保護者に対する対応の仕方と，習熟度別指導に関する正しい認識をもっているかどうかの２点について評価されることを押さえましょう。

「習熟度別指導」の意義を正しく理解しよう

習熟度別指導について保護者に適切に理解するためには，その意義を正確に理解していなければなりません。習熟度別指導は，児童生徒の習熟の程度に合わせて，グループや学級別に指導する形態で，小学校では平成10年版学習指導要領の一部改正（2003年12月）で，中学校では平成元年版学習指導要領から導入されています。また，高等学校では昭和53年版学習指導要領から習熟度別学級編制が実施されています。児童生徒一人一人の理解や習熟の程度に合わせてグループを編成し，きめ細かな指導により「確かな学力」の定着・向上を図ることを目的としていることを理解しましょう。

本論・結論のために

「習熟度別指導」を実践するための具体的な方策を考えよう

習熟度別指導に対する保護者や児童生徒の不安を取り除くためには，以下のようなポイントが考えられます。これを参考に，自分なりの方策を考えてみましょう。

① 習熟度別指導推進委員会で各コースのねらいや特徴を明確にし，全教員が共通理解します。
② コース決定では，「自分の力を伸ばすために，自分でコースを選ぶ」という意義を伝えます。児童生徒や保護者の意思を優先しますが，適切な指導や助言を行うことが必要です。
③ コースは１年間固定ではなく，単元ごと等で変更できるようにしておきます。
④ 授業の進度をそろえます。教科書の例題は全コースで指導します。
⑤ 評価の客観性を確保します。

そのまま使える！ とっておき資料

『小学校学習指導要領解説　総則編』（2017年7月）には，習熟度別指導の実施に当たっての配慮事項が下記のとおり示されています（中学校，高等学校にも同様の記述あり）。また，保護者対応については，下記の東京都のように事例集やマニュアルをまとめている自治体も多いので，志望する自治体のホームページなどをチェックしてみましょう。

【習熟度別指導の実施に当たっての配慮事項】

学習内容の習熟の程度に応じた指導については，教科等により児童の習熟の程度に差が生じやすいことを考慮し，それぞれの児童の習熟の程度に応じたきめ細かな指導方法を工夫して着実な理解を図っていくことが大切であることから，これらの指導方法等が例示されているものであるが，その指導については，学級内で学習集団を編成する場合と学級の枠を超えて学習集団を編成する場合が考えられる。その実施に当たっては，学校の実情や児童の発達の段階等に応じ，必要な教科について適宜弾力的に行うものであり，実施時期，指導方法，評価の在り方等について十分検討した上で実施するなどの配慮が必要である。また，各学校で学習内容の習熟の程度に応じた指導を実施する際には，児童に優越感や劣等感を生じさせたり，学習集団による学習内容の分化が長期化・固定化するなどして学習意欲を低下させたりすることのないように十分留意する必要がある。また，学習集団の編成の際は，教師が一方的に児童を割り振るのではなく，児童の興味・関心等に応じ，自分で課題や集団を選ぶことができるよう配慮することも重要である。その際，児童が自分の能力・適性に全く合致しない課題や集団を選ぶようであれば，教師は適切な助言を行うなどの工夫を行うことが大切である。また，保護者に対しては，指導内容・指導方法の工夫改善等を示した指導計画，期待される学習の充実に係る効果，導入の理由等を事前に説明するなどの配慮が望まれる。なお，小学校は義務教育段階であるということを考慮し，基本的な学級編制を変更しないことが適当である。

（『小学校学習指導要領解説　総則編』2017年7月）
※『中学校学習指導要領解説　総則編』（2017年7月），『高等学校学習指導要領解説　総則編』（2018年7月）にも同様の記述あり

【対応する際のポイント】

① 相手の立場に立ってよく聴く。
② 怒りのエネルギーの源はどこから来るのか考える。
③ 心理的事実には心から謝罪する。
④ 話合いの条件を確認する。
⑤ チーム学校で役割分担をする。
⑥ 子供の聴き取りはできるだけ1回で終わらせる。
⑦ 調査は相手の意向を反映した上で，公平中立に行う。
⑧ 記録を取る。
⑨ 対応の不断の改善を図る。
⑩ できることとできないことを明確にする。

（東京都教育委員会「学校問題解決のための手引～保護者との対話を生かすために～」2022年3月）

〔読解型〕次の文章を読み，子どもたちに育てたい「不易」と「流行」の資質について自由に論じなさい。

教育においては，どんなに社会が変化しようとも，「時代を超えて変わらない価値のあるもの」（不易）がある。／豊かな人間性，正義感や公正さを重んじる心，自らを律しつつ，他人と協調し，他人を思いやる心，人権を尊重する心，自然を愛する心など，こうしたものを子供たちに培うことは，いつの時代，どこの国の教育においても大切にされなければならないことである。／（中略）しかし，また，教育は，同時に社会の変化に無関心であってはならない。「時代の変化とともに変えていく必要があるもの」（流行）に柔軟に対応していくこともまた，教育に課せられた課題である。／（中略）21 世紀に向けて，急激に変化していくと考えられる社会の中にあって，これからの社会の変化を展望しつつ，教育について絶えずその在り方を見直し，改めるべきは勇気を持って速やかに改めていくこと，とりわけ，人々の生活全般に大きな影響を与えるとともに，今後も一層進展すると予測される国際化や情報化などの社会の変化に教育が的確かつ迅速に対応していくことは，極めて重要な課題と言わなければならない。

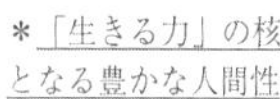
＊「生きる力」の核となる豊かな人間性

子どもたちが身に付けるべき「生きる力」の核となる豊かな人間性とは，

① 美しいものや自然に感動する心などの柔らかな感性
② 正義感や公正さを重んじる心
③ 生命を大切にし，人権を尊重する心などの基本的な倫理観
④ 他人を思いやる心や社会貢献の精神
⑤ 自立心，自己抑制力，責任感
⑥ 他者との共生や異質なものへの寛容

などの感性や心である。（中央教育審議会答申「新しい時代を拓く心を育てるために－次世代を育てる心を失う危機－」1998 年 6 月）

グローバル化や科学技術の進展が著しい社会を生き抜く子どもたちには，「不易」と「流行」の資質が求められる。教育は，この２つの資質を育成するという重要な使命を担っている。そこで，「不易」と「流行」の資質は「知・徳・体」のバランスの取れた力であり，学校の教育活動全体で育成するという２つの視点から述べる。

⑴「不易」と「流行」の資質は「知・徳・体」のバランスの取れた力

本文中に例示された「不易」の資質は，具体的には，美しいものや自然に感動する心などの柔らかな感性，正義感や公正さを重んじる心，生命を大切にし，人権を尊重する心などの基本的な倫理観，他人を思いやる心や社会貢献の精神，自立心，自己抑制力，責任感，他者との共生や異質なものへの寛容などで，これらは中央教育審議会が「心の教育」の重要性について提言したときの「豊かな人間性」のキーワードである。一方，「流行」の資質は，時代の変化に柔軟に，主体的に対応するための「生きる力」である。よって，両者とも「知・徳・体」のバランスが重要となる。

⑵学校の教育活動全体で育成

「不易」と「流行」の資質は，学校の教育活動全体を通して育成することが重要である。その中でも，道徳科を要とする。道徳科の４つの内容は，主として「自分自身」「人との関わり」「集団や社会との関わり」「生命や自然，崇高なものとの関わり」に関することであり，いずれも「不易」と「流行」の資質を育成する上では不可欠なものである。これらを社会科や理科などの体験活動と関連付ける。例えば，社会科では地域の伝統行事を調べたり，理科では子どもたちがつかまえた昆虫を飼育・観察したりする。こうした活動をグループで行うことにより，他者と協働する楽しさやコミュニケーション能力を育成することもできる。

「不易」と「流行」の資質を「古いから変えるべきもの」「新しいから変えていくべきもの」と一元的な見方をしてはならない。両者がバランスよく調和して初めて，その力を発揮することができる。私は，子どもたちが主体的に「不易」と「流行」の資質を身に付け，日常生活の中で実際に活用できるように支援していく。

◀40字×2
(1000字

手取り足取り　論作文を構成しよう！

〔読解型〕「不易」と「流行」の資質

①テーマの背景 学校教育の問題点，児童生徒の実態など

変化の激しい社会を生き抜く子どもたちには「不易」と「流行」の資質が求められる

②課題の指摘 本論で取り上げる課題を指摘する

：～だと考える　～が重要である　など

教育は，「不易」と「流行」の資質を育成するという重要な使命を担う

③課題解決のための視点 課題解決に向けて私が目指す教育の視点

：２つの視点から述べる　～に取り組む　など

「不易」と「流行」の資質は「知・徳・体」のバランスの取れた力，学校の教育活動全体で育成

方策(1)「不易」と「流行」の資質は「知・徳・体」のバランスの取れた力

①論 課題解決に向けた自分の考え：～だと考える　～が重要である　など

「不易」の資質＝豊かな人間性のキーワード，「流行」の資質＝「生きる力」

(②例 論をより説得力あるものにするための自分の経験など。なくても可)：～だった

(小学校の道徳科で使った教材に出てくるキーワードは，今も変わらない)

③策 課題解決のための具体的な実践：～を実践する　～に取り組む　など

「不易」と「流行」の資質ともに「知・徳・体」のバランスが重要

方策(2) 学校の教育活動全体で育成

①論 課題解決に向けた自分の考え：～だと考える　～が重要である　など

道徳科を要として，学校の教育活動全体を通して育成

(②例 論をより説得力あるものにするための自分の経験など。なくても可)：～だった

(道徳科で学んだことが他の教科と関連があるとは，当時は気づかなかった)

③策 課題解決のための具体的な実践：～を実践する　～に取り組む　など

社会科や理科などの体験活動と関連付ける

①出題テーマのキーワード（言い換えも可）

「不易」と「流行」の資質を古い－新しいと一元的な見方をしてはならない

②別の視点からの補説

「不易」と「流行」の資質がバランスよく調和して初めて，その力を発揮できる

③教職への抱負・決意：～に努める　～に励む　など

子どもたちが主体的に「不易」と「流行」の資質を身に付け，活用できるように支援

試験官はココを見る！

○　文章を読み，「不易」と「流行」の資質をどのように捉えるか。
○　「不易」と「流行」の資質について，どのような課題を見いだすか。
○　「不易」と「流行」の資質を育成するための具体的な方策があるか。

序論のために

文章を読み，「不易」と「流行」の資質について押さえよう

出題テーマの中で，すでに「不易＝時代を超えて変わらない価値のあるもの」「流行＝時代の変化とともに変えていく必要があるもの」と定義付けられています。また，「不易」については「豊かな人間性，正義感や公正さを重んじる心……」，「流行」については「これからの社会を展望しつつ，（中略）改めるべきは勇気を持って速やかに改めていくこと」と示されています。これらをしっかりと読み取った上で，あなたが考える「不易」と「流行」の資質について述べる必要があります。

「不易」と「流行」の資質について課題を見いだそう

「不易」と「流行」の資質について論じる際には，これらが今の子どもたちには十分に身に付いていない，あるいは「不易と流行」の資質を身に付けさせるためにはこのような力が必要である，といった課題点を見いだしましょう。出題テーマが引用されている中央教育審議会答申（1996年７月）では，変化の激しいこれからの社会を生き抜くための資質や能力を「生きる力」と称することとし，これらをバランスよく育んでいくことが重要であると指摘しています。

さらには，「心の教育」について提言した中央教育審議会答申（1998年６月）では，次代を担っていく子どもたちが，未来への夢や目標を抱き，創造的で活力に満ちた豊かな国と社会をつくる営みや地球規模の課題に積極果敢に取り組み，世界の中で信頼される日本人として育っていくよう，社会全体で子どもたちが「生きる力」を身に付けるための取組を進めていくことが大切である，としています。

本論・結論のために

子どもたちに「不易」と「流行」の資質を育成するための具体的な方策を考えよう

上記のとおり，中央教育審議会答申（1996年７月）では，教育における「不易」と「流行」を実践するために「生きる力」の育成を提言していますが，論作文テーマには「子どもたちに育てたい『不易』と『流行』の資質について自由に論じなさい」とありますから，出題テーマの後に出てくる「生きる力」に無理に結び付けなくてもかまいません。

なお，出題テーマの引用文が教育とはまったく関係ない文章や，「絆」「経験」「挑戦」といった抽象的な出題テーマであっても，教育に引き付けて執筆しましょう。

そのまま使える！ とっておき資料

出題テーマで引用された文章は，「生きる力」を初めて定義付けした中央教育審議会答申（1996年７月）の一部です。教育における「不易」と「流行」を踏まえた上で「生きる力」の育成が掲げられている点を押さえましょう。

【今後の教育の在り方】

教育においては，どんなに社会が変化しようとも，「時代を超えて変わらない価値のあるもの」（不易）がある。

豊かな人間性，正義感や公正さを重んじる心，自らを律しつつ，他人と協調し，他人を思いやる心，人権を尊重する心，自然を愛する心など，こうしたものを子供たちに培うことは，いつの時代，どこの国の教育においても大切にされなければならないことである。

また，それぞれの国の教育において，子供たちにその国の言語，その国の歴史や伝統，文化などを学ばせ，これらを大切にする心をはぐくむことも，また時代を超えて大切にされなければならない。我が国においては，次代を担う子供たちに，美しい日本語をしっかりと身に付けさせること，我が国が形成されてきた歴史，我が国の先達が残してくれた芸術，文学，民話，伝承などを学ぶこと，そして，これらを大切にする心を培うとともに，現代に生かしていくことができるようにすることも，我々に課された重要な課題である。

我々はこれからの教育において，子供たち一人一人が，伸び伸びと自らの個性を存分に発揮しながら，こうした「時代を超えて変わらない価値のあるもの」をしっかりと身に付けていってほしいと考える。

しかし，また，教育は，同時に社会の変化に無関心であってはならない。「時代の変化とともに変えていく必要があるもの」（流行）に柔軟に対応していくこともまた，教育に課せられた課題である。

特に，（中略）21世紀に向けて，急激に変化していくと考えられる社会の中にあって，これからの社会の変化を展望しつつ，教育について絶えずその在り方を見直し，改めるべきは勇気を持って速やかに改めていくこと，とりわけ，人々の生活全般に大きな影響を与えるとともに，今後も一層進展すると予測される国際化や情報化などの社会の変化に教育が的確かつ迅速に対応していくことは，極めて重要な課題と言わなければならない。

このように，我々は，教育における「不易」と「流行」を十分に見極めつつ，子供たちの教育を進めていく必要があると考えるが，このことは，これからの時代を拓いていく人材の育成という視点から重要だというだけでなく，子供たちが，それぞれ将来，自己実現を図りながら，変化の激しいこれからの社会を生きていくために必要な資質や能力を身に付けていくという視点からも重要だと考える。

また，今日の変化の激しい社会にあって，いわゆる知識の陳腐化が早まり，学校時代に獲得した知識を大事に保持していれば済むということはもはや許されず，不断にリフレッシュすることが求められるようになっている。生涯学習時代の到来が叫ばれるようになったゆえんである。加えて，将来予測がなかなか明確につかない，先行き不透明な社会にあって，その時々の状況を踏まえつつ，考えたり，判断する力が一層重要となっている。さらに，マルチメディアなど情報化が進展する中で，知識・情報にアクセスすることが容易となり，入手した知識・情報を使ってもっと価値ある新しいものを生み出す創造性が強く求められるようになっている。

このように考えるとき，我々はこれからの子供たちに必要となるのは，いかに社会が変化しようと，自分で課題を見つけ，自ら学び，自ら考え，主体的に判断し，行動し，よりよく問題を解決する資質や能力であり，また，自らを律しつつ，他人とともに協調し，他人を思いやる心や感動する心など，豊かな人間性であると考えた。たくましく生きるための健康や体力が不可欠であることは言うまでもない。我々は，こうした資質や能力を，変化の激しいこれからの社会を［生きる力］と称することとし，これらをバランスよくはぐくんでいくことが重要であると考えた。

（中央教育審議会第１次答申「21世紀を展望した我が国の教育の在り方について」1996年７月19日）

〔データ分析型〕次のグラフは，文部科学省の「令和４年度 児童生徒の問題行動・不登校等生徒指導上の諸課題に関する調査」より，学年別いじめの認知件数を示したものです。このグラフを見て，あなたは「いじめ」の防止に向けて，どのように取り組みますか。

＊学年別いじめの認知件数

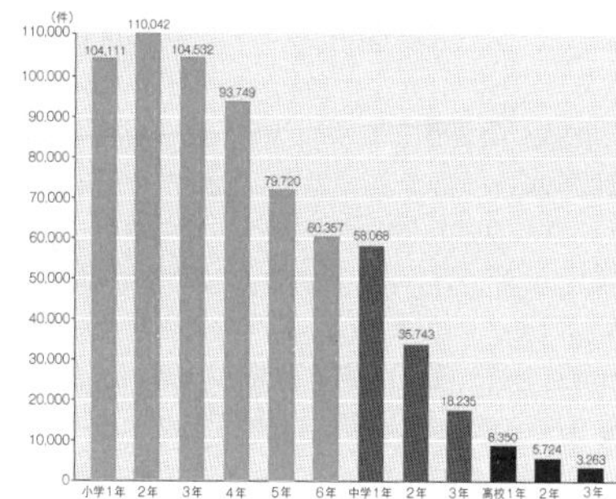

（文部科学省「令和４年度 児童生徒の問題行動・不登校等生徒指導上の諸課題に関する調査」2023年10月４日）

合格答案

＊いじめの防止

文部科学省の「学校における『いじめの防止』『早期発見』『いじめに対する措置のポイント』」では，未然防止について以下のように述べている。

「未然防止の基本となるのは，児童生徒が，周囲の友人や教職員と信頼できる関係の中，安心・安全に学校生活を送ることができ，規律正しい態度で授業や行事に主体的に参加・活躍できるような授業づくりや集団づくり，学校づくりを行っていくことである。児童生徒に集団の一員としての自覚や自信が育まれることにより，いたずらにストレスにとらわれることなく，互いを認め合える人間関係・学校風土を児童生徒自らが作り出していくものと期待される。」

小学校第２学年以降，学年が上がるにつれ減少するいじめの認知件数が，中学校第１学年で減少が鈍化し，いわゆる「中１ギャップ」の影響を見て取ることができる。しかし，いじめは小学校第２学年ですでに11万42件と最多となっており，中学校に進学してから突発的に起きるわけではない。そこで私は，小中連携の推進と，「絆づくり」のための学級運営という２つの視点で，いじめの防止に取り組む。

⑴小中連携を推進する

小学校では第２学年をピークとして減少していたいじめの認知件数の減少が，中学校第１学年で鈍化する背景には，学校における環境の変化の要因が大きいと考える。中学校では複数の学区が一緒になり，新しい人間関係を構築しなければならない。また，授業は教科担任制となり，制服の着用から頭髪の長さまで，校則で細かく規定されていることが多い。こうした環境の変化にスムーズに移行できない子どもたちのストレスが，いじめに向かうケースも考えられる。そこで，小中間の子どもたちが交流できる学校行事を計画する。例えば，互いの運動会の競技に参加したり，音楽会にゲスト出演したりする。また，教師間も職員会議や研究会活動を通じて積極的に交流，情報交換を行う。

⑵「絆づくり」のための学級運営を行う

いじめを防止するためには，子どもたち自身が「いじめは絶対に許されない」という認識をもち，いじめの防止に主体的に取り組む態度を育成することが重要である。そのためにも，子どもたち同士が積極的に関わり合い，「絆づくり」を深めていくことができるような学級運営を目指す。悩みや不安が生じたときにすぐに相談し合えるような人間関係をつくるよう支援する。そして，いじめの加害者はもちろんのこと，見て見ぬ振りをする傍観者にもならないと主体的に判断できる態度を身に付けさせる。

いじめのように中学校でも継続する問題行動は，すでに小学校段階から始まっていることがほとんどである。その予兆を見逃さないよう，教師はアンテナを常に高く鋭く張っておく必要がある。また，いじめは重大な人権侵害である。私は，学年や学校を超えて他の教師と積極的に連携・協力し，いじめを許さない子どもたちの育成に努める。

手取り足取り　論作文を構成しよう！

テーマ35 〔データ分析型〕「いじめ」の防止への取り組み

序論

①テーマの背景 学校教育の問題点，児童生徒の実態など

いじめの認知件数＝中学校第１学年で減少が鈍化➡いわゆる「中１ギャップ」

②課題の指摘 本論で取り上げる課題を指摘する

：～だと考える　～が重要である　など

小学校第２学年で11万42件と最多となっており，中学校に進学してから突発的に起きるわけではない

③課題解決のための視点 課題解決に向けて私が目指す教育の視点

：２つの視点から述べる　～に取り組む　など

小中連携の推進，「絆づくり」のための学級運営

本論

方策(1) 小中連携を推進する

①論 課題解決に向けた自分の考え：～だと考える　～が重要である　など

学校における環境の変化にスムーズに移行できないことが原因

(②例 論をより説得力あるものにするための自分の経験など。なくても可)：～だった

(新しい友達，制服，校則など，初めてのことばかりで毎日緊張していた中学校生活)

③策 課題解決のための具体的な実践：～を実践する　～に取り組む　など

小中間の子どもたちが交流できる学校行事を計画，教師間の交流，情報交換

方策(2)「絆づくり」のための学級運営を行う

①論 課題解決に向けた自分の考え：～だと考える　～が重要である　など

子どもたち自身がいじめの防止に主体的に取り組む態度を育成する

(②例 論をより説得力あるものにするための自分の経験など。なくても可)：～だった

(いじめにうすうす気づいていたが，学級担任に報告する勇気がもてなかった)

③策 課題解決のための具体的な実践：～を実践する　～に取り組む　など

子どもたち同士が積極的に関わり合い，「絆づくり」を深める学級運営

結論

①出題テーマのキーワード（言い換えも可）

中学校でも継続する問題行動は，すでに小学校段階から始まっている

②別の視点からの補説

いじめ＝重大な人権侵害

③教職への抱負・決意：～に努める　～に励む　など

学年や学校を超えて積極的に他の教師と連携・協力し，いじめを許さない子どもたちを育成

試験官はココを見る！

○　グラフを分析し，どのような課題点を見いだすか。
○「いじめの防止」について正しい認識をもっているか。
○「いじめの防止」のための具体的な方策があるか。

序論のために

学年別いじめの認知件数のグラフから課題点を見いだそう

小学校第２学年でピークを迎えたいじめの認知件数は，学年が上がるにつれて少しずつ減少するものの，中学校第１学年で鈍化します。その背景には「中１ギャップ」が考えられますが，２学年間の「点」で捉えるのではなく，「線」で捉えてみましょう。すなわち，中学校で顕在化するいじめのような問題行動は，小学校からすでに始まっているという視点をもつことが必要です。

「いじめの防止」に対する正しい認識をもとう

「いじめの防止等のための基本的な方針」（2013年10月策定，2017年３月最終改定）では，いじめの防止に対する基本的な考え方として，「いじめはどの子供にも起こりうる，どの子供も被害者にも加害者にもなりうるという事実を踏まえ，児童生徒の尊厳が守られ，児童生徒をいじめに向かわせないための未然防止に，全ての教職員が取り組むこと」から始めていく必要があると示しています。

本論・結論のために

「いじめの防止」のための具体的な方策を考えよう

上記の方針では，いじめの防止の基本となるのは，「児童生徒が，周囲の友人や教職員と信頼できる関係の中，安心・安全に学校生活を送ることができ，規律正しい態度で授業や行事に主体的に参加・活躍できるような授業づくりや集団づくり，学校づくりを行っていくこと」であるとしています。子どもたちの「居場所づくり」「絆づくり」の場となるような学級づくりを考えてみましょう。

また，各学校は，国の「いじめの防止等のための基本的な方針」，各自治体の「地方いじめ防止基本方針」を参考にして，学校として，どのようにいじめの防止等の取り組みを行うかについての基本的な方向や，取り組みの内容などを「学校いじめ防止基本方針」として策定することが義務付けられています（いじめ防止対策推進法第13条）。母校のホームページなどからチェックしておきましょう。

そのまま使える！　とっておき資料

次の資料では，いじめの防止のための措置として，いくつかの観点が示されています。具体的な方策を考える上での参考にしてみましょう。

【いじめについての共通理解】

いじめの態様や特質，原因・背景，具体的な指導上の留意点などについて，校内研修や職員会議で周知を図り，平素から教職員全員の共通理解を図っていくことが大切である。また，児童生徒に対しても，全校集会や学級活動（ホームルーム活動）などで校長や教職員が，日常的にいじめの問題について触れ，「いじめは人間として絶対に許されない」との雰囲気を学校全体に醸成していくことが大切である。その際，いじめの未然防止のための授業（「いじめとは何か。いじめはなぜ許されないのか。」等）を，学校いじめ対策組織の構成員である教職員が講師を務め実施するなど，学校いじめ対策組織の存在及び活動が児童生徒に容易に認識される取組を行うことが有効である。常日頃から，児童生徒と教職員がいじめとは何かについて具体的な認識を共有する手段として，何がいじめなのかを具体的に列挙して目につく場所に掲示するなどが考えられる。

【いじめに向かわない態度・能力の育成】

学校の教育活動全体を通じた道徳教育や人権教育の充実，読書活動・体験活動などの推進により，児童生徒の社会性を育むとともに，幅広い社会体験・生活体験の機会を設け，他人の気持ちを共感的に理解できる豊かな情操を培い，自分の存在と他人の存在を等しく認め，お互いの人格を尊重する態度を養う。また，自他の意見の相違があっても，互いを認め合いながら建設的に調整し，解決していける力や，自分の言動が相手や周りにどのような影響を与えるかを判断して行動できる力など，児童生徒が円滑に他者とコミュニケーションを図る能力を育てる。

指導に当たっては，発達の段階に応じて，児童生徒がいじめの問題を自分のこととして捉え，考え，議論することにより，正面から向き合うことができるよう，実践的な取組を行う。また，その際，

・いじめは重大な人権侵害に当たり，被害者，加害者及び周囲の児童生徒に大きな傷を残すものであり，決して許されないこと，
・いじめが刑事罰の対象となり得ること，不法行為に該当し損害賠償責任が発生し得ること

等についても，実例（裁判例等）を示しながら，人権を守ることの重要性やいじめの法律上の扱いを学ぶといった取組を行う。

【いじめが生まれる背景と指導上の注意】

いじめ加害の背景には，勉強や人間関係等のストレスが関わっていることを踏まえ，授業についていけない焦りや劣等感などが過度なストレスとならないよう，一人一人を大切にした分かりやすい授業づくりを進めていくこと，学級や学年，部活動等の人間関係を把握して一人一人が活躍できる集団づくりを進めていくことが求められる。また，ストレスを感じた場合でも，それを他人にぶつけるのではなく，運動・スポーツや読書などで発散したり，誰かに相談したりするなど，ストレスに適切に対処できる力を育むことも大切である。

なお，教職員の不適切な認識や言動が，児童生徒を傷つけたり，他の児童生徒によるいじめを助長したりすることのないよう，指導の在り方には細心の注意を払う。教職員による「いじめられる側にも問題がある」という認識や発言は，いじめている児童生徒や，周りで見ていたり，はやし立てたりしている児童生徒を容認するものにほかならず，いじめられている児童生徒を孤立させ，いじめを深刻化する。

○　発達障害を含む，障害のある児童生徒がかかわるいじめについては，教職員が個々の児童生徒の障害の特性への理解を深めるとともに，個別の教育支援計画や個別の指導計画を活用した情報共有を行いつつ，当該児童生徒のニーズや特性，専門家の意見を踏まえた適切な指導及び必要な支援を行うことが必要である。

○　海外から帰国した児童生徒や外国人の児童生徒，国際結婚の保護者を持つなどの外国につながる児童生徒は，言語や文化の差から，学校での学びにおいて困難を抱える場合も多いことに留意し，それらの差からいじめが行われることがないよう，教職員，児童生徒，保護者等の外国人児童生徒等に対する理解を促進するとともに，学校全体で注意深く見守り，必要な支援を行う。

○　性同一性障害や性的指向・性自認に係る児童生徒に対するいじめを防止するため，性同一性障害や性的指向・性自認について，教職員への正しい理解の促進や，学校として必要な対応について周知する。

○　東日本大震災により被災した児童生徒又は原子力発電所事故により避難している児童生徒（以下「被災児童生徒」という。）については，被災児童生徒が受けた心身への多大な影響や慣れない環境への不安感等を教職員が十分に理解し，当該児童生徒に対する心のケアを適切に行い，細心の注意を払いながら，被災児童生徒に対するいじめの未然防止・早期発見に取り組む。

上記の児童生徒を含め，学校として特に配慮が必要な児童生徒については，日常的に，当該児童生徒の特性を踏まえた適切な支援を行うとともに，保護者との連携，周囲の児童生徒に対する必要な指導を組織的に行う。

（文部科学省「学校における『いじめの防止』『早期発見』『いじめに対する措置』のポイント」）

■読者の皆さんへ――お願い――

時事通信出版局教育事業部では，本書をより充実させ，これから教員を目指す人の受験対策に資するため，各県の教員採用試験の試験内容に関する情報を求めています。

①受験都道府県市名と小・中・高・養・特の別
（例／東京都・中学校・国語）
②論文・作文のテーマ，制限時間，字数
③面接試験の形式，時間，質問内容
④実技試験の実施内容
⑤適性検査の種類，内容，時間
⑥受験の全般的な感想，後輩へのアドバイス

ご提出にあたっては，形式，用紙などいっさい問いませんので，下記の住所またはメールアドレスにお送りください。また，下記サイトの入力フォームからもお送りいただけます。

◆〒104-8178　東京都中央区銀座５-15-８
時事通信ビル８Ｆ
時事通信出版局　教育事業部　教員試験係
workbook@book.jiji.com
◆時事通信出版局　教員採用試験対策サイト
https://book.jiji.com/research/

〈Hyper 実戦シリーズ④〉
手取り足取り，特訓道場　合格する論作文

発行日　2024年１月15日
編　集　時事通信出版局
発行人　花野井道郎
発行所　株式会社　時事通信出版局
発　売　株式会社　時事通信社
〒104-8178
東京都中央区銀座5-15-8
販売に関する問い合わせ　電話　03-5565-2155
内容に関する問い合わせ　電話　03-5565-2164
印刷所　株式会社　太平印刷社

Printed in Japan

ISBN978-4-7887-1943-9　C2337